Hannes Reichl

Napoleon, Hitler, Freud ...

Hannes Reichl

Napoleon, Hitler, Freud ...

Auf Spurensuche in einer Stadt

Mit Illustrationen von
Andreas Reichebner

Edition Gutenberg

Dieses Buch erscheint mit Unterstützung der Landeshauptstadt St. Pölten.

Druck: LeykamDruck, Werk Gutenberg
Gesamtherstellung: Edition Gutenberg

ISBN 3-900323-45-3

Inhaltsverzeichnis

„Gott, der Herr, schickte Adam aus dem Garten von Eden weg, damit er den Ackerboden bestellte, von dem er genommen war. Er vertrieb den Menschen und stellte östlich des Gartens von Eden die Kerubim auf und das lodernde Flammenschwert, damit sie den Weg zum Baum des Lebens bewachten.“ (Genesis, 23-24)

„Adam“ (13. April 1945)

„Adam“ stand im Geräteschuppen der Schießstätte und blinzelte durch einen Spalt in der Holzverkleidung hinüber zum Hammerpark. Versteckt und unsichtbar, wie immer. In etwa 15 Metern Entfernung waren ukrainische Luftschutzpolizeihelfer damit beschäftigt, eine vielleicht zehn Meter lange und fünf Meter breite Grube auszuheben. Ihre Tiefe konnte er noch nicht endgültig ausmachen, weil die Arbeiter, die mittlerweile bis zur Hüfte im Erdloch standen, nach wie vor unter großer Anstrengung ihre Krampen und Schaufeln ins vom Regen aufgeweichte Erdreich stießen. Bis auf das leise Klirren, wenn die metallene Schaufel entlang eines Schottersteines scherte oder der Krampen einen Stein zersprengte, war es totenstill.

Obwohl er den Kragen seines abgetragenen, braunen Mantels aufgestellt hatte, fror ihn. Der Regen war zwar mittlerweile in feines Nieseln übergegangen, welches die Parklandschaft in einen trüben Schleier hüllte, aber es war frischer Wind aufgekommen, der ungemütlich durch die Ritzen des Schuppens hereinblies.

Er blickte auf die Uhr. Es war kurz nach 18 Uhr. Die Standgerichtsverhandlung, welche im Schulungszimmer der Polizeikaserne durchgeführt wurde, war wohl schon abgeschlossen. Wie ihm Gestapo-Referent Röhrling noch gestern versichert hatte, handelte es sich dabei ohnedies um eine reine Formalität, worauf ja auch das bereits begonnene Ausheben der Grube – ohne dass ein Urteil vorlag – schließen ließ. Im Zweifel immer gegen den Angeklagten. „Die haben gar keine Chance, mein lieber Adam!“, hatte Röhrling gesagt. „Nicht einmal einen Verteidiger hat man ihnen zugestanden, geschweige denn, dass sie selbst zu Wort kommen dürfen. Wäre ja noch schöner, wenn dieses Pack sein konspiratives Gewäsch noch einmal ausbreiten und unsere Ohren damit beleidigen dürfte! Nein, auf diese Schurken wartet nur noch eine Kugel. Peng! Sehen Sie“, dabei tippte der Gestapo-Mann mit seinem rechten Zeigefinger auf eine Stelle am Nacken „Adams“, „genau hierhin, und vorbei ist es mit diesem Abschaum. Fallen um wie gefällte Bäume. Und wenn einer der Soldaten schlecht treffen sollte – auch kein Beinbruch! In die Grube werden sie schon fallen, nicht wahr. Dann zugeschaufelt, und die Sache ist erledigt.“

„Wenn Sie es sagen! Sie sind der Chef“, antwortete „Adam“ mit einem Achselzucken. „Was heißt hier Chef, mein lieber Adam? Sie reden ja daher wie der erste Mensch! Haben wir Ihnen deshalb diesen Namen gegeben?“, Röhrling lachte selbstgefällig über sein Wortspiel. „Haben wohl keine eigene Meinung, wie?!" „Adam" blickte verlegen zu Boden. Er hasste solche Gespräche. Warum sollte er eine eigene Meinung haben? Wozu, wenn es Vorgesetzte gab, in deren Händen die Verantwortung lag. Außerdem, was interessierten ihn Röhrlings Ansichten. Ihm ging es in Wahrheit um etwas ganz anderes, von dem dieser nicht die geringste Ahnung hatte.

Röhrling, der „Adams" Ärger anscheinend bemerkt hatte, erhob sich vom Schreibtisch, kam zu ihm herüber und versuchte ihn, indem er ihm kameradschaftlich auf die Schulter klopfte, zu besänftigen. „War nicht als Vorwurf gemeint, mein Lieber. Keine Angst! Solange keine eigene Meinung haben heißt, jene des Führers zu vertreten, ist dies ja vollkommen richtig, nicht wahr! So gesehen geht es mir ja gar nicht anders als Ihnen." Röhrlings Worte zeigten Wirkung. „Adams" Miene lichtete sich. „Wissen Sie," so fuhr er fort, „wir brauchen Leute wie Sie. Heute dringender denn je. Das meine ich ganz im Ernst. Personen wie Sie sind die besten überhaupt! Parade-Systemerhalter. Nicht lange nachdenken, nicht groß nachfragen, sondern immer nur brav und gehorsam funktionieren wie am Schnürchen. Das ist bei Gott nichts Verwerfliches, wie es einige subversive Elemente, Zündler gegen die Volksgemeinschaft dem kleinen Mann immer wieder einreden wollen. Ganz und gar nicht! Im Dienste des Volkes seine bescheidene Rolle einnehmen, das ist in Wahrheit die höchste und ehrenwerteste Tugend des deutschen Bürgers überhaupt! Erst darin erfüllt er seine eigentliche Bestimmung, steigt zur ganz persönlichen Größe auf. Nicht umsonst lautet ein Leitspruch: ‚Unsere Ehre heißt Treue', mein lieber Adam. Sie haben dieses Credo ganz von selbst verinnerlicht, leben danach. Das macht Sie zu einem Vorbild. Nur mit dieser Einstellung schafft es das auserwählte deutsche Volk, durch die glorreiche und umsichtige Lenkung seines Führers den ihm gebührenden Platz als höchste und fortgeschrittenste aller Zivilisationen, als Erstes vor allen Völkern einzunehmen. Dabei war ja das Beste in Wahrheit schon immer da, tief drinnen in unseren Herzen, nicht wahr", Röhrling klopfte sich dabei mit der rechten Hand aufs Herz, „aber dieses Judenpack, das hat unsere reine, deutsche Seele besudelt. Und dieser idealistische Schwachsinn, diese Schwärmerei vom Edlen, Guten und Schönen und der Gleichheit aller Völker – die hat unseren klaren deutschen Geist benebelt. Geniegedanken, Individualität, gar Demokratie? Alles Schwachsinn, mein Lieber! Nur als Volk, als Einheit sind wir stark. Gottlob, dass uns der Führer in seiner überirdischen Weitsicht und Güte, in der unendlichen Liebe zu seinem deutschen Volke den Kopf wieder zurechtgerückt hat. Er hat uns gegeben, wonach wir dürsteten: einen neuen Sinn. Eine neue Aufgabe. Am wichtigsten aber: uns selbst, verstehen Sie?"

„Adam" nickte zögernd. Er hatte die Sache noch nie von diesem Blickwinkel aus betrachtet, aber im Grunde genommen hatte Röhrling wohl recht. Auch die in ihm schlummernden Talente – und es schien ihm nun, dass sie tatsächlich schon immer vorhanden gewesen waren, er sie nur nicht erkannt hatte – konnte er erst im deutschen Reich zur Entfaltung bringen.

Früher war er ein Nichts gewesen. Überall wurde er benachteiligt. Aber wäre es nur das gewesen! Viel schlimmer – er wurde nicht einmal wahrgenommen, sondern einfach übersehen, so als wäre er Luft, nicht existent. Schon in der Schule war er immer in der letzten Reihe gesessen, alleine, weil sich niemand mit jemandem wie ihm abgeben wollte und weil man ihn wohl mit der Zeit einfach vergaß. Während die anderen ängstlich den Wiederholungen entgegenfieberten, brauchte er sich nie zu sorgen, denn er wurde mit Sicherheit nicht aufgerufen. Und wenn die Lehrerin im Unterricht etwas fragte und er den Arm hob, so musste er ihn nach Minuten, weil er zu schmerzen begonnen hatte, resigniert sinken lassen. Die Lehrerin hatte ihn keines einzigen Blickes gewürdigt. Irgendwann hörte er damit auf, weil es ohnedies keinen Sinn hatte.

Zuhause kümmerte sich bald niemand mehr um ihn. Er kam und ging, wann er wollte. Seinem Vater, der ihn nach dem Tod der Mutter allein aufzog, war dies egal, und seine älteren Geschwister waren bald ausgezogen, hatten alles liegen und stehen gelassen – und ihn im Stich.

Als er sich zur Armee bewarb, lachte ihn der diensthabende Kommandant einfach nur aus, schüttelte den Kopf und schickte ihn mit den Worten: „Mein Herr, wir brauchen Soldaten!" fort.

Wenn er eine Stelle bekam, dann bestenfalls Gelegenheitsarbeiten, und als die Wirtschaftssituation immer schlimmer wurde, war er unter den ersten, die – vergeblich – ein Schild mit der Aufschrift „Suche Arbeit" um ihre Schultern trugen.

Sein ganzes Leben hindurch war es ihm so ergangen. Nie wurde es besser. Er begann sein Leben, begann sich selbst zu hassen, weil er nicht war wie die anderen, weil er es nicht fertig brachte, auf sich aufmerksam zu machen, ernst genommen zu werden. Immer häufiger dachte er an Selbstmord. Warum ein solches Leben weiterführen, das in Wahrheit gar keines war. Sein Tod wäre nicht aufgefallen, er wäre niemandem abgegangen. Doch dann kam dieser Tag, der alles änderte. Eine Offenbarung, die ihn seine vermeintliche Schwäche plötzlich als absolute Stärke erkennen ließ, die mit einem Mal alles relativierte und seinem Leben neuen Sinn, eine Wende gab.

Es war im Herbst 1939 gewesen. Er saß im Bahnhofsrestaurant und lauschte einer Rede des Führers, die via Radio ins Lokal übertragen wurde, als in der hinteren Ecke der Wirtsstube ein Betrunkener aufstand und zum Wirt hinüberrief: „Jetzt dra des endlich o. Auf den Bledsinn von dem Affen is sowieso kana neugierig!" Der Sitznachbar des Radaubruders stieß diesen sofort in die Hüfte und zischte: „Bist gscheit! Setz dich sofort wieder nieder und sei still. Wenn dich jemand hört ..."

Er konnte sich nicht erklären warum, aber er war sofort hellhörig geworden, wie ein Raubtier, das in einem zufälligen Luftstoß seine Beute wittert und abrupt in der Bewegung innehält. Lauernd.

Aus den Augenwinkeln beobachtete er die beiden. Er spürte das Unbehagen in den Blicken des Freundes, der sich scheu im Lokal umsah, nahm den süßen Duft seines Schweißes wahr, fühlte seine Angst, wie sie sich langsam im Raum ausbreitete.

Und es war genau diese Angst vor irgendjemandem, der im Lokal ganz zufällig die Szene beobachtet hatte und den Vorfall den Behörden melden würde. Diese Angst vor einem Unsichtbaren, einem Namenlosen, dem man sich in einem Moment der Unachtsamkeit völlig ausgeliefert hatte. Dieses Gefühl der Ohnmacht, nun – da es passiert war – nichts mehr dagegen tun zu können außer zu warten und zu hoffen, dass eine Reaktion ausblieb, dass man noch einmal ungeschoren davonkam. Das war es, was ihn erregte.

Sein Herz hatte wild zu pochen begonnen. Seine Handinnenflächen waren feucht geworden. Ein prickelnder, heißer Schauer durchströmte seinen Körper, vom Bauch weg über die Brust bis ins Gesicht, dessen Wangen – so bildete er sich ein – für alle erkenntlich zu glühen begonnen haben mussten. Und in diesem Moment wurde ihm mit einem Mal eines völlig klar: Er wollte dieser irgendjemand sein. Dieser Unsichtbare, der – wann es ihm beliebte – zuschlagen konnte. Der in Lokalen saß, andere belauschte und nur auf diesen einen Satz, auf dieses eine Wort wartete, mit dem sie sich ihm auf Gedeih und Verderb auslieferten – Verrat.

Ihr Leben lag dann in seinen Händen. Er konnte darüber verfügen. Konnte es mit einer einzigen Anzeige völlig ändern, vielleicht sogar auslöschen. Oder aber er konnte Gnade walten lassen. Einfach so, weil ihm danach war, weil er es so wollte. Dieser Gedanke erregte, berauschte ihn, und im tiefsten Inneren seines Herzens fühlte er zum ersten Mal etwas, das er nie zuvor empfunden hatte – absolute Macht.

So war er – mehr einem inneren Trieb folgend, denn bewusst – aufgestanden und auf den Gang in Richtung Toilette gegangen. Kurz davor jedoch – er wandte den Kopf, um sicher zu gehen, dass ihm niemand gefolgt war – stahl er sich zur Seitentür hinaus ins Freie und lief hinüber auf die Polizeiwachstube, wo er das „Unerhörte", wie es der Wachtmeister ausdrückte, meldete. Nachdem man seine Daten aufgenommen hatte, schickte ihn dieser zurück: „So, jetzt gehen S' aber wieder ins Lokal, sonst fällt Ihre Abwesenheit noch auf. Wir kommen gleich nach. Heil Hitler!" Er hatte den Gruß erwidert und war zurückgelaufen.

Als er wieder in die Wirtsstube eintrat, tat er so, als würde er sich die noch nassen, nach dem Toilettegang gewaschenen Hände in der Hose abwischen. Dann setzte er sich nieder und wartete. Eine nervöse Anspannung, die aber nicht unangenehm als vielmehr anregend war, bemächtigte sich seiner. Es dauerte rund fünf Minuten, bis zwei Polizisten eintraten. Ohne sich umzusehen gingen sie geradewegs auf den von ihm beschriebenen Tisch zu. „Mitkommen!", befahl einer der beiden dem Betrunkenen und packte ihn an der Schulter. „Was? Warum?", fragte dieser verwirrt, während sein Freund versuchte, die Polizisten von ihrer Amtshandlung abzuhalten: „He, was soll denn das? Sie können den Mann doch nicht einfach abführen! Was werfen S' ihm denn vor?" Er erntete dafür einen Faustschlag ins

Gesicht. „Sie wollen wohl auch gleich mitkommen, wie?!" Der Freund erwiderte nichts mehr, sondern schüttelte nur stumm den Kopf und hielt mit beiden Händen seine Nase, aus der Blut tropfte. Aus ungläubigen, weit aufgerissenen Augen musste er mit ansehen, wie sie seinen Kameraden abführten.

Welch Gefühl von Ohnmacht, von Demütigung er wohl in diesem Moment empfinden mochte, dachte „Adam". Er selbst hingegen fühlte sich großartig, stark und mächtig wie ein Sieger. Seine Anspannung war unendlicher Zufriedenheit und Genugtuung gewichen. Er genoss das Schauspiel. Er genoss es, weil es sein Schauspiel war. Weil er es in die Wege geleitet hatte. Er fühlte sich wie ein Kleinkind, das zum ersten Mal sein Gewissen erfährt, sein zweites Ich kennen lernt – das wahre, wie ihm schien. Nach kurzem Schrecken über die neue innere Stimme begann er dieser zu lauschen, und was sie ihm zuraunte, klang verlockend, klang nach Erlösung. Dieses zweite Ich zeigte ihm einen Weg auf, sich bei allen, die ihn erniedrigt hatten, zu rächen. Bei allen! Den Unscheinbaren würde man nicht länger ignorieren – nein, man würde ihn fürchten. Den Unsichtbaren nicht länger übersehen, als vielmehr fieberhaft nach ihm suchen – und ihn doch nicht finden können. Er konnte überall sein, war immer präsent, selbst wenn er nicht da war – und er konnte jederzeit zuschlagen.

Nachdem die Polizisten das Lokal verlassen hatten und auch der Freund so schnell wie möglich das Weite gesucht hatte, blieb „Adam" noch eine Weile sitzen, um seinen Triumph auszukosten. Einige tuschelten miteinander, wobei sich aber keiner laut über den Vorfall zu reden getraute, geschweige denn ihn verurteilt hätte. Der Denunziant konnte ja noch mitten unter ihnen sein! So sahen sie sich misstrauisch um – auch er spielte mit, um nicht aufzufallen – und erblickten in jedem den potenziellen Verräter. Er hörte den Wirt nur sagen: „Da war wohl irgendein Judas unter uns." Er war stolz darauf. Noch nie hatte ihn jemand so genannt. Noch nie hatte ihn überhaupt irgendjemand irgendwie genannt.

Eine Woche später hatte ihm der Briefträger eine Vorladung in die Gestapostelle überbracht, wo er zum ersten Mal mit Röhrlings Vorgesetztem, Gestapo Chef Johann Reichel, zusammentraf. „Das haben Sie ganz großartig gemacht, ich gratuliere! Den Führer einen Affen nennen ist ja nun wirklich der Gipfel der Frechheit. Wo hört das denn auf? Heute ein Affe, und morgen planen diese Halunken ein Mordkomplott. Es fängt ja immer klein an. Wenn man da nicht sofort mit aller Gewalt und Schärfe einschreitet – nicht auszudenken. Aber dank Ihrer Hilfe haben wir diesen Lumpen unschädlich gemacht. Er wird sich vor Gericht wegen Verstoßes gegen das Heimtückegesetz zu verantworten haben. Heimtückisch, jawohl, so sind diese Menschen. Sitzen herum, polemisieren gegen den Führer, hetzen gute Staatsbürger auf. Sehr gefährlich! Ich sage Ihnen", Reichel seufzte, „gäbe es nur mehr so couragierte Leute wie Sie. Vorzeigestaatsbürger nenne ich sie immer. Eine rare Spezies. Die Leute sind ja so gleichgültig. Die hören die schlimmsten Dinge über den Führer, über das Reich. Aber denken Sie, sie würden dies melden? Keine Spur! Dabei wäre dies sogar ihre staatsbürgerliche Pflicht. Aber bitte ..." Er ging zum Schreibtisch hinüber, nahm eine Mappe zur Hand und begann darin zu blättern. „Ich habe Ihre Akte ein wenig studiert. Ich hoffe, das stört Sie nicht?" „Adam" erschrak. Eine Akte, über ihn?! Wurde er etwa von der Gestapo beobachtet? „Nun, um ganz offen zu sein", fuhr Reichel fort, „sie hat mir gefallen!" Er atmete erleichtert auf. „Schon vor dem Krieg in der Partei, selbst als sie in die Illegalität gedrängt war, alle Achtung! Das verweist auf Loyalität, Anstand, eine klare Linie." „Adam" wunderte sich, denn in dem Akt war dann wohl auch vermerkt, dass er ebenso Mitglied der Sozialdemokraten gewesen war sowie späterhin der Christlich-Sozialen. Aber wenn ihn der Gestapo-Chef nicht darauf ansprach. „Nun", sagte Reichel, „ich möchte nicht lange um den heißen Brei herumreden. Kurz und bündig: Das Vaterland braucht Sie!" „Mich?", „Adam" meinte nicht richtig zu hören. „Jawohl, Sie! Sehen Sie, ich glaube nicht an Zufälle! Nein, ganz und gar nicht. Es war daher auch kein Zufall, dass Sie die Gunst des Schicksals direkt in unsere Arme getrieben hat. Es war vielmehr Bestimmung! Da bin ich ganz sicher. Sie wissen vielleicht, dass es hier in der Region alles andere denn leicht für uns ist. Immer wieder dringen Gerüchte zu uns, dass sich Widerstandsnester bilden. Zunächst in kleinen Gruppen und in Betrieben wie beispielsweise der Voith Fabrik, der Eisenbahnerwerkstätte, der Salzer Fabrik, dem Postkraftdienst, dann aber immer dreister in immer größeren Organisationen und Verbänden." „Adam" nickte. Er hatte von derlei gehört. Auch manch einschlägiges Flugblatt war ihm schon in die Hände gefallen. „Nun, Sie werden verstehen", erläuterte Reichel, „dass wir derlei Umtriebe zum Schutz von Volk und Vaterland um jeden Preis im Keim ersticken müssen. Aber für uns ist es immens schwierig, Zugang in diese Kreise zu finden, unauffällig Kontakt zu knüpfen. Überall herrscht heute Vorsicht und Misstrauen. Die Leute haben ja überhaupt kein Vertrauen mehr, wittern überall einen Spitzel, einen Geheimagenten. Richtig paranoid sind die Menschen geworden, finden Sie nicht?!" Ohne eine Antwort abzuwarten setzte Reichel fort: „Wir brauchen deshalb die Hilfe von Leuten wie Ihnen, die sich unauffällig unter die Menge mischen, die sich bemühen, Zugang zu diesen Organisationen zu finden, diese aushorchen, die eine oder andere Geheimnachricht aufschnappen und dann nichts weiter tun, als uns dies zu melden, verstehen Sie?"

„Adam" spürte Großes in sich aufsteigen. Konnte es tatsächlich sein – der Staat brauchte ihn? Nein vielmehr: bat um seine Hilfe?! Ihm war, als streckte ihm ein gütiges Schicksal die Hand entgegen und er brauchte nur mehr zuzugreifen, um endlich Frieden zu finden. „Sie meinen also, ich soll der Gestapo den Spitzel machen?", fragte er mit zitternder Stimme. „Eine große, eine gefährliche Aufgabe. Selbstverständlich reich entlohnt, wenngleich ich überzeugt bin, dass Ihnen als Vorbildpatriot dies gar nicht wichtig ist. Aber ja, wenn Sie so wollen. Obwohl", Reichel runzelte die Stirn, „ich würde es nicht als ‚Spitzelei' bezeichnen, das hat einen so negativen Beigeschmack. Verstehen Sie es doch als das, was es ist: ein Dienst am Vaterland, als Militäroperation im zivilen Hinterland, in gewisser Weise aber an vorderster Front." Röhrling legte die Hand auf „Adams" Schulter und schaute ihm lange in die Augen, dann fragte er leise: „Fühlen Sie sich dafür bereit?" „Ja!", antwortete „Adam".

So war er zur Gestapo gekommen. Da er der Erste einer Reihe neuer Agenten war, gab ihm Röhrling den Decknamen „Adam". Er fügte sich schnell und gut in seine neue Rolle ein, ja, er schien dafür Talent zu haben, so dass man ihm bald größere Aufgaben anvertraute. So wurde er als V-Mann in der Glanzstoff-Fabrik installiert. Spätestens nachdem dort durch seine Meldung eine Gruppe von kommunistischen Widerstandskämpfern ausgehoben werden konnte, avancierte er, avancierte sein Alter Ego zum Star. Fortan fiel in verschiedensten Kreisen, egal ob im Lokal, in der Fabrik, am Mittagstisch oder bei der Arbeit am Feld sein Name: „Adam". Und überall sprach man mit Ehrfurcht von diesem „Adam", den noch nie jemand gesehen, noch nie jemand gehört, noch nie jemand kennen gelernt hatte, als sei er nur ein Gerücht, ein Schauermärchen, das man nicht Kindern, sondern Widerstandskämpfern erzählt, damit sie von ihrem Verrat Abstand nehmen, weil sie sonst „Adam", der Teufel holt.

Das Rattern eines Motorrades riss „Adam" aus seinen Gedanken. Ein Gestapobeamter stieg ab und ging auf die Gruppe der Ukrainer zu. Er wechselte einige Worte mit dem Gruppenkommandanten, dann steckten sich beide Zigaretten an und spazierten in seine Richtung. Vor der Hütte blieben sie stehen. „Und?" „Die Sowjets sind schon überall: in Kreisbach, auf der Rudolfshöhe, in Obritzberg, Statzendorf, Inzersdorf, ja sogar schon bei Herzogenburg. Ein, zwei Tag, länger dauert's nicht mehr, dann sind sie in St. Pölten, kannst Gift drauf nehmen." „Das war's dann wohl!" „Mit Sicherheit – aber das mach mal dem Führer klar. Anstatt schon längst über alle Berge zu sein, heißt es nur: Stellungen um jeden Preis halten. Außerdem werden noch laufend Exekutionen durchgeführt, als hätten wir in dieser Situation nichts Besseres zu tun. Im Gefängnis Stein hat vor einer Woche der Direktor Kodré, weil er erkannt hat, dass es dem Ende zugeht, die Entlassung aller Häftlinge verfügt. Daraufhin, der Auszug war schon voll im Gange, sind SS und Volkssturm ins Zuchthaus eingedrungen und haben mit Maschinengewehren wahllos auf die Leut im Hof geschossen. Auch Handgranaten hat einer reingeworfen. Fast 300 Tote soll's gegeben haben. Auch Kodré wurde hingerichtet. Der Reinigungstrupp, zusammengesetzt aus überlebenden Häftlingen, musste beim Abtransport der Leichen angeblich knöcheltief durchs Blut waten.

Und die jungen St. Pöltner Burschen, die auf bloßen Verdacht hin als Deserteure hingerichtet und mit dem Schild ‚Wegen Fahnenflucht erschossen' zur Schau gestellt werden, hast du sicher auch schon gesehen. Aber ich mach da nicht mehr mit. Heut nach der Exekution hau ich endgültig ab. Ich wart doch nicht wie das hypnotisierte Kaninchen, bis mich die Schlange auffrisst. Brauchst nicht lange nachdenken, was die Sowjets mit uns machen, wenn sie uns erwischen. Also Kleider ausgezogen und Bauernlumpen an, und mich gibt's nicht mehr, verstehst! Ab durch die Mitte, Richtung Westen. Papiere hab ich auch schon besorgt. Hat mir ein Kollege aus Ausschwitz geschickt. Von einem deportierten Juden, der dort vergast worden ist. Das hat der Kollege aber bereinigt. Der Jud war also offiziell nie dort! Und wenn's mich erwischen, bin ich der Jude und bekomm sogar noch Extrawürst. Genial, was?! Dann emigrier ich in die USA oder Südamerika, nur weg aus Europa, und fang ein neues Leben an, verstehst. Dann hat's mich nie gegeben, und die Gestapo auch nicht. So, jetzt müss ma aber wieder rüber. Der Röhrling wird jeden Moment auftauchen." Die beiden traten die Zigaretten aus und gingen zurück zu den Arbeitern, die mittlerweile ihre Arbeit beendet hatten und – auf Schaufeln und Krampen gestützt – weitere Kommandos erwarteten.

„Adam" schüttelte den Kopf. Er konnte es nicht fassen! Hatte der Gestapo-Beamte tatsächlich vom Desertieren gesprochen? Wehrkraftzersetzung, Fahnenflucht war das. Hochverrat! Ein Verbrechen, das man mit dem Tod bezahlte! Sofort nach der Exekution musste er Röhrling, der zum Verschlag herüberkommen und ihn bezahlen würde, von dieser Ungeheuerlichkeit berichten.

Was „Adam" darüber hinaus irritierte, war die Tatsache, dass er nun schon zum zweiten Mal innerhalb kürzester Zeit durch Zufall Zeuge eines angekündigten Verbrechens wurde. Ja, es schien, als würde er den Verrat mittlerweile anziehen, als würde er – der Verfolger – davon verfolgt. Nirgends konnte er mehr in Ruhe hingehen, ohne Dinge zu hören, die nicht für seine Ohren bestimmt waren. Überall wurde er mit diesen unreinen, verbrecherischen Gedanken konfrontiert. Sogar in der Nacht träumte er mittlerweile von Verschwörungen, von Attentaten auf den Führer, und kam darin mit dem Melden nicht mehr zurecht. Kaum hatte er auf der einen Seite ein Komplott vereitelt, wurde auf der anderen schon wieder ein neues geschmiedet, und ein drittes, und ein viertes. So stolperte er von einem Verrat in den nächsten, wurde davon gehetzt. Und eines Tages würde dieser Ozean aus Konspiration und Schmutz über ihn hereinbrechen und er wäre für immer verloren. Er wachte dann mitten in der Nacht auf, schweißgebadet, keuchend. Ruhigen Schlaf konnte er schon lange nicht mehr finden.

Mit der Gruppe der Widerstandskämpfer vor knapp einer Woche war es nicht anders gewesen. Auch hier war es purer Zufall, eine Laune des Schicksals gewesen, dass er von ihrem unerhörten Plan erfuhr.

Er stahl sich soeben aus der Polizeikaserne in der Dr. Schobergasse, wo er eine deutschblütige, verheiratete Frau wegen verbotenen Umgangs mit einem polnischen Landarbeiter angezeigt hatte, als er in einiger Entfernung drei Männer auf sich zukommen sah. Einer davon war ein Arbeitskollege aus der Glanzstoff-Fabrik. Da sie ins Gespräch vertieft waren, hatten sie ihn zum Glück noch nicht bemerkt, sodass er sich rasch hinter einem großen Strauch verstecken konnte. Nicht auszudenken, hätte ihn sein Kollege aus der Polizeikaserne kommen sehen!

Das Unglaubliche aber passierte. Ausgerechnet vor „seinem" Gebüsch blieben die drei stehen. Während sich einer, ein Polizist, verabschiedete und in der Kaserne verschwand, unterhielten sich die zwei anderen weiter. „Das wird sehr riskant." „Ja, aber die Nazis wissen, dass sie keine Zeit mehr haben. Die werden kaum die Muße finden, noch irgendwelchen Widerständlern den Garaus zu machen. Im Gegenteil: Wenn du mich fragst, werden sie so schnell wie möglich abhauen. Nächste Woche, längstens in zwei wird dieser Spuk vorüber sein, wirst sehen. Dann wehen vom Rathaus wieder rot-weiß-rote Fahnen. Das wird ein herrlicher Tag." „Da freu dich nicht zu früh. Wir dürfen uns jetzt nur nicht falschen Illusionen hingeben, das wäre immens gefährlich. Bei den Nazis muss man immer mit allem rechnen. Ich glaub eher, dass sie sich bis zum letzten Mann verteidigen werden. Der ursprüngliche Plan bleibt also aufrecht. Erst wenn die Sowjets unmittelbar vor St. Pölten stehen, beginnen wir die Stadt zu säubern. Den Polizeieinsatz werden Kirchl und Schuster leiten, die haben die größte Erfahrung. Außerdem stehen viele in der Polizei hinter ihnen. Gestapoleute und NSDAP-Funktionäre werden verhaftet, die SS-Verbände entwaffnet. Außerdem müssen wir unbedingt verhindern, dass die Nazis die Traisenbrücke sprengen oder in irgendwelchen lebenswichtigen Betrieben Sabotageakte verüben. Wenn die Sowjets dann einmarschieren, können wir ihnen eine gesäuberte Stadt übergeben, ohne Blutvergießen. Das Zeichen werden sie hoffentlich positiv zu deuten wissen. Das wird auch eine Rolle spielen, wie schnell wir wieder Herr im eigenen Haus werden."

„Adam" konnte beobachten, wie ein Mann in Polizeiuniform aus der Kaserne kam und auf die zwei Wartenden zuging. Es war allerdings nicht derselbe wie zuvor. „Da bist du ja endlich", begrüßten sie ihn. „Tut mir leid, ich konnte nicht früher weg. Der Kirchl hat gesagt, dass vor einer Viertelstunde noch der Adam im Haus gewesen sein soll. Da hab ich mich erst versichert, dass er schon weg ist." „Immer hör ich von diesem Adam, aber gesehen hat den noch nie wer, oder? Wenn du mich fragst, gibt's den gar nicht. Der ist nichts weiter als ein Gespenst, nur erfunden, um uns Angst zu machen." „Schön wär's, aber da täuscht du dich gewaltig. Den gibt's sicher. Das könnt jeder sein. Das ist ja das Gefährliche. Das sind oft die vertrauenswürdigsten, ja sympathischsten Typen, kommen auf gut Freund, doch in Wahrheit wollen sie dir nur einen Strick um den Hals drehen. Menschen wie dieser Adam sind der größte Abschaum. Mir wird schon schlecht, wenn ich nur daran denke. Am nächsten Baum gehören solche Verräter aufgehängt." „Hört's zu, wenn wir hier noch lange herumstehen, wird es keines Adam mehr bedürfen, um aufzufallen! Also, hast du die neuen Passwörter?" „Ja! In Schloss Pottenbrunn muss man ‚Herbst' sagen, um eingelassen zu werden, der Trauttmansdorff antwortet dann mit ‚Frühling'! Beim Bauern Böhm in Zuleithen hingegen lautet die Parole ‚Eis', zur Antwort erhält man ‚Schnee'. Ist das klar?" „Ja. Und wer verständigt die Leut in der Glanzstoff-Fabrik?" „Das macht der Klarl selbst. Er ist gestern mit Kirchl zusammengetroffen, da haben sie noch einmal alles besprochen. Kirchl hat betont, dass wir nichts überstürzen dürfen, das könnte die gesamte Aktion gefährden. Erst wenn eine gewisse Hysterie unter den SS'lern und Gestapoleuten ausbricht, sollen wir das Chaos nützen und zuschlagen. So, jetzt gehen wir aber. Pfiat euch, und viel Glück." „Viel Glück. Hoffen wir, dass der ‚Frühling' ein gutes Omen ist!"

„Adam“ sah zu, wie die drei – jeweils in eine andere Richtung – auseinander gingen und blieb noch rund zehn Minuten hinter dem Strauch sitzen, um sicherzugehen, dass keiner zurückkehrte. Dann huschte er hervor und begab sich unverzüglich zu Gestapo-Chef Reichel, dem er das Belauschte meldete. Dieser zog Röhrling zum Gespräch hinzu und befahl ihm die Aushebung der Widerstandsgruppe.

Vier Tage später, am 11. April, schlug die Gestapo zu. Einen Teil der Widerstandskämpfer überraschte man bei einer Zusammenkunft in Zuleithen. Sie hatten keine Chance zu fliehen. Graf Trauttmansdorff wurde in Schloss Pottenbrunn festgenommen. Als seine Gattin Stunden später in die Stadt fuhr, um sich nach ihm zu erkundigen, wurde auch ihr die Rückreise verweigert. Klarl und dessen Gattin wurden in ihrer Wohnung verhaftet, ebenso das Ehepaar Kirchl, das man – damit niemand den stellvertretenden Polizeipräsidenten erkennen konnte – in Teppiche wickelte, als man sie hinunter in den Keller der Polizeikaserne brachte. Insgesamt hatte man vierzehn Personen in dieser Kommandoaktion aufgegriffen. In einem Fall jedoch stellte sich heraus, dass der Beschuldigte mit der Gruppe nichts zu tun hatte, und in einem zweiten – es handelte sich dabei um Polizeioberleutnant Johann Schuster – erhängte sich dieser in der Zelle, um dem sicher scheinenden Tod zu entgehen.

Im Hammerpark kam wieder Leben auf, oder war es der bereits nahende Tod? Ein Mannschaftswagen fuhr vor, von dem ein Trupp SS-Soldaten sprang und Aufstellung nahm. Anschließend machte der Wagen kehrt und fuhr zurück. Knapp 10 Minuten später tauchte er abermals auf, diesmal begleitet von der schwarzen Limousine Röhrlings. Die Seitentür des Autos öffnete sich langsam. Zuerst wurden nur die schwarzen, blank gewichsten Schaftstiefel des Gestapo-Referenten sichtbar, dann sein Kopf, schließlich zwei Hände, mit deren Hilfe er sich – den Türrahmen umfassend – herauszog. Röhrling streifte seine Uniform glatt und inspizierte aufmerksamen Blicks die SS-Soldaten. Aus dem Mannschaftswagen dahinter war ein SS-Oberst gestiegen, der sogleich zur Hintertür ging, Haltung annahm und – auf weitere Befehle wartend – zu Röhrling hinüberblickte.

Auf ein kaum wahrnehmbares Nicken Röhrlings hin öffnete der Oberst die Tür des Gefangenentransporters und schrie hinein: „Raus mit euch, ihr Schweine! Auf zur Schlachtbank!“ „Adams“ Puls war gestiegen. Bislang hatte er die von ihm Angezeigten noch nie nach ihrer Verhandlung gesehen. „Nur keine Gewissensbisse, mein lieber Adam“, hatte Reichel immer zu ihm gesagt. „Sie brauchen die Leute ja nur zu melden. Um den Rest kümmern wir uns.“ Und so hatte er es auch gehalten, hatte sich nicht weiter um das Schicksal „seiner“ Angezeigten gekümmert.

Aber diesmal – da man die Exekution nicht in Wien, sondern gleich direkt hier in St. Pölten durchführte und da, wie die Gerüchte kursierten, St. Pölten bald von den Sowjets besetzt sein könnte – hatte es ihn doch hergezogen, wollte er das Schauspiel, welches er in Gang gesetzt hatte, zu Ende sehen. Den letzten Akt, bevor der Vorhang hinter den Widerstandskämpfern für immer fiel.

Die zum Tode Verurteilten krochen aus dem Wagen. Ihre Hände hatte man am Rücken zusammengebunden. Sie waren furchtbar zugerichtet. Alle hatten irgendwelche Verletzungen, zerschlagene, verschwollene Gesichter, Blutergüsse, ausgebrochene Zähne, offene Fleischwunden, Blutspritzer an der zum Teil zerrissenen Kleidung. Offensichtlich, so nahm „Adam" an, hatte man sie gefoltert, um noch die Namen anderer Mitglieder der Widerstandsgruppe aus ihnen herauszudreschen. Jene unter ihnen, die Polizisten waren, erkannte er sogleich an der Uniform, welche sie allerdings – als Zeichen ihrer Unwürde und ihres Verrates – verkehrt, also wie Zwangsjacken tragen mussten. Besonders schlimm hatte man den stellvertretenden Polizeipräsidenten Dr. Kirchl bearbeitet. Wie „Adam" schien, hatten sie ihn mittels „Hängen und Schließen" gefoltert, eine Methode, bei der – wie ihm Gestapo-Chef Reichel einmal auseinandergesetzt hatte – der Gefangene an Händen und Füßen gefesselt und am Zellengitter soweit hochgezogen wird, bis seine Zehenspitzen gerade noch den Boden berühren. Es war nur eine Frage der Zeit, bis man sein eigenes Gewicht nicht mehr halten konnte und auf die Fußsohlen sank – mit fatalen Konsequenzen. Kirchls Arme waren augenscheinlich ausgerenkt, hingen lose von den Schultern herab, so als gehörten sie gar nicht zum Rumpf. Ebenso waren die Hände, die eine schwarzbläuliche Farbe angenommen hatten, gebrochen, so dass es aussah, als ob man sie nur deshalb zusammengebunden hätte, damit er sie nicht verliert.

Der SS-Oberst trieb die Verurteilten zu Eile an, packte jene, die sich kaum mehr selbst aus dem Wagen bewegen konnten, an der Schulter und zog sie heraus, so dass sie wie Mehlsäcke zu Boden fielen. Auch das Ehepaar Trauttmansdorff vom Schloss Pottenbrunn erkannte „Adam", wie ihm die Gruppe der Widerstandskämpfer überhaupt eine sehr eigentümliche Gesellschaft schien. Bauern, Adelige, Arbeiter – alle Mitglieder ein und derselben Gruppe. Er schüttelte den Kopf. Vor 7 Jahren in Österreich wäre dies noch undenkbar gewesen. Da hätten sich diese Leute nicht einmal miteinander an denselben Tisch gesetzt.

Als alle im Freien waren, teilten die SS-Soldaten die Delinquenten in drei Gruppen ein, die hintereinander Aufstellung nehmen mussten. Hinter jeden Einzelnen wiederum stellte sich ein SS-Soldat – ein Pate des Todes. Einige der Verurteilten hatten leise zu weinen begonnen. Jemand murmelte das „Vater Unser", während ein Widerstandskämpfer „seinen" Soldaten fragte: „Warum tun Sie das? Warum tun Sie das?", immerzu stellte er ihm dieselbe Frage: „Warum tun Sie das?", doch der SS'ler blieb regungslos und starrte nur Richtung Röhrling.

Die meisten anderen Verurteilten blieben stumm, sprachlos. Einige hatten die Lippen aufeinandergepresst, einer so stark, dass seine Unterlippe aufgeplatzt war und Blut über sein Kinn rann, während bei anderen das leichte Zittern des geschlossenen Mundes ihre Angst verriet. Manche starrten mit versteinerter Miene geradeaus, wobei sie aber keinen bestimmten Punkt zu fixieren schienen, als vielmehr einen imaginären inneren, oder aber ihren Blick bereits in eine andere Welt gerichtet hatten. Sie wirkten gefasst, erhaben, auf gewisse Weise unantastbar, so als könnte ihnen der Tod nichts anhaben, weil sie bereits außerhalb des Todes standen.

Röhrling nickte.

In der ersten Gruppe befanden sich die Ehepaare Klarl und Kirchl.

Die SS-Soldaten führten sie zur Grube. Sie leisteten keinen Widerstand, weinten nur leise. Die Soldaten drückten ihre Schultern nieder, zwangen sie in die Knie. Sie legten das Gewehr an. Genau an jener Stelle, welche Röhrling „Adam" einige Tage zuvor gezeigt hatte. „Adam" meinte dort in diesem Moment ein leichtes Kribbeln zu verspüren.

„Für euer freies Österreich!", rief ein SS'ler höhnisch aus. „War es das wirklich wert?"

Einer der Gefangenen, der noch in der Reihe der Wartenden stand, sagte unter Tränen: „Ja!"

„Schnauze, Mann!", heischte ihn „sein" Soldat an und stieß ihm den Gewehrkolben ins Kreuz, so dass er unter Schmerzen aufschrie. „Ja, schrei nur, solange du noch kannst. Aber keine Angst, du kommst auch gleich an die Reihe!"

Die Eheleute wandten einander die Köpfe zu. Für den Bruchteil einer Sekunde suchten sie ängstlich den Blick ihres Liebsten. Als sie ihn auf halbem Wege fanden, nahmen ihre Augen einen seligen Glanz an, und ein erleichtertes Lächeln huschte über ihre Lippen.

Röhrling nickte. Der SS-Oberst befahl „Feuer!". Vier Schüsse krachten. Vier Menschen fielen fast gleichzeitig tot in die Grube. Die Augen brachen. Der Glanz erlosch. Jemand schrie: „Nein! Nein! Nein!", unentwegt schrie er es, bis er leiser wurde und nur mehr ein Wimmern zu hören war.

Die nächsten Delinquenten wurden zur Grube geführt. Vier Opfer, vier Täter. Einer der Verurteilten fiel beim Anblick des schwarzen finsteren Loches, das ihn aus leeren Augen anstarrte, schon vor dem Schussbefehl hinein: „Bitte! Bitte nicht! Holt mich hier wieder heraus." Sein Pate des Todes blickte nervös zu Röhrling hinüber, weil er eine Ermahnung für sein Missgeschick erwartete. „Soll ich ihn wieder herausholen?", fragte er unsicher. Röhrling schüttelte den Kopf. Dann erfolgte abermals das Zeichen zum Feuern. Fünf Schüsse lösten sich. Der Soldat hatte zwei Schüsse in die Grube abgegeben.

Die letzte Gruppe kam an die Reihe. Ein letztes Mal hallten Schüsse durch den Park. Dann kehrte Stille ein. Die meisten Soldaten stellten sich unmittelbar danach zusammen und fischten Zigaretten hervor, die sie ansteckten und hastig rauchten. Anschließend warfen sie die noch glühenden Stummel in die Grube, wo sie – als sie endgültig erloschen – eine letzte Schwade bildeten, die nach oben stieg und sich rasch verflüchtigte. Zwölf Widerstandskämpfer lagen ermordet in der Grube: Böhm Josef, Dürauer Johann, Faux Felix, Gerstl Konrad, Heidmayer Josef, Klapper Johann, Kirchl Otto, Kirchl Helene, Klarl Anton, Klarl Marie, Trauttmansdorff Josef und Trauttmansdorff Helene.

„Adam" blickte auf die Uhr. Das ganze Schauspiel hatte nicht einmal eine Viertelstunde gedauert. Die Ukrainer machten sich sofort daran, die Grube zuzuschaufeln. Bis auf das leise Klirren, wenn die metallene Schaufel entlang eines Schottersteines scherte oder der Krampen einen Stein zersprengte, war es totenstill.

Röhrling kam Richtung Bretterverhau. Er trat ein, schaute sich kurz um und lachte dann merkwürdig. „Adam, mein treuer Diener." „Adam" machte den Hitlergruß: „Hören Sie zu! Sie werden nicht glauben, was ich zuvor durch Zufall mit angehört habe. Ein Gestapo-Mann ihres Trupps, jener dort", er zeigte durch den Spalt Richtung Grube, wobei Röhrling aber seinem Hinweis nicht folgte, „plant zu desertieren!" Röhrling lächelte und schüttelte den Kopf. Seine Augen waren, wie „Adam" erst jetzt auffiel, glasig, als ob er Fieber hätte. Auf seiner Stirn standen Schweißperlen. „Kennen Sie die Genesis?" „Adam" sah Röhrling verständnislos an. Was war dies für eine Frage angesichts der Ungeheuerlichkeit, die er ihm gerade mitgeteilt hatte. Wie konnte der Gestapo-Referent nun mit der Bibel anfangen? „Wissen Sie, dass Adam, dieser kleine Scheißer, eigentlich im Großen und Ganzen unbehelligt geblieben ist, nachdem er vom Baum der Erkenntnis gekostet hat? Freilich, er wurde aus dem Paradies geworfen, gut. Aber die eigentliche Drecksarbeit, den ersten Mord der Geschichte, den musste sein Sohn Kain begehen. Seitdem trägt der Mensch das Kainsmal. In jedem von uns steckt es seit damals, Adam, aber nicht bei allen wird es so offensichtlich wie auf meiner Schirmkappe." Röhrling lachte hysterisch und tippte mit dem Finger auf das Totenkopfemblem seiner Schirmkappe, die er abgenommen hatte und „Adam" hinhielt. „Na los, streicheln Sie darüber! Fühlen Sie den Tod! Nur Mut, mein Lieber. Nur einmal ein bisschen Mut." Nachdem „Adam" nicht reagierte, ließ Röhrling seinen Arm sinken. „Sagen Sie, Adam, was denken Sie: Ist dieses Kainsmal ein Virus, eine Krankheit, eine Laune der Natur, Bestimmung? Ich weiß es nicht. Ich weiß nur, jetzt wird es uns wie Kain ergehen, den Gott sein Leben lang über die Erde trieb, so werden auch wir über die Erde getrieben werden.

Haben Sie auch ein Kainsmal? Aber nein, wie töricht von mir. Sie sind ja Adam, verzeihen Sie. Ich vergaß. Da sind Sie aber fein raus, mein Lieber. Bei Adam genügte es zur Strafe ja, sich einfach anzukleiden, Bauer zu werden und zu sterben. Es gibt Schlechteres, nicht wahr?! Zum Beispiel ein Mörder zu sein." Er griff sich mit der linken Hand an den Kopf und strich sich durchs schweißnasse Haar. „Diese verdammten Kopfschmerzen. Ob Adam auch Kopfschmerzen hatte, nachdem er von der Frucht gekostet hatte? Ich glaube nicht. Wozu auch. Die Schuld für den Sündenfall hat er einfach auf Eva geschoben, weil die ihn ja angeblich verführt hat. Der Ärmste!

Aber finden Sie das nicht auch witzig? Adam war schon damals ein Denunziant. Und das Beste: sein bescheuerter Gott hat ihm diese ‚Ich kann ja eigentlich gar nichts dafür'-Masche auch noch abgenommen. Ist doch zum Schreien! Eva freilich hat den schwarzen Peter wiederum auf die Schlange geschoben, die seither auf dem Bauch kriecht und Staub frisst. Einen erwischt es eben immer, und der ist stets der Schwächere, auf den man hinuntertreten kann. Eine nette Ahnenfamilie haben wir da, mein lieber Adam. Selig die Verführten, denn sie werden immer Schuld abwälzen können." Er lachte verwirrt. Sein linkes

Auge begann nervös zu zucken. „Ist es nicht bezeichnend, dass die Menschen von allem Anfang so gewesen sind, dass sich bis heute nichts, aber auch gar nichts geändert hat?! Ja, da sind Sie ihrem Adam gleich, der auch nie die Verantwortung übernehmen wollte. Aber von den verbotenen Früchten hat er genascht, was heißt, den Bauch hat er sich damit vollgeschlagen. Glauben Sie ja nicht, dass der Bursche jemals an die Konsequenzen gedacht hat. Nein, dem ging's nur um die eigene Selbstbefriedigung. Ein großer Held, nicht?!

Aber die Frucht der Erkenntnis schmeckt bitter, Adam, wenn dein Gott ein Führer ist und wenn Gott lügt. Ja, unser Gott hat gelogen, Adam, hat uns das Paradies versprochen und uns doch nur in die Irre geleitet. 1000 Jahre zurück in die Vergangenheit – ein finsterer Weg, und nie habe ich das versprochene Licht am Ende des Tunnels gesehen. Nein, das 1000-jährige Reich ist kein Garten Eden. Nie gewesen. Und nun schließen sich für immer die Tore. Dorthin gibt es kein Zurück mehr. Nie wieder! Wir alle haben in seinem Namen gesündigt, und wissen Sie was – wir haben es genossen, das ist das Schlimmste! Nie waren wir so Mensch, wie in den letzten Jahren. Unser Gott hat es uns erlaubt, und wir haben es ihm mit abgöttischem Glauben und Liebe vergolten. Denken Sie, war das eine Prüfung? Wenn ja, haben wir jämmerlich versagt. Der Weg zum Baum des Lebens ist versperrt, nur Tod ist unser Dasein. Und jetzt lassen Sie mich in Ruhe. Ich muss noch meine Stiefel putzen, es wartet eine lange Reise. Die längste Reise meines Lebens. Heil Hitler!" Röhrling schlug die Hacken, machte kehrt, und verließ die Hütte. „Adam" sah ihm durch die Ritzen nach, wie er wankenden Schrittes zum Auto zurückging, einstieg und davonfuhr. Keine Frage. Der Mann war völlig durchgedreht, und bezahlt hatte er ihn auch nicht. Dies musste er so schnell wie möglich Gestapo-Chef Reichel melden, soviel stand fest. Das Kommando in Röhrlings Händen zu belassen, wäre völlig verantwortungslos, ja gefährlich gewesen.

Er sah noch zu, wie die Ukrainer die Grube mit den getöteten Widerstandskämpfern zuschaufelten, dann huschte er – unbemerkt – hervor und ging nach Hause.

Am folgenden Tag marschierten die Sowjets in Pottenbrunn ein, drangen ins Schloss ein, das sie aber völlig verlassen vorfanden. Die Gestapo löste währenddessen ihre St. Pöltner Außenstelle auf. Zwei Tage später, am 15. April, nahm die Rote Armee schließlich die Stadt ein.

Auch er stand unter jenen, welche den Befreiern zujubelten. „Adam" hingegen war mit dem Einmarsch der Sowjets verschwunden, so als hätte es ihn nie gegeben. Als wär er nur ein Gerücht gewesen, ein Schauermärchen, das man nicht Kindern, sondern Widerstandskämpfern erzählte, damit sie von ihrem Verrat Abstand nahmen, weil sie sonst „Adam", der Teufel, holen würde.

„Unsere Träume können wir erst dann verwirklichen, wenn wir uns entschließen, einmal daraus zu erwachen." (Josephine Baker)

Josephine Baker (1. Februar 1928)

„Achtung, Achtung. Der Orient-Express aus Paris Richtung Wien Westbahnhof fährt Bahnsteig 1 ein. Bitte treten Sie zurück." Wie zur Bestätigung der Durchsage kündigte sich der Zug, dessen Lichter im Halbdunkel der Morgendämmerung am Ende der einsehbaren Stecke aus der Kurve aufgetaucht waren, mit einem lauten Pfeifen an.

Das Herz Alexanders, der sich hinter einer großen Reklametafel von „Persil" mit dem sinnreichen Spruch „Persil wäscht ganz allein" versteckt hatte, begann noch lauter zu klopfen, als es ohnedies schon tat. Nun würde es sich bald weisen, ob Herr Huber, Redakteur des Neuen Wiener Tagblattes und Freund seines Vaters, mit seinem „Geheimnis", wonach Josephine Baker bereits ein Monat vor ihrem ursprünglich beabsichtigten Wien-Gastspiel in Österreich eintreffen, ja just in diesem Zug auf dem Weg Richtung Bundeshauptstadt sitzen würde, Recht hatte. „So ein Schmarren!", hatte sein Vater unwirsch dem Freund geantwortet. Der hatte nur mit den Achseln gezuckt: „Na, Gustav, wirst schon sehen, dass es stimmt. Das Interview, das ich mit der schwarzen Venus mache, werd ich dir dann zuschicken, damit du vor Neid erblasst. Ich werde darin beschreiben, wie ihr französisches Parfum sinnlich gerochen hat, wie ich in ihren dunklen, schwarzen Augen untergegangen bin, wie mein Blick – eine ganze Ewigkeit – ihre unendlich langen Beine vom Stöckelschuh bis hinauf zur Hüfte und diesem herrlichen Hintern entlanggeglitten ist, und wie ich ihre zarte, ebenholzne Hand zum Abschied geküsst habe. ‚Merci Madame. Je suis très enchenté. Peut-être, après la revue, vous avez du temps pour moi?' Ahh ...", verklärten Blicks wie die Madonna über dem Küchentisch hatte Huber geseufzt. Der Vater hingegen hatte nur gelacht und gemeint. „Ach, du bist ein Hornochse. Du mit deiner Baker. Aber, träum nur mal weiter! In Zeiten wie diesen, wo die meisten – außer dir Glücklichem, denn Schmierfinken braucht man anscheinend immer – ohne Arbeit auf der Straße stehen und nicht wissen, wie sie ihre Familie durchbringen sollen, ist Träumen ohnedies die einzig sinnvolle Möglichkeit, am Leben nicht überdrüssig zu werden."

„Das ist kein Traum!", hatte Huber noch einmal entschieden widersprochen, dann waren die beiden Männer auf ein Bier gegangen. Alexander hingegen war erschüttert am Küchentisch sitzen geblieben. Josephine Baker! Die schwarze Göttin! War es tatsächlich möglich, dass sie ihr Weg nach Österreich, hier direkt an ihm vorbei führte? War dies eine gnädige Geste des Schicksals? Ihm war jedenfalls sofort klar, dass – falls Hubers Aussagen tatsächlich zutrafen – er sie unbedingt sehen musste. Um jeden Preis. Koste es, was es wolle. Eine solche Möglichkeit, seiner schwarzen Königin zu begegnen, ihr seine unendliche Liebe zu gestehen, würde sich nie wieder ergeben.

Josephine Baker! Wenn er nur ihren Namen hörte, wurde ihm schon ganz warm ums Herz, fühlte er Schmetterlinge im Bauch. Seitdem er eines Tages ihr Bild in einer Zeitung gesehen hatte, konnte er an nichts anderes mehr denken als an sie. Ihr schwarzer wohlgeformter Körper, der ihn an einen edlen Panther erinnerte, nur mit einem Bananenröckchen bekleidet. Dieser herrliche Mund, zu einem leichten, süßen Lächeln geöffnet, hinter dem die weißen Zähne hervorblitzten. Diese großen, schwarzen Augen, die ihn geheimnisvoll anzublicken, ja zu hypnotisieren schienen, dass ihm ein prickelnder Schauer über den Rücken lief. Damals war er ihr verfallen.

In Folge begann er Zeitungen und Journale nur auf Baker-Bilder und Baker-Artikel hin zu durchsuchen, die er, wenn er welche fand, ausschnitt und sammelte. Da sich der Vater zu Hause nur die Arbeiterzeitung, „zur Information", wie er sagte, und die Reichspost, „um mich über die politischen Gegner zu ärgern", leistete, ging Alexander am Monatsende stets ins Grand Hotel Pittner, wo ihm Herr Franz heimlich die alten Blätter aufhob. Welch ein Schatz diese Zeitungsstapel waren, hatte das Hotel für seine Gäste doch nicht nur die nationalen, sondern auch die internationalen Gazetten aus Berlin, Zürich, London und Paris abonniert. Diese blätterte er dann auf der Suche nach Josephine stundenlang in einer Ecke der kleinen Portiersloge versteckt durch – zumeist mit Erfolg – und marschierte anschließend selig nach Hause.

Regelmäßig besuchte er auch den Elektroladen von Herrn Pelz am Rathausplatz, der auf seinem funkelnagelneuen Dreiröhren-Radioapparat ständig „Radio Wien" laufen hatte. Ganz ungezwungen plauderte er mit diesem über die verschiedenen Sendungen und fragte zwischendurch ganz beiläufig, ob er auch etwas von dieser Baker gehört habe, um die jetzt ja alle so ein Theater machten. Hin und wieder wusste Herr Pelz tatsächlich etwas zu berichten, was Alexander, wenn er nach Hause zurückkehrte, sofort niederschrieb. Einmal hatte er sogar das Glück, dass – während er gerade im Geschäft war – ein Chanson von Josephine gespielt wurde. Welch wunderschöne Stimme sie hatte! Es war ein richtiger Festtag für ihn gewesen.

Irgendwann fing er schließlich damit an, ihr heimlich in ein dickes Poesie-Album, das ihm seine Großmutter geschenkt hatte, Liebesbriefe zu schreiben. In diesen hieß es etwa: „Allerliebste Josephine! Meine schwarze Göttin! Heute war wieder ein herrlicher Tag für mich. Ich habe in einer Zeitung ein Bild von dir entdeckt. Du bist so wunderschön, so süß! Schade, dass ich nicht verstehe, was über dich geschrieben steht – aber sicher nur Gutes! Ich muss unentwegt an dich denken, egal wo ich gerade bin. Es versetzt mir dann stets einen leichten Stich im Herzen. Vor allem, wenn es mir schlecht geht, denke ich an dich, und schon sieht die Welt wieder viel freundlicher aus. Josephine, ich liebe dich so sehr, ich kann es kaum in Worte fassen. Schlaf nun gut, meine Königin, dein dich liebender Alexander."

Die Briefschreiberei entwickelte sich im Laufe der Zeit zu einer täglichen Beschäftigung, die er des Abends vor dem Schlafengehen so selbstverständlich erledigte wie das

Putzen der Zähne, freilich mit größerer Sorgfalt und Leidenschaft. Er erzählte Josephine darin, was er während des Tages erlebt, worüber er sich gefreut und worüber er sich geärgert hatte. Alsbald fügte er auch die ausgeschnittenen Zeitungsbilder und -ausschnitte ebenso wie die Radiomitschriften bei, so dass ein richtiges Josephine-Album entstand. Sein größter Schatz wurde ihm dieses Kompendium, und auch wenn er wusste, dass er die Briefe niemals abschicken, dass sie Josephine also niemals lesen würde, so fühlte er sich ihr dadurch dennoch nahe, so als würde sie ihm geduldig und sanft lächelnd zuhören. Auf diese Weise wurde sie zu seiner engsten Gefährtin, seiner größten Vertrauten, die als Einzige all seine Träume und Wünsche, all seine Sorgen und Geheimnisse kannte und teilte. Und wenn er nach dem Eintrag das Album schloss und wieder im Hohlraum hinter der letzten Schublade seines kleinen Schreibtisches versteckte, träumte er davon, dass ihn Josephine in ihre langen, schwarzen Arme nahm, zärtlich über die Stirn streichelte und sanft in den Schlaf sang.

Unter lautem Quietschen bremste der Orient-Express ab und blieb schließlich mit einem Schnaufen, eine gehörige Dampfwolke ablassend, stehen. „St. Pölten Hauptbahnhof! St. Pölten Hauptbahnhof!", hallte es über den Bahnsteig.

Josephine Baker hatte den Vorhang ihres Coupés einen Spalt zur Seite geschoben und blickte neugierig hinaus. Der Schaffner war sofort vom Perron gesprungen und zum Bahnhofsvorstand geeilt. Außerdem hatten sich zu beiden Enden des Zuges zwei Polizisten postiert, welche wachsamen Auges das Geschehen verfolgten – zu ihrem Schutz. Ein rundlicher Dienstmann mit roter Kappe und ebensolcher Gesichtsfarbe schleppte gebückt zwei große Koffer hinter einer feinen Dame in beängstigend hohen Stöckelschuhen her. Ihr elegantes, engtailliertes weißes Kleid streifte beinahe den Boden, ihr Gesicht blieb unter der breiten Krempe des Hutes, der von langen, weißen Federn geziert wurde, die ihr neckisch in den Nacken hingen, verborgen. Hinter einer Reklametafel entdeckte Josephine einen Jungen, vielleicht im Alter von 12, 13 Jahren, der verstohlen hervorlugte und seinen Blick abwechselnd zwischen Schaffner, Bahnhofsvorstand und den Polizisten wandern ließ. Sie musste lächeln – ganz offensichtlich, dass der Bub beabsichtigte, als blinder Passagier an Bord des Zuges zu gelangen. Wie oft war sie früher selbst als kleines Mädchen am Bahnhof in St. Louis ähnlich versteckt gewesen und hatte sich, als der Zug anfuhr, noch schnell in den offenen Gepäckwagen gestohlen. Ein Gefühl von Spannung und Freiheit hatte sie auf diesen Abenteuern begleitet. Und heute saß sie hier, mitten in Europa, und fuhr erster Klasse. Hatte ein ganzes Coupé nur für sich alleine. Wie sich die Zeiten änderten. Schließlich fiel ihr Blick auf das Bahnhofsschild. In großen weißen Lettern stand auf blauem Untergrund: „St. Pölten". „Abatino!", raunte sie. Monsieur Abatino sah von der Zeitung auf und nahm das Monokel aus dem linken Auge. „Ja, Chérie?" „Sag, gibt es nicht auch in Frankreich ein Saint Polit? Mir kommt dieser Name so bekannt vor." „Saint Polit?", er sah nachdenklich zur Decke hinauf und zwirbelte mit den Fingern seiner rechten Hand den elegant fassonierten Schnurrbart. „Saint Polit? Saint Polit? Je regrette! Keine Ahnung,

Chérie." Er schüttelte den Kopf, steckte sein Monokel ins Auge und widmete sich wieder der Zeitung. Josephine Baker ließ den Vorhang fallen, lehnte sich zurück und schloss die Augen, um diese – als ein leichter Ruck andeutete, dass sich der Zug wieder in Bewegung gesetzt hatte – nach wenigen Momenten wieder zu öffnen. „Abatino!" Monsieur Abatino blickte abermals von der Zeitung auf. „Ja, Chérie?" „Wie lange fahren wir noch nach Vienne?" „Nun, meines Wissens nach ist dieses St. Pölten die letzte Station vor Wien." „Wie lange also noch?" „Vielleicht noch ein, zwei Stunden – denke ich." Josephine legte den Kopf zur Seite, blies die Backen auf und verdrehte die Augen, so dass Abatino lachen musste. „Schon gut, Chérie. Ich hab verstanden. Ich frage nach." Er legte die Zeitung zur Seite, öffnete die Tür und verschwand draußen am Gang. Josephine grinste spitzbübisch übers ganze Gesicht.

Als der Zug langsam anfuhr, die zwei Polizisten ihre Posten verlassen hatten, um sich im Bahnhofsrestaurant aufzuwärmen, und der Schaffner, der noch für einige Momente am Perron des ersten Waggons gestanden war, endlich im Inneren verschwand, nahm Alexander all seinen Mut zusammen und huschte aus seinem Versteck hervor, geradewegs auf den letzten Waggon zu. Eine Zeitlang lief er neben dem rollenden Zug her, bis der letzte Einstieg auf seine Höhe kam. Mit seiner linken Hand ergriff er nun die Haltestange neben der Tür, welche für gewöhnlich den Passagieren beim Ein- und Aussteigen Hilfe bot, rannte weiterhin neben der sich beschleunigenden Eisenbahn her, bis diese so schnell war, dass er kaum mehr mithalten konnte. Als seine Füße bereits ein wenig mitschleiften, nahm er noch einmal alle Kraft zusammen, sprang mit dem linken Bein vom Boden ab, zog gleichzeitig seinen linken Arm, welcher nach wie vor die Haltestange hielt, zum Brustkorb heran, drehte außerdem den Rumpf nach links, hob dabei das rechte Bein im rechten Winkel bis auf Hüfthöhe an, um es anschließend von sich zu strecken, bis er – erleichtert durchatmend – damit die Treppe unter seinem Fuß spürte. Indem er derart gesichert nun auch unter großer Anstrengung den linken Fuß auf die Stufe setzen konnte, den Körper nach vor beugte und schließlich die Beine leicht durchstreckte, fand er genug Halt, um sich ein wenig aufzurichten und vollends auf den Perron zu hieven. Er hatte es geschafft! „Ja! Ja!", rief Alexander glücklich aus, und als ob ihm der Zug zu dieser Leistung gratulieren wollte, ja, als ob er sich mit ihm freute, pfiff er ebenso zweimal laut durch die winterliche Landschaft.

Monsieur Abatino, mittlerweile von seinem Botengang zurückgekehrt, war bereits wieder in die Zeitung vertieft. Freilich hatte er die Gelegenheit seines „Ausfluges" dazu genutzt, von Fidèle, der persönlichen Dienerin Josephines, welche im Abteil nebenan untergebracht war, einen Cognac sowie eine Virginia zu ergattern. So saß er im Coupé und nahm während des Lesens abwechselnd einen Schluck aus dem Cognacschwenker und einen Zug von der Zigarre.

Josephine hatte das Grammophon angestellt und tanzte durch das kleine Abteil, wobei sie den Text zur Musik mit ihrer zarten, beinah kindlich wirkenden Stimme mitsang:

„When I am happy, when I am sad, that all depends on you ...“ Dabei berührte sie mit ihrem wackelnden Hinterteil mehrmals die Zeitung Abatinos, bis dieser sie schließlich genervt sinken ließ: „Oh, Chérie. Qu'est-ce que? Es dauert nicht mehr lange.“ „Abatino! Sei nicht langweilig! Komm, tanz mit mir!“, forderte ihn Josephine auf, wobei sie ihren Hintern lockend hin- und herschwang. Abatino konnte sich ein Grinsen nicht verkneifen und gab ihr schließlich einen Klaps auf den Allerwertesten: „Oh, du bist unmöglich, Chérie! Warum bringst du uns Männer alle um den Verstand, nur weil du ein wenig mit den Augen klimperst und mit deinem Popo wackelst?“ „Weil ihr so furchtbar einfach gestrickt seid!“, gab sie keck zur Antwort, „bis auf den Zöllner heute. Also der ...“ Sie lachte fast quietschend auf und verrollte die Augen, „der war ein schwerer Fall, das kann ich dir sagen.“ „Der Zöllner? Wieso, was war denn?“ Josephine ließ sich zurück in den Sitz fallen. „Gut, hör zu, Abatino. Ich geh also mit ihm durch den Gepäckwagen, wobei er schon beim Öffnen der Tür – sichtlich erschüttert – grantig murmelt: ‚Das gehört alles Ihnen?!‘ Ich hab natürlich mit dem Kopf genickt. Jedenfalls beschwert er sich fortan bei jedem Koffer und fragt immerzu: ‚Wozu brauchen Sie das? Und wozu das? Und wozu das?‘ So geht das die ganze Zeit, und ich antworte stets: ‚Na, Sie wissen doch, ich bin Varietékünstlerin. Das sind alles Kostüme.‘ Er verzieht dabei zwar – so als hätte er Schmerzen beziehungsweise als würde ich ihm solche bereiten – leidend die Miene, geht aber weiter, bis – ja bis wir schließlich zum Puder kommen. Als er auf seiner Liste nachliest, wie viel wir davon haben, ruft er entrüstet: ‚Was?! 64 Kilogramm Puder! Für eine einzige Dame! Also nein, das geht zu weit. Das können Sie nicht alles einführen. Das kann doch unmöglich alles zu Ihrem Eigengebrauch sein?‘, und er wirft mir dabei einen ganz durchdringenden Blick zu, zirka so ...“ Josephine riss die Augen weit auf, legte die Stirn in Falten, zog die Augenbrauen hoch, streckte den Kopf wie eine Bulldogge nach vor und verzog die Lippen derart, als hätte sie gerade puren Zitronensaft getrunken. Abatino lachte. „Er sieht mich also scharf an, weil er meint, er hätte mich des Puder-Schmuggels überführt. Und so, was bleibt mir anderes über, Abatino, gestehe ich alles: ‚Monsieur, alors, sehen Sie‘, kläre ich ihn auf, ‚das ist so. Ich nicht nur tanzen mit Gesicht, ich tanzen auch mit das!‘“ Josephine zeigte dabei – wie sie es auch dem Zöllner vorgeführt hatte – auf ihren Hintern und klopfte mit der flachen Hand darauf: „Siehst du, Abatino, so! Ich strecke ihm also meinen Popo zur Beweisführung entgegen, wobei der Zöllner aufmerksam meinen Erläuterungen folgt und aus großen Augen sowie alsbald offenen Mundes auf das corpus delicti glotzt, das ich, um ihm mit Nachdruck die Bedeutung dieses Körperteils für meine Berufsausübung klar zu machen, zusätzlich noch ein wenig hin- und herwackle. Er“, Josephine lächelte spitzbübisch, „ging dabei wie ein Hund, dem man ein saftiges Steak vor die Lefzen hält, mit dem Kopf mit, in etwa so ...“ Sie streckte ihre Zunge weit heraus, verrollte die Augen und hechelte, wobei sie gleichzeitig mit dem Kopf rechts und links wippte. „Na, und wie geht die Geschichte aus, Chérie? Wollte er dich verhaften?“, fragte Abatino. „Nun, nachdem ich ihn also in überzeugender Weise mit dem Tatbestand vertraut gemacht habe, erkläre ich ihm: ‚Alors, Monsieur. Sie werden also begreifen: Ich nicht nur pudern mein Gesicht, sondern ich müssen auch pudern das!' Noch einmal klopfe ich mit Nachdruck auf meinen Popo. Er nickt – ohne meinen Allerwertesten aus den Augen zu lassen – geistesabwesend und murmelt nur: ‚Aha, Aha ...', immerzu wiederholt er dieses Wort, bis ich ihn schließlich leicht am Arm berühre. Da schreckt er hoch – als hätte ich ihn auf frischer Tat ertappt – richtet seine Uniform und stammelt: ‚Ich verstehe, Frau Baker. Alles klar. Natürlich. Sie dürfen selbstverständlich alles einführen. Schönen Aufenthalt in Österreich!' Er hat, das musst du dir vorstellen, Abatino", Josephine lachte wieder laut auf, „zum Abschluss salutiert, wie ein General. Dann ist er schnell davongegangen, ja fast weggelaufen ist er." Josephine Baker hob ihre Beine und strampelte damit in der Luft, so als wollte sie den laufenden Zöllner nachahmen. „Ist das nicht herrlich! Ich freu mich auf Österreich, auf Wien, den Semmering. Das ist ein wunderbares Land, glaub ich. So witzige Menschen!"

Alexander hatte sich, nachdem er sicher gegangen war, dass der Schaffner nicht in der Nähe war, durch den hintersten Waggon durchgeschwindelt, indem er lässig, als sei dies die natürlichste Sache der Welt, an den Gästen vorbeigeschlendert war. Tatsächlich hatten die Passagiere nicht weiter Notiz von ihm genommen, so dass er den Waggon verlassen konnte und nun wieder im Freien stand, vor der Tür zum nächsten. Der Zug hatte volle Fahrt. Der Wind fuhr ihm eiskalt ins Gesicht. Ein Schild über dem Eingang verriet: „Gepäckwagen". Darunter stand geschrieben: „Unbefugten ist der Zutritt verboten." Er sah noch einmal zurück, ob ihm auch niemand gefolgt war, dann drückte er die Klinke nieder und trat ein. Drinnen war es stockfinster. Er tastete auf der rechten Seite nach einem Lichtschalter und fand diesen tatsächlich. Als er ihn hinunterdrückte und sich das Innere des Waggons erhellte, traute er seinen Augen nicht. Der Gepäckwagen war bis auf den letzten Zentimeter angefüllt, nur durch die Mitte führte – wie ein Bach, der sich eine tiefe Schlucht gegraben hatte – ein schmaler Gang. Links und rechts erhoben sich hingegen mächtige Lederkoffer und übereinander gestapelte Kisten, die fast bis zur Decke reichten. Auf allen prangte in großen Lettern: „BAKER". Alexander schüttelte ungläubig den Kopf, lief aufgeregt einige Schritte nach vor, dann wieder zurück. Konnte es tatsächlich wahr sein? Das alles gehörte seiner Göttin, seiner geliebten Josephine? Er kam sich vor wie ein Archäologe, der jahrelang verbissen einen Schatz gesucht hatte und nun, da er ihn mehr aus Zufall denn gezielter Suchaktion gefunden hatte, sein Glück gar nicht fassen konnte und alles für Einbildung hielt. Er strich über die Schilder, fuhr mit seinem Finger den Schriftzug nach: „BAKER". Aber es war kein Märchen. Es war alles echt! Schließlich kletterte er über einige Kisten hinauf auf den Koffergrat und sah auf der anderen Seite hinunter. So als wären die aufgestapelten Gepäckstücke in Wahrheit nur eine bewusst errichtete Wand zum Gang hin, um den eigentlichen Schatz dahinter zu verstecken, war auf der anderen Seite ein Hohlraum geblieben, eine Art begehbarer Schrank. Alexander sprang hinunter und begutachtete neugierig die Koffer, Kisten und Behälter. Wie er nun bei näherer Untersuchung erkennen konnte, standen unter den „BAKER"-Lettern noch weitere

Erläuterungen, die er allerdings nicht verstand: „chaussures“ prangte da auf sieben Koffern nebeneinander, am letzten die Zahl „196 paires“. Daneben fand er 10 Koffer mit der Aufschrift „affaires de toilette“. Die meisten der großen Koffer, allesamt höher als er, waren mit „costumes“ oder „robes“ beschrieben, wobei auf einem der letzteren die Ziffer „137“ prangte. Bis zur Decke hinaufgestapelt waren in mehreren Reihen nebeneinander Kübel mit der Aufschrift „poudre“, des Weiteren fanden sich mehrere Koffer mit der Beschriftung „dessous“. Was mochte in all diesen Koffern stecken? Ohne lange weiter nachzudenken, beschloss er, der Sache auf den Grund zu gehen. Zunächst öffnete er einige runde, rote Kisten mit der Aufschrift „chapeaus“, die verschiedene Hüte preisgaben. Von einem kleinen schwarzen, der ihn an die Kappen der Dienstmänner erinnerte, über eine Kapitänsmütze, wie sie vielleicht Admiral Tegetthoff getragen hatte bis hin zu Kopfbedeckungen, welche mit den wunderbarsten Federn geschmückt waren. Am meisten faszinierte ihn ein Hut mit echten Pfauenfedern. Diesen setzte er auf und fühlte sich sofort wie der Häuptling eines fernen Indianerstammes.

In einem Kübel, auf dem „poudre“ geschrieben stand, entdeckte er hautfarbenes Pulver, dessen Zweck er nicht näher identifizieren konnte, das aber jedenfalls lustig durch die Luft wirbelte, wenn man hineinblies. In einer Kiste mit der Aufschrift „chaussures“ befanden sich unzählige Paar Schuhe, von solchen mit hohen, eleganten Stöckeln über welche aus Rauleder und Lack bis hin zu Stiefeln und Sandalen. Er entschied sich, weil es ihm zum Hut passend schien, für Mokassins und streifte diese über.

Anschließend wandte er sich einem Koffer zu, auf dem die Lettern „robes“ prangten. Da dessen oberer Gürtel zu hoch war, musste er zunächst eine Kiste mit der Aufschrift „affaires de toilette“ als „Steighilfe“ heranziehen, in die er zuvor selbstverständlich ebenfalls einen Blick warf. Es befanden sich darin verschiedenste Schminkutensilien, wie sie auch seine Mutter an ganz besonderen Tagen verwendete, von denen sie aber immer behauptete, sie seien viel zu teuer. Hier war die ganze Kiste voll damit und daneben standen weitere mit der gleichen Aufschrift! Als er die Kiste richtig postiert hatte, stieg er hinauf, sodass er nun die obere Gürtelschnalle aufmachen konnte. Anschließend hüpfte er wieder hinunter, zog die Kiste zurück an ihren Platz und löste die untere Lasche. Da der Koffer auf einem kleinen Holzpodest stand, öffnete sich der Deckel wie die Tür eines Schrankes. Zu Alexanders Überraschung gab dieser auf seiner Innenseite einen riesengroßen Spiegel preis, während im Koffer selbst die wunderbarsten Kleider hingen. Er streichelte zunächst mit seiner Hand sanft darüber, dann zog er die Kleider einzeln zur Seite, um sie zu bewundern. Wie herrlich sie waren – wie für eine Königin. Da war eines aus reinem Gold, zumindest war es über und über mit goldfunkelnden Pailletten besetzt. Ein anderes aus purpurrotem Samt reichte bis zum Kofferboden hinab und hatte einen langen Schlitz. Am meisten faszinierte Alexander allerdings ein Kleid, das sich schuppig anfühlte und aus Schlangenhaut gefertigt schien. Er zog mehrmals fest daran, bis es sich vom Haken löste. Anschließend strich er damit über seine Wange, was kitzelte. Er überlegte kurz, dann band er es sich wie eine Schleppe um die Schultern. Stolz schaute er in den Spiegel. Einen edleren Indianerkönig wie sich hatte er nie gesehen! In dieser Adjustierung wandte er sich dem nächsten Koffer mit der Aufschrift „dessous" zu. Da dieser niedriger war, konnte er, indem er sich auf die Zehenspitzen stellte, den oberen Riemen lösen. Anschließend bückte er sich und machte den unteren auf. Wieder ging der Kofferdeckel wie eine Schranktür langsam auf, als es plötzlich, weil der Zug abrupt abbremste, einen so starken Ruck gab, dass Alexander rücklings stürzte, der sich öffnende Koffer aber auf ihn, so dass er davon begraben und es finster um ihn wurde. Was auf Alexander fiel, fühlte sich an wie Daunenfedern, so leicht und weich war es, als würde ihn jemand zärtlich streicheln. „Mist!", schimpfte er und stieß den Koffer von innen mit beiden Armen zur Seite, so dass es wieder hell wurde. Er nahm etwas, das sein Gesicht bedeckte, mit den Fingerspitzen und hielt es vor seine Augen. Es war ein weißes Seidenhöschen. Erschrocken, als würde es ihn verbrennen, warf es Alexander schnell weg und richtete sich ein wenig auf, bis er, als er sich im Kofferspiegel gegenüber sehen konnte, staunend innehielt. Tatsächlich lag er inmitten von Josephine Bakers Unterwäsche. Strumpfbandgürtel umrankten wie verspielte, kleine Schlangen seine Füße, ein hellblaues Strumpfband hatte sich in seinem struppigen Haar verfangen, und sein Körper war bedeckt von einem bunten Meer aus Corsagen, Hemdchen, BHs und Höschen, die aus feinster Spitze und wunderbarster Seide verarbeitet waren und farblich von dunklem, verführerischem Rot bis hin zu strahlendstem Weiß, das einen wunderbaren Kontrast zu Josephines dunklem Körper bilden musste, reichten. Viele Stücke waren mit kleinen, funkelnden Steinen, wie er sie nur von Ringen der feinen Leute her kannte, besetzt, andere mit weißen und schwarzen Perlen bestickt. Nachdem er sich halbwegs befreit hatte, richtete er sich auf.

Er begann die Kleidungsstücke pochenden Herzens wieder einzuräumen, wobei er sie so vorsichtig anfasste, als wären sie Sprengstoff und könnten jeden Moment in die Luft gehen. Zugleich hatte er das Gefühl, als hantiere er mit etwas Verbotenem, etwas Sündigem – wenngleich er sich diese Empfindung, eine Mischung aus Scham und innerer Erregung, nicht näher erklären konnte. Sie war einfach da.

Nur einmal hatte er bisher ähnlich gefühlt, als er seine Mutter – barbusig, nur mit einem Höschen bekleidet – dabei beobachten konnte, wie sie ihre Strümpfe im Strumpfbandgürtel befestigte. Die Tür zum Badezimmer war einen Spalt offengestanden, so dass er sie von seinem Bett aus, das er mit zwei Brüdern teilte, sehen konnte. Sein Herz hatte damals wie verrückt zu pochen begonnen, und obwohl er sich dachte, er dürfe dort nicht hinschauen, war er doch so fasziniert, dass er den Kopf unmöglich abwenden konnte. Selbst als die Mutter plötzlich aufsah, und sich ihre Blicke trafen, war er dazu nicht imstande. Sie hatte ihm nur sanft zugelächelt und dann die Türe langsam zugezogen. Er war noch Minuten aufrecht im Bett sitzen geblieben und hatte zur geschlossenen Badezimmertür gestarrt. Seit damals hatte ihn dieses Bild in manchem Traum, auch wenn es nicht mehr die Mutter war, die ihm da zulächelte, aufgesucht und für Verwirrung gesorgt.

„Heast, wer hat denn da das Licht brennen lassen?" Alexander zuckte erschrocken zusammen. Jemand war in den Waggon getreten. „Keine Ahnung. Wahrscheinlich hast du's vorher vergessen abzudrehen. Is bei dem Ruck irgendetwas umgefallen?" Alexander hörte Schritte. „Also am Gang liegt nichts. Wird also schon nichts passiert sein." „Sollen wir hinten nachschauen?!" Alexander erstarrte. Schweiß brach ihm aus. Wenn ihn die Männer nun erwischten, würde er seine Josephine nie sehen. Außerdem würden sie ihn sicher, so erzählte sein Vater immer über die Bestrafung blinder Passagiere, aus dem fahrenden Zug werfen. „Ah, geh! Zahlt sich net aus, glaub's mir. Da is scho alles in Ordnung. Gemma lieber noch auf einen Schluck. Dauert eh nur mehr 20 Minuten, bis ma in Wien ankommen." „Na guat." Die Schritte entfernten sich. Schließlich wurde das Licht abgeschaltet und die Tür geschlossen. Alexander sank zu Boden und atmete erleichtert auf.

Josephine Baker legte das Skript zur Seite und blies, indem sie die Unterlippe ein wenig vorschob, Luft nach oben. Gleichzeitig klopfte sie ungeduldig mit den Fingern auf den roten Plüschbezug des Sitzes, während der Zug wie im Kontrast dazu völlig gleichmäßig über die Schwellen schlug. Eine Zeitlang schaute sie gelangweilt im Coupé umher, zog kurz den Vorhang zurück, um ihn im nächsten Moment schon wieder zu schließen, und gab schließlich mit ihrem spitzen Schuh Abatino einen leichten Tritt gegen das Schienbein. „Autsch!" „Abatino!" „Ja Chérie?", seufzte dieser ohne von der Zeitung aufzublicken. „Ich weiß nicht, diese Revue, die sie für unser Österreich-Gastspiel geschrieben haben ..." „Ja, Chérie, was ist damit?" „Ist die nicht ein bisschen dümmlich?" Abatino senkte die Zeitung und sah Josephine überrascht an. „Ach ja? Warum denn?" „Nun, zum einen einmal schon der Titel: *Schwarz auf Weiß* – ich meine, das wäre der letzten Toilettendame in den *Folies-Bergères* eingefallen. Nur weil ich schwarz bin und die anderen Tänzerinnen weiß.... Wirklich sehr ‚originell'. Da hat sich wohl jemand stundenlang den Kopf zerbrechen müssen, um auf einen solch ‚wunderbaren, witzigen, originellen und einzigartigen' Titel zu kommen. So etwas von naiv! Genauso wie die Textzeile: ‚Die Baker, die Baker, die ist der große Star. Die macht uns alle heiß.' Igitt!" Josephine tat so, als würde ihr Körper vor Ekel erschaudern und verdrehte demonstrativ die Augen. Abatino lächelte. „Aber Chérie, wie oft sind wir das schon durchgegangen. Jede Revue ist doch naiv, oder? Warum sollte das in Österreich anders sein. Die Vorstellungen in deinem *Chéz Joséphine* sind ja auch nicht gerade Molière. Darum geht es auch gar nicht. Es geht lediglich darum, die Menschen zu unterhalten, damit sie für ein paar Stunden ihre Sorgen vergessen können. Sie glücklich zu machen, das ist es doch, was du willst, oder?" „Ja, schon", gab Josephine ein wenig widerwillig zu, um sich im nächsten Moment aber noch einmal zu ereifern. „Aber der Titel ist dennoch lächerlich! Das ist so, wie wenn ich meine Pommes nicht nur mit Ketchup, sondern ausnahmsweise einmal mit Mayonnaise esse und dann in einem ‚Genieblitz' eine Show danach ‚Gelb auf Rot' nenne." Sie legte den Kopf zurück auf die Bank, machte laute Schmatzgeräusche und tat so, als würde sie imaginäre

Pommes Frites abwechselnd in Ketchup und Mayonnaise tauchen, bevor sie sie in den weit geöffneten Mund steckte. „Also du hast Vergleiche, Chérie", schüttelte Abatino den Kopf. „Im Übrigen, weil du von Stunden gesprochen hast, Abatino", fuhr Josephine fort, „also wenn die dieses Skriptum wirklich so lassen, dauert die Show fünf Stunden und die Leute gehen nach Mitternacht nach Hause, beziehungsweise müssen wir sie wahrscheinlich hinaustragen. Ich werde einstweilen ebenso in der Garderobe eingeschlafen sein, weil so lange Pausen zwischen meinen Auftritten sind." „Ich werde dir Gesellschaft leisten, Chérie!", versprach Abatino. „Dann vergeht die Zeit wie im Nu, wirst schon sehen. Hör also jetzt auf zu meckern und sei ein braves Mädchen. Spielen wir die Show doch so, wie sie die Österreicher möchten, ja?!" Abatino wollte schon wieder die Zeitung heben, um weiterzulesen, als ihm Josephine abermals einen leichten Tritt gegen das Schienbein versetzte. „Autsch!" „Und diese Szenen mit den griechischen Göttern!" „Ja, was ist denn damit nun wieder?", fragte Abatino aufstöhnend. „Na hör mal! Dass die Muse der Geschichte Ikarus fallen lässt, weil sie jetzt lieber Lindbergh hat, finde ich doch reichlich albern. Ebenso wie die Szene, wo Herkules den Augiasstahl mit einem Staubsauger ausmistet. Wem fällt so etwas ein, frage ich dich? Ich meine, ich kenne mich ja nicht so aus mit den griechischen Göttern, hab ja nicht viel gelernt, aber dass das ein Blödsinn ist, weiß ich allemal!" Abatino lachte gutmütig. „Ach Chérie, du machst dir viel zu viele Gedanken. Mir scheint, du bist in Wahrheit nur ein bisschen eifersüchtig auf Lindbergh, weil er im letzten Jahr mit seiner Atlantiküberquerung für solch Aufsehen gesorgt hat. Außerdem find ich diese Szenen durchaus originell, und die Leute hier haben eben einfach einen anderen Geschmack als in Paris. Mich wundert ja nur, dass dich dann nicht auch die Szene, in der du in deinem Bananenröckchen dem englischen Offizier im Urwald begegnest und schreist wie ein Huhn, stört – die ist nämlich auch nicht gerade sehr tiefsinnig, oder? Außerdem haben dir die Österreicher extra eine Szene hineingenommen, wo du deine Chansons singen darfst – noch dazu auf einer rosaroten Riesenbonbonniere. Das ist doch sehr anständig!" „Was heißt hier anständig?", echauffierte sich Josephine. „Ohne Chansons keine Baker – so einfach ist das!" „Schon gut, schon gut!", beschwichtigte Abatino. „Ich denke jedenfalls, Chérie, dass dich eine Gage von 400 Dollar pro Abend über manch seichte Passage in der Revue hinwegtrösten sollte ..." Josephine verzog das Gesicht. „Geld, Geld, Geld – als ob dies das Einzige wäre! Manchmal packt mich fast das schlechte Gewissen, wenn ich daran denke, wie elend es den Menschen hier geht. Baron Liviere hat zuletzt beim Souper in Paris, als er mich überredete, anstatt in St. Moritz gleich am Semmering in Österreich Urlaub zu machen, weil ich dann nicht mehr weit nach Wien hätte, erzählt, dass hier furchtbar viele Menschen arbeitslos sind und es immer wieder zu Unruhen kommt, nur weil die Leute Hunger haben. Und ich trete da um eine sündteure Gage auf, und wir stolzieren in Kostümen über die Bühne, wo ein einzelnes soviel kostet, dass man mit dem Geld zwei Monate lang eine Familie versorgen könnte ..." „Also Chérie, jetzt hör aber auf!", unterbrach sie Abatino energisch. „Als ob du nicht selbst wüsstest, was es heißt, arm zu sein. Hattest du deshalb keine Idole? Warst du deshalb deinen Stars etwas neidisch?" Josephine schwieg. „Na eben!", deutete Abatino ihre Reaktion als Bestätigung seines Einwandes. „Gerade weil es den Menschen so schlecht geht, brauchen sie dich um so mehr. Sollen jene, die in die Show kommen – und das sind bei Gott keine Armen – ruhig die horrenden Eintrittspreise auf den Tisch blättern. Jene, die sich eine Revue mit dir nicht leisten können, lesen dafür darüber am nächsten Tag um ein paar Centimes in der Zeitung, malen sich aus, wie herrlich sie war und träumen von dir – gerade auch davon, wie du in diesen herrlichen, edlen Roben ausgesehen hast. Und für diese Träume verlangst du rein gar nichts, verstehst du?! Hast du dir schon jemals überlegt, warum immer hunderte Menschen, so wie etwa letzte Woche bei der Benefizveranstaltung für die Überschwemmungsopfer in London, draußen vorm Theater warten, nur um einen Blick auf dich zu werfen? Weil du ihnen Mut gibst, Chérie! Weil du ihnen das Herz erwärmst, ihren grauen, düsteren Alltag, der voller Plagen und Sorgen ist, erhellst. Die Menschen lieben dich, Josephine! Und sie lieben dich umso mehr, weil du selbst ein einfaches Mädchen bist, aus armen Verhältnissen kommst wie sie. Für sie bist du fleischgewordene Hoffnung, dass es auch einem von ihnen gelingen kann, Ruhm und Reichtum zu erlangen. Ein befriedigender Schlag ins Gesicht der Reichen bist du für sie, nach dem Motto: ‚Jetzt haben wir es euch gezeigt!' Das ist viel mehr wert, als alles Geld auf Erden. Was du den Menschen gibst, Chérie, sind Selbstvertrauen, ein bisschen Würde, ja Stolz – und Zuversicht, dass es eines Tages auch für sie besser wird. So ist das! Nicht aufzutreten, das wäre die Sünde, wäre eine Strafe für all jene, die heimlich deine Bilder aus Zeitungen schneiden und sammeln, die stundenlang zu Fuß zu den Theatern pilgern, weil sie sich kein Verkehrsmittel leisten können, und dort ebenso lange ausharren, nur um vielleicht einen Blick auf die schwarze Göttin, ihre schwarze Göttin zu erhaschen." Josephine sah Abatino einen Moment lang misstrauisch an, dann sprang sie plötzlich auf und rief übermütig: „Oder auf meinen Popo!" Sie hüpfte durchs Zimmer, ging schließlich zum Grammophon, legte „Pretty Little Baby I Love You" auf und tanzte laut mitsingend durchs Coupé. „Du bist ein verrücktes Huhn, Chérie!", schüttelte Abatino gutmütig den Kopf, dann wandte er sich wieder seiner Zeitung zu.

Alexander schloss den letzten Koffer und atmete erleichtert auf. Geschafft. Alles war wieder an seinem Platz – so hoffte er zumindest, immerhin hatte er ja alles im Finstern machen müssen. Zwar hatten sich seine Augen allmählich an die Dunkelheit gewöhnt und er konnte Umrisse erkennen, aber bei Licht wäre doch alles leichter gefallen. Andererseits würde man ein gewisses Durcheinander der Kleidungsstücke wohl mit der unruhigen Bahnfahrt erklären und deshalb keinen Verdacht schöpfen, dass sich irgendjemand daran zu schaffen gemacht hatte. Beim Aufräumen hatte er auch kurz überlegt, ob er ein Strumpfband zur Erinnerung behalten sollte, hatte den Gedanken aber sogleich wieder verworfen: Seine Göttin bestehlen? Niemals! Das wäre ja reinste Blasphemie gewesen. So hatte er es sein lassen.

Nun galt es einen Ausgang aus diesem wunderbaren Reich zu finden, bevor der Zug in Wien ankam und seine Göttin den Zug verließ, bevor er sie überhaupt gefunden hatte. Die Zeit lief ihm davon.

Er tastete sich die Koffer entlang bis ans Ende des Waggons, weil er überzeugt war, dass die Gepäckträger kaum den Weg über den Kofferberg beschritten hätten wie er. Und tatsächlich. Als er die Wand erreichte, war links ein Spalt frei, der zurück in den schmalen Gang führte. Er steckte den Kopf hinaus, sah nach links, sah nach rechts. Alles schien ruhig zu sein. So schlich er hervor und setzte seinen Weg Richtung Zugspitze fort. Irgendwo in den nächsten Waggons musste seine Göttin sein. Er würde sie finden!

Josephine hatte den kleinen Abstelltisch, welcher in die Wand der Fensterseite eingelassen war, herausgeklappt und ihren Schminkkoffer darauf gestellt. Während sie ihre Lippen mit einem knallroten Lippenstift nachzog, blinzelte sie immer wieder zu Abatino hinüber, der nach wie vor in seine Zeitung vertieft war. Nachdem er unter lautem Rascheln eine neue Seite aufgeschlagen hatte, wobei er das großformatige Blatt stets der Länge nach zusammenfaltete und sich nur einer der beiden Seiten widmete, hielt sie plötzlich inne und ließ den Lippenstift sinken. „Abatino! Abatino!", rief sie aufgeregt. „Ja, Chérie?" „Da steht irgendetwas über diesen Jonny!" „Welcher Jonny, Chérie?" „Na du weißt schon. Diese Oper, wo ein Schwarzer die Hauptfigur spielt, ihm zur Seite eine Weiße. Wo sie auch Jazzmusik spielen ... von der Baron Liviere erzählt hat. Ach ...", Josephine wurde zusehends ungeduldiger. „Die Oper, die in Wien für soviel Aufsehen gesorgt hat und ständig ausverkauft ist. Die ich mir unbedingt anschauen möchte – ich hab dir doch davon erzählt!" Abatino wendete die Zeitung und sah auf die Rückseite. „Ach so", murmelte er. *„Jonny spielt auf*, heißt sie." Er überflog den Bericht, wobei er alsbald die Stirn in Falten legte und den Kopf zu schütteln begann, anfangs nur zaghaft, dann aber immer energischer. „Warum machst du so ein Gesicht, Abatino? Was steht da?", wollte Josephine wissen. „Ach nichts", versuchte er zu lügen. „Monsieur Abatino!", erwiderte Josephine streng. „Erzähl mir nicht nichts! Du machst ja ein Gesicht wie sieben Tage Regenwetter. Also, was steht da jetzt über diese Oper?"

„Nun, über die Oper selbst eigentlich nicht sehr viel ...", gab Abatino zu. „Dafür aber über einige sehr ungemütliche Gesellen ...", er las weiter, während Josephine ihren Kopf neugierig nach vor streckte. „Und was ist mit denen?" „Also da steht, dass Nationalsozialisten – so heißen die, wer diese Burschen auch immer sein mögen, jedenfalls keine guten, soviel steht fest ...", er zwirbelte nervös seinen Bart, „... also diese Nationalsozialisten – ein paar hundert angeblich – haben gegen die Oper protestiert, von einem Verfall der Kultur und einem Anschlag auf die arische Rasse gefaselt. Die Neger sollen zurück in den Busch, wo sie hingehören, sollen sie geschrien haben. Schon ein paar Wochen zuvor, so wird berichtet, haben sie zu einer ‚Riesen-Protestkundgebung' aufgerufen, in der sie auf Plakaten forderten ...", er brach betroffen ab. Josephine sah ihn irritiert an. „Ja, was denn jetzt?" „Also das les ich dir jetzt wörtlich vor, Josephine! Die haben das wirklich öffentlich angeschlagen, musst du dir vorstellen – unfassbar!“ Er schüttelte angewidert den Kopf, dann las er vor: „,Wiener und Wienerinnen! Unsere Staatsoper, die erste Kunst- und Bildungsstätte der Welt, der Stolz der Wiener, ist einer frechen jüdisch-negerischen Besudelung zum Opfer gefallen. Das Schandwerk eines tschechischen Halbjuden, *Jonny spielt auf,* in welchem Volk und Heimat, Sitte, Moral und Kultur brutal zertreten werden sollen, wurde der Staatsoper aufgezwungen.‘ Das ist ja ungeheuerlich, findest du nicht, Chérie?“, murmelte Abatino. Josephine hatte ihre Hände in den Schoß gelegt und saß unbeweglich auf der Bank. Sie gab keine Antwort. „Da steht weiter“, fuhr Abatino fort, „dass ihnen die Polizei verboten hat, vor der Staatsoper eine Demonstration durchzuführen beziehungsweise davor stehen zu bleiben. So sind sie einfach um das Haus herumspaziert, Runde für Runde, während die Polizei einen Korridor für die eintreffenden Opernbesucher gebildet hat, damit diese unbeschadet ins Innere des Gebäudes gelangen könnten. Diese Nationalsozialisten haben derweil das ‚Deutschland-Lied‘ und das ‚Hitler-Lied‘ gesungen.“ Mehr für sich fragte er verständnislos. „Warum singen die in Österreich verdammt noch einmal das ‚Deutschland-Lied‘? Versteh ich nicht. Na ja, jedenfalls, so wird weiter berichtet, hat die berittene Polizei die Radaubrüder schließlich auf die andere Straßenseite zu einer Straßenbahnstation abdrängen können. Bald darauf hat sich die Kundgebung aufgelöst. Verletzt wurde niemand.“ Er ließ die Zeitung sinken und sah zu Josephine. Nach wie vor saß sie still da, wobei ihre Haltung noch steifer geworden war, als würde sie innerlich von einer unsichtbaren Kraft derart angespannt, dass sie jeden Moment zu zerreißen drohte. Minutenlang herrschte betretenes Schweigen im Abteil, bis Josephine mit Tränen in den Augen plötzlich mit beiden Beinen auf den Boden stampfte und zornig rief. „Dieses verdammte Pack! Diese verdammten Scheißkerle! Besudelung der Kultur, des Volkes, der Moral. Welche Kultur, welche Moral soll das sein, frage ich dich? Die sind es doch, die keine Kultur, keinen Anstand, kein Herz, keinen Verstand besitzen! Ich versteh das einfach nicht, Abatino. Die ganze Welt versteh ich nicht. Überall dieser Scheißrassismus. Woher kommt das? Als würde die Hautfarbe eines Menschen irgendetwas zu bedeuten haben. Das hängt mir alles schon so zum Hals heraus, das kann ich dir gar nicht sagen. Am liebsten würd ich Menschen wie diesen Nationalsozialisten in die Fresse treten, ihnen ihren Scheißrassismus aus den Eingeweiden prügeln. Eingesperrt gehören die alle. Wegen Verstoßes gegen die Menschlichkeit! Diese verdammten Idioten. Diese verdammten Idioten.“ Sie sprang auf, riss das Fenster auf und steckte den Kopf hinaus. Der Wind blies ihr eiskalt ins Gesicht. Es tat gut. Abatino war ebenfalls aufgestanden und stellte sich ganz knapp hinter sie. Er ergriff ihre herabhängende Hand, die sie nervös auf ihren Oberschenkel geklopft hatte, und drückte sie fest. Ihre schwarze in seiner weißen Hand. Josephine erwiderte den Druck, drehte sich aber nicht um.

Alexander war im Speisewaggon angelangt. An den Tischen saßen einander zumeist zwei Personen gegenüber. Einige Damen rauchten an langstieligen Zigaretten, die sie in einen Spitz gesteckt hatten, während die Herren, nicht wenige in schwarzen, steifen Anzügen, wie sie sein Vater für gewöhnlich nur an Feiertagen trug, an Zigarren schmauchten. Ein Mädchen, vielleicht in seinem Alter, mit Sommersprossen und zwei dicken blonden Zöpfen, trank lustlos an einer Limonade. Sie trug ein himmelblaues Kleid, unter dessen Saum zwei weiß besockte Füße hervorblitzten. Die schwarzen flachen Schuhe, welche vorne abgerundet waren, standen, ein wenig unter den Tisch geschoben, daneben. Alexander schaute entgeistert darauf, dann sah er wieder ins Gesicht des Mädchens. Als sie merkte, dass er ihre ausgezogenen Schuhe entdeckt hatte, zeigte sie ihm die Zunge. Er zuckte kurz zusammen, als hätte ihn ein Pfeil getroffen, und warf ihr als Antwort einen bösen Blick zu. Derart ging er, ohne sie aus den Augen zu lassen, vorüber, sodass er den Ober, der gerade an einem Tisch servierte, nicht bemerkte und geradewegs in ihn hineinlief. Klirrend fiel die Flasche auf dessen Tablett um. Sofort drehten sich alle Passagiere in Richtung der Lärmquelle. „Ja, heast, Bua. Bist blind?!", fuhr ihn der Ober wütend an. Alexanders Herz begann, als er alle Blicke auf sich fühlte, zu rasen. Würde nun seine Tarnung als blinder Passagier auffliegen? War dies das Ende seiner Odyssee, und er würde seine Königin nie zu Gesicht bekommen? „Na, was ist mit dir, jetzt hat's dir wohl die Rede verschlagen?", schnauzte ihn der Ober noch einmal an. „Wohin gehörst du denn überhaupt. Wo sind deine Eltern?" Alexander begann leicht zu zittern, Tränen standen in seinen Augen. Sollte er sich nun stellen und alles gestehen? Er schluckte. Nein, so knapp vorm Ziel durfte er nicht aufgeben. So nahm er all seinen Mut zusammen und stotterte: „Ich ... Ich ... Verzeihen Sie mir. Das wollt ich nicht ... Meine Eltern, meine Eltern ... die sind vorne ... im ersten Waggon. Ich bin ... nur ein bisschen spazieren gegangen, weil ... weil mir schon der Rücken wehgetan hat ... vom langen Sitzen." Der Ober sah ihn durchdringenden Blickes an. Er glaubte ihm also nicht. Er war verloren. „Na, dann schau nächstes Mal genau, wo du spazierst, junger Mann. Sonst wird das für deine Eltern nämlich in Hinkunft teuer, verstanden?!" Alexander fühlte, wie ihm ein Stein vom Herzen fiel und ein fast unbändiges Glücksgefühl seinen Körper durchströmte, dass er am liebsten den Ober umarmt und vor Freude laut gejauchzt hätte. Aber er unterdrückte – unter größter Anstrengung – diesen Überschwang der Gefühle, um nicht erst recht wieder aufzufallen. „Ja ... Selbstverständlich ... Genau, und verzeihen Sie noch einmal." Er drückte dem Ober flüchtig die Hand, dann schlängelte er sich an ihm am engen Gang vorbei und lief weiter. Das war knapp gewesen.

„Da steht auch eine Notiz über dich", sagte Abatino überrascht. „Über mich? Ja, aber woher wissen die denn überhaupt, dass ich komme?" „Keine Ahnung", murmelte er. „Hat wahrscheinlich jemand von der österreichischen Agentur nicht seinen Mund halten können und will schon ein bisschen Reklame machen." „Und, was schreiben sie?", wollte Josephine wissen. „Zum einen steht da, dass die Wiener ganz aus dem Häuschen sind, nachdem sie von deinem Gastspiel erfahren haben. Außerdem wird gemutmaßt, dass du schon heute ankommst." „Schlaue Bürschchen, die Wiener Reporter", warf Josephine spöttisch ein. „Weiters wird berichtet, dass die Organisatoren des Gastspieles eine Konzession für das Etablissement Ronacher beantragt haben, deren Erteilung die anderen Wiener Theater aber strikt ablehnen, weil sie die Konkurrenz fürchten. Schon jetzt könnten sie kaum ihren eigenen Spielbetrieb aufrechterhalten. Ein zusätzliches Theater wäre ihr Ruin." Abatino runzelte die Stirn. „Da muss ich die Herren von der Agentur gleich fragen, was da los ist. Vom Ronacher als Spielort haben sie geschwärmt. Wenn das nichts wird, dann müssen sie aber einen passablen Ersatz finden, das sag ich dir! Wundert mich ja sehr, dass ich das auf diese Weise erfahre", er wandte sich ein wenig verärgert wieder der Zeitung zu. Nach einer Weile meinte er entrüstet. „Also das ist ja die Höhe!" Josephine sah ihn neugierig an. „Ja, was denn?" „Also da werden zwei Abgeordnete zitiert, ein gewisser Dr. Waber und ein Herr Jerzabek – mir scheint, das sind auch solche Nationalsozialisten – die fordern allen Ernstes ein generelles Auftrittsverbot für dich, wenn du wirklich nach Wien kommen solltest. Die nennen dich eine ‚schwarze Gefahr', reden von einem Verfall der Sitten und einer ‚fatalen Vernegerung' Wiens. So eine Frechheit!" Josephine schüttelte traurig den Kopf. „Weißt du Abatino, damals in St. Louis, da dachte ich, den Rassenhass, den gibt es nur in Amerika. Aber hier in Europa, da sind sie um nichts besser. Überall dasselbe – als wären wir Schwarze keine Menschen, sondern Tiere. Dabei ist es gerade umgekehrt, sag ich dir. Die, die uns so ablehnen und fürchten, sind die Schweine! Aber denen werde ich es zeigen, das verspreche ich dir. Einen Rummel sollen die um mich in Wien erleben, dass ihnen Hören und Sehen vergeht. Ganz schlecht soll ihnen werden, dass eine Negerin so viele Menschen in Bann zieht und glücklich macht. Jawohl!" Sie legte den Kopf zurück und sah nachdenklich zur Decke hinauf. „Weißt du, wovon ich träume, Abatino?" „Wovon denn, Chérie?", fragte er leise. „Von einer Regenbogenfamilie." „Wovon?" „Von einer Regenbogenfamilie!", wiederholte sie. „Weißt du, in ein paar Jahren, wenn der Wirbel um mich ein bisschen nachlässt, dann werde ich eine Familie gründen." „Na, das will ich doch hoffen!", meinte Abatino. „Ja, aber keine Familie, wie du sie dir vorstellst, sondern eine Regenbogenfamilie eben. Kinder verschiedenster Nationen, verschiedenster Hautfarbe werde ich adoptieren und mit ihnen in einem großen Schloss wohnen. Dort werden sie gemeinsam aufwachsen, Seite an Seite. Das wird eine wunderbare Familie, sag ich dir! Die beste Familie der Welt! In der jeder den anderen liebt und respektiert, alle, egal welcher Rasse sie nun angehören, füreinander da sind und einander beistehen – weil Hautfarbe nämlich überhaupt keine Rolle spielt, verstehst du! Meine Regenbogenfamilie wird der Beweis sein, dass alle Rassen, wenn man voreinander keine Furcht hat, keine Vorurteile und falschen Vorstellungen, wenn man von klein auf unter denselben Bedingungen gemeinsam aufwächst, in Frieden zusammenleben können! Dann werden Rassisten wie diese Nationalsozialisten auf der Welt keinen Platz mehr haben. Niemand wird ihnen mehr zuhören, sondern sie werden überall zum Teufel gejagt werden, weil die Existenz meiner Regenbogenfamilie all ihre kruden Theorien widerlegt und Lügen straft. Das wird herrlich!" Josephine seufzte und setzte sich wieder auf. „Na, du hast Ideen!", meinte Abatino mild. „Aber es sind schöne Ideen, Chérie. Eine Regenbogenfamilie. Ob es so etwas schon mal gegeben hat?“ Er lächelte verständnisvoll, dann las er weiter, bis er plötzlich laut auflachte. „Bist du schon mal mit Glocken begrüßt worden, Chérie?“ „Glocken?“ „Ja, Glocken. Kirchenglocken. Ein Jesuitenpater hat nämlich angekündigt, dass er, wenn du nach Österreich kommst, die Kirchenglocken läuten lässt.“ „Die Glocken läuten? Ja warum denn? Ist er etwa ein Bewunderer von mir?“ Abatino schüttelte grinsend den Kopf. „Also das nicht gerade, Chérie, zumindest nicht nach außen hin. Er möchte nämlich überdies einen Sondergottesdienst halten, und zwar, so wird er hier zitiert ‚als Buße für schwere Verstöße gegen die Moral, begangen von Josephine Baker!‘“ „Nein, das meinst du nicht ernst. Du machst dir einen Spaß mit mir, Abatino?“, glaubte ihm Josephine nicht. „Aber nein Chérie, wenn ich es dir sage. Das steht hier schwarz auf weiß.“ Er lachte abermals, legte die Zeitung zur Seite und nahm einen Schluck vom Cognac. Auch Josephine musste bei dem Gedanken an eine solche Messfeier lachen. „Meinst du, ich darf an dem Gottesdienst teilnehmen. Ich könnte ja in meinem Bananenröckchen erscheinen – das würde diesem Sittenwächter sicher nicht schlecht gefallen. Also ich sag dir, dieses Österreich ... Das wird ja äußerst spannend.“ Sie schüttelte den Kopf, dann wandte sie sich wieder ihrem Schminkkoffer zu, aus dem sie eine Bürste nahm. Wie sie die Österreicher empfangen würden?

Alexander stand vor der Tür zum ersten Waggon, draußen am Perron, und fror. Seit gut fünf Minuten starrte er ungeduldig durch das kleine Fenster, welches in die Tür eingelassen war, in den vorderen Waggon und beobachtete den Schaffner sowie einen zweiten uniformierten Bahnbediensteten, die sich unterhielten und dabei Zigaretten rauchten. Wenn die beiden noch lange den Gang blockierten und nicht verschwanden, würde er jedenfalls erfrieren, soviel stand fest, und den Traum, seine schwarze Göttin zu sehen, könnte er sich ebenfalls abschminken. Was hatten die zwei nur so Wichtiges zu bereden – und konnten sie das nicht in ihrem Dienstabteil? Er rieb seine Hände aneinander, legte sie dann auf die Ohren, was aber wenig half. In den Finger- und Zehenspitzen kribbelte es bereits unangenehm. Er musste irgendetwas unternehmen.

Seine Großmutter hatte ihm einmal erzählt, dass alles, wenn man es sich nur inständigst wünschte, wenn man also ganz fest daran glaubte, auch in Erfüllung ging. „Die Macht des Geistes, Alexander, ist die größte Macht auf Erden“, hatte sie geheimnisvoll wie eine alte Hexe gemurmelt. Er hatte an dieser Theorie stets gezweifelt, immerhin hatte sie ihren Ehemann im Weltkrieg verloren, musste mit ihrem Sohn und dessen Familie zu acht in einer Wohnung aus Zimmer, Küche, Kabinett hausen und hatte fast all ihre Freunde überlebt – das konnte sich die Großmutter doch unmöglich alles gewünscht haben. Dennoch sah er nun keinen anderen Ausweg, als ihre Theorie auf ihre Gültigkeit hin zu überprüfen und ebenfalls anzuwenden. Vielleicht geschah ja ein Wunder. So schloss er die Augen und dachte ganz fest an die beiden Bahnbediensteten. „Wir möchten ins warme, gemütliche Abteil zurückgehen“, flüsterte er. „Ah, da ist es schön warm. Viel schöner, als hier draußen am kalten, hässlichen Gang. Husch, Husch, hinein mit uns. Fort vom Gang. Fort vom Gang.“ Während Alexander diese Formel vor sich hinbetete, blinzelte er hin und wieder durch die Augen. Aber die beiden standen noch immer da wie angewurzelt. Vielleicht war er ja noch zuwenig konzentriert. So legte er, wie er es einmal auf einer Fotografie über den Hellseher Hannussen gesehen hatte, seinen Kopf in die steifen, ausgestreckten Finger und versuchte, indem er seiner Stimme eine dunkle Farbe verlieh, die zwei zu hypnotisieren: „Ihr fühlt euch müde. Sehr, sehr müde. Ihr möchtet gerne ein wenig ausrasten. Nicht draußen am Gang, nein, da funktioniert das nicht, sondern drinnen im wohlig warmen Abteil. Dort findet ihr Ruhe. Stellt euch vor, drinnen ist ein weißer Sandstrand, blitzblaues Meer. Eine warme Brise weht. Herrlich! Dort wollt ihr die Glieder von euch strecken und ein bisschen schlafen. Also, geht nun hinein und erwacht erst wieder, wenn ihr die Lautsprecherdurchsage ‚Wien Westbahnhof' hört." Langsam hob Alexander den Kopf und schaute durchs Fenster. Er traute seinen Augen nicht. Der Gang war leer! Die Hypnose hatte funktioniert. Schnell öffnete er die Tür und huschte hinein. Behagliche Wärme empfing ihn, so dass er ein herzhaftes „Ahh!" nicht unterdrücken konnte. Ein Schauer lief ihm über den Rücken. Im ersten Moment steigerte sich das Zittern sogar, ließ aber bald nach. Am Gang war es fast still, nur von weiter vorne her drang leise Musik. Vorsichtig setzte er sich in Bewegung, Schritt vor Schritt, bis er neben dem ersten Coupé, dem Dienstabteil, stehen blieb. Da die Vorhänge nicht zugezogen waren, ließ er sich auf die Knie nieder und krabbelte auf allen vieren unterhalb des Fensters an der Tür vorbei. So sehr vertraute er der Wirkung seiner Hypnose auch wieder nicht. Auf der anderen Seite stand er auf und schlich zum nächsten Coupé. Pochenden Herzens lugte er hinein. Drinnen saßen aber nur zwei alte Damen. Während die eine ihren Mund ohne Unterlass bewegte, nickte die andere in regelmäßigen Abständen, hatte ihren Blick allerdings nicht auf ihr Gegenüber, sondern eine Strickarbeit gerichtet. Alexander ging weiter, wobei die Musik, Charleston, immer lauter wurde. Auch im nächsten Abteil fand er seine Göttin nicht. Darin saß vielmehr ein junger Mann, der einen Brief zu schreiben schien und von Zeit zu Zeit beim Fenster hinaussah, während ihm gegenüber zwei Kinder „Schwarzer Peter" spielten. Eine junge Frau daneben, wohl die Mutter, war in ein Buch vertieft, dessen Titel „Der Steppenwolf" lautete. Die Musik wurde immer eindringlicher. Sogar das Kratzen der Nadel konnte Alexander deutlich hören. Die Melodie kam aus dem nächsten Abteil, dessen Vorhänge zugezogen waren. Sein Herz raste nun so sehr, dass er den Schlag bis in den Kopf spürte. Er begann wieder am ganzen Körper zu zittern, diesmal freilich nicht vor Kälte, sondern vor Aufregung. Seine Hände schwitzten. Was sollte er jetzt tun? Er hatte keine Ahnung. Er hatte sich so sehr gewünscht, seine schwarze Königin zu sehen, doch nun, da er vor ihrem Abteil stand, wusste er gar nicht, wie er es anstellen sollte. Einfach die Tür aufreißen und hineinmarschieren? Aber geziemte sich das? Oder sollte er höflich anklopfen und warten, bis man ihn einließ? Aber wer wusste, ob die Tür überhaupt offen war? Vielleicht hatte man sie ja zugesperrt, von außen, damit niemand Josephine stören oder stehlen konnte, und er war nun ganz umsonst hergekommen. Ja, vielleicht saß sie gar nicht drinnen im Abteil. Wahrscheinlich war dies alles nur eine Lüge gewesen, dass sie in diesem Zug fährt. Das hatte doch auch sein Vater geglaubt. Wahrscheinlich schickte man mit dem Zug nur ihr Gepäck vor, während sie selbst mit dem Automobil anreisen würde, ganz geheim und ohne Aufsehen. Kamen die Stars nicht immer mit dem Automobil? Was hatte er sich überhaupt gedacht, hierher zu kommen? Nein, die Baker, die konnte unmöglich da drinnen im Abteil sein. Da wäre er ja auch viel zu leicht hergelangt. Das ging doch alles viel zu einfach! Am Bahnhof waren sogar Polizisten gestanden. Also würden Sicherheitskräfte – wenn sie tatsächlich im Zug gewesen wäre – doch auch hier vor ihrem Abteil Wache schieben, so dass man sich ihr gar nicht nähern konnte. Das war doch logisch. Die Baker würde doch nicht einfach so herumsitzen und warten, bis ein Kidnapper oder ein Mörder seelenruhig hereinspaziert kam und sagte: „Madame, die Tür zu ihrem Abteil war nicht abgeschlossen. Deshalb nehme ich mir jetzt die Freiheit, Sie zu entführen."

„He, du da! Was hast du da zu suchen!", brüllte plötzlich jemand durch den Gang. Alexander fuhr erschrocken zusammen und riss den Kopf nach links. Am anderen Ende des Waggons stand breitbeinig der Schaffner und hatte den Zeigefinger auf ihn gerichtet. „Geh sofort von der Tür weg, du Rotzbub!", drohte er und begann im nächsten Moment schon auf ihn loszulaufen. Alexander war für einen Augenblick wie gelähmt. Das war das Ende! Was sollte er jetzt tun? Wohin fliehen? Nach links? Unmöglich, da wäre er dem Schaffner direkt in die Arme gelaufen, und der Gang war viel zu eng, um sich vorbeizuschwindeln. Nach rechts? Ja, aber wohin? Vorne war nur mehr die Lokomotive, sollte er also aus dem fahrenden Zug springen? Nein, es gab nur einen Ausweg: Er sah noch einmal kurz auf den Schaffner, der bereits gefährlich nahe gekommen war, dann riss er die Tür zum Abteil auf und stürzte hinein.

„Oh mon dieu, qu'est-ce que ce?", erschrak Josephine, als der Junge hereinstolperte. Monsieur Abitano fuhr ebenso zusammen, verlor sein Monokel aus dem linken Auge und verschüttete Cognac über sein rosafarbenes Seidenhemd. „Merde!", rief er verärgert.

Alexander aber, der kein Wort der beiden verstanden hatte, richtete sich auf und schien, als er Josephine Bakers ansichtig wurde, zu Stein zu erstarren, als hätte ihn der Blick der Medusa getroffen. Seine Augen weiteten sich, seine Kinnlade fiel herunter. Er war überwältigt. Da stand sie leibhaftig, seine Königin, seine Göttin – vielleicht zwei Schritte von ihm entfernt, in ihrer ganzen Pracht, noch die Bürste in der Hand, mit der sie eben noch ihre Frisur gerichtet hatte.

Wie wunderschön sie war, noch viel schöner, als er sie sich jemals erträumt hatte. Ihre Hautfarbe war nicht so schwarz, wie sie immer auf den Bildern in den Zeitungen wirkte, sondern eher goldfarben, so wie die vom verrührten Schlagobers glänzende Melange, die man im Grand Hotel Pittner servierte. Ihre kohlrabenschwarzen Haare waren kurz und mit Brillantine glatt zu einem strengen Scheitel frisiert, wobei sich die Spitzen leicht kräuselten und verrieten, dass ohne die Pomade Josephines Haupt ein Lockenkopf geziert hätte. Ihre Augen lagen unter dichten, herrlich geschwungenen Augenbrauen, bekränzt von langen Wimpern, und waren so geheimnisvoll dunkel, fast schwarz, dass sie Alexander an einen unergründlichen Brunnen erinnerten. Ihre Nase war edel und gerade, wie jene, die er von den übergroßen Adalbert- und Ottokar-Statuen in der Bischofspräfektur her kannte. Darunter leuchtete in knalligem Rot ihr herrlicher Mund, der ganz leicht gespitzt wirkte, als deute er einen Kuss an. Ihr langer Hals strahlte Eleganz aus und saß auf sportlichen Schultern, aus denen sich wie zwei sich die Hände reichende Arme ebenmäßig die Schlüsselbeine hervorhoben. Ihre schlanken Arme flossen wie Schlangen den Körper entlang und gingen in ebenso wohlgeformte Hände über, deren Finger in knallroten Fingernägeln mündeten. Am linken Ringfinger funkelte ein Brillantring.

Sie trug ein graues, bodenlanges Kleid aus Wolle, das sich eng an ihren schlanken, raubkatzenartigen Körper schmiegte und die wohlgeformten Rundungen von Busen, Po und Hüften preisgab. Ein langer Schlitz gab ihr linkes, von schwarz-glänzenden Seidenstrümpfen umhülltes Bein ein wenig frei, das sich in einem schwarzen hohen Stöckelschuh mit silberner Spange verlor. So stand sie vor ihm und – lächelte!

Alexander wurde ganz heiß, seine Wangen und Ohren glühten. Sie war die schönste Frau, die er jemals gesehen hatte. Er hätte ihr gerne gesagt, dass er sie liebte, über alles, aber er brachte kein einziges Wort heraus, ja, konnte nicht einmal einen klaren Gedanken fassen, sondern war einfach nur überwältigt, bis ... Bis ihn plötzlich eine grobe Männerhand unsanft von hinten an der rechten Schulter packte. „Hab ich dich, du Ratte!“, zischte der Schaffner erbost, um im nächsten Moment schon zu Josephine Baker und Monsieur Abatino gewandt demütig zu sagen: „Verzeihen Sie vielmals. Tut mir furchtbar leid. Ich weiß nicht, wie das passieren konnte, aber wir werfen den Lümmel natürlich sofort hinaus.“

Josephine Baker aber schüttelte den Kopf. Sie hatte sofort erkannt, dass es sich bei dem Jungen um den blinden Passagier handelte, den sie am Bahnhof von St. Pölten hinter der Reklametafel versteckt gesehen hatte. Und nun wusste sie auch, wieso er dieses Wagnis auf sich genommen hatte: nur um sie zu sehen. Das musste belohnt werden. „Non, non, Monsieur. It's o.k. Let him stay!“, befahl sie dem Schaffner, der sie ebenso verwundert ansah wie Monsieur Abatino, aber gehorchte. So ließ er den Jungen los. „Natürlich, Frau Baker. Wie Sie wünschen. In wenigen Minuten erreichen wir Wien, Madame.“ Abatino nickte dem Zugchef zu. „Danke sehr, wir werden uns dann fertig machen. Sie können jetzt gehen!“ „Selbstverständlich Monsieur, und noch einmal Verzeihung!“ Der Schaffner verließ das Abteil. Josephine Baker hingegen sprach Alexander nun direkt an. „Bonjour petit prince! Comment est-ce que tu t'appelles?“ Alexander, nach wie vor mit hochrotem Gesicht, schüttelte offenen Mundes langsam den Kopf. „Alors. Your name? Abatino!“ Monsieur Abatino übersetzte: „Wie du heißt, möchte Josephine wissen.“ „Alexander!“, flüsterte er beinahe unhörbar. „Oh, très bien. Alexandre! C'est un beau nom“, nickte ihm Josephine zu. „Alors, un moment.“ Sie drehte sich um und holte aus einer kleinen Tasche eine Autogrammkarte hervor, welche sie in ihrem berühmten Bananenröckchen zeigte. Mit einem schwarzen Filzstift schrieb sie „For my brave train-knight, Alexander. In Love Josephine“

darauf. Dann wandte sie sich wieder dem Jungen zu und streckte ihm die Karte entgegen. „Pour toi, Alexandre! To remember." Nachdem Alexander die Autogrammkarte schüchtern an sich genommen hatte, beugte sie sich zu ihm hinunter, streichelte sanft über seinen Kopf, nahm schließlich seine Wangen in ihre warmen, weichen Hände und gab ihm einen Kuss auf die Stirn. Abatino schüttelte lächelnd den Kopf. „Du bringst den armen Jungen ja ganz durcheinander, Chérie." „Ein tapferer Ritter hat nun einmal als höchste Belohnung den Kuss seiner Dame verdient, Abatino. Wozu würde er sonst all die Abenteuer bestehen?", entgegnete sie. „Natürlich!", gab er ihr recht. „Du musst dich aber jetzt fertig machen, Chérie. Der Zug fährt jeden Moment in Wien ein." Wie zur Bestätigung quietschten im selben Moment die Bremsen und der Zug wurde langsamer.

Josephine wies Alexander an, einstweilen Platz zu nehmen, während sie in ihren grauen Pelzmantel schlüpfte, einen Graufuchs um ihren Hals schwang und einen kornblumenblauen Toquehut aufsetzte. Anschließend verließ sie das Abteil, wobei sie Alexander ein Zeichen gab, ihr zu folgen. Mit einem leichten Ruck hielt der Zug an. „Wien Westbahnhof, Wien Westbahnhof", hallte es über das Bahnhofsgelände.

Josephine Baker hatte ein flaues Gefühl im Magen. Wie würde sie in Österreich empfangen werden? Würden Radaubrüder wie diese rassistischen Nationalsozialisten am Bahnsteig warten, oder würde sie wie eine Königin willkommen geheißen. Sie atmete noch einmal tief durch, warf Abatino, der hinter ihr stand und ihr aufmunternd zunickte, einen Blick zu, dann öffnete sie energisch die Waggontüre. Ein Meer aus Hunderten Köpfen wurde sichtbar, alle ihren Blick auf die Waggontür, auf sie gerichtet. Nach einem Augenblick der überraschten Stille brauste ohrenbetäubender Applaus auf und Menschen, vor allem Männer, riefen: „Josephine! Josephine! Ich liebe dich, Josephine! Josephine!" Abermals atmete Josephine durch, doch diesmal war es aus Erleichterung. Sie setzte ein kokettes Lächeln auf, winkte mit ihrer rechten Hand und begrüßte die Menge laut mit jenem Gruß, den ihr Baron Liviere als den idealen für Wien empfohlen hatte: „Servus!"

Die Menschen quittierten es mit noch enthusiastischerem Klatschen und Jubel. Im selben Moment blitzten schon die Magnesium-Lichter der Fotografen, welche sich den Platz direkt vor dem Ausstieg erkämpft hatten und in einem fort die schwarze Venus anflehten: „Josephine, schauen Sie hier her! Bitte! Und hier! Ja, großartig! Und hier, Josephine! Bitte, schenken Sie uns ein Lächeln!" Und Josephine lächelte, ja, sie strahlte übers ganze Gesicht, nicht für die Fotografen, sondern weil sie glücklich war, dass ihr Wien einen solchen Empfang bereitete. Weil hier am Bahnhof von diesen Nationalsozialisten, die sie ablehnten, keine Spur zu finden war.

Nachdem ihr ein Herr, welcher sich als Vertreter der Wiener Agentur vorgestellt hatte, über die Stufen hinunter auf den Bahnsteig geholfen hatte, traten zwei weitere Männer an sie heran. Der eine begrüßte sie in fließendem Französisch: „Madame, herzlich willkommen in Wien. Es ist mir eine Ehre, Ihnen mitteilen zu dürfen, dass die Automobilwerke Steyr Ihnen für Ihren Aufenthalt in Österreich eine Limousine samt Chauffeur", dabei wies er auf seinen Partner, der eine Mütze am Kopf trug, „zur freien Verfügung stellen!" „Oh, das ist ja sehr nett!", klatschte Josephine vergnügt in die Hände. „Und das Automobil, sagen Sie, steht tatsächlich ganz frei zu meiner Verfügung? Ich kann also damit machen, was ich will?" „Selbstverständlich, Madame!", bestätigte der Herr voll Stolz. Josephine lächelte, dann drehte sie sich um. „Alexandre!" Sie winkte den Jungen, der neben Fidèle stand, herbei. „Dann, Monsieur, bitte ich Sie, diesen tapferen jungen Ritter nach Hause zu führen." Der Mann der Steyr-Werke meinte im ersten Moment nicht recht zu hören, schaute kurz verdutzt auf den Jungen, behielt aber eisern sein Lächeln, welches nunmehr noch gezwungener wirkte als zuvor. Die Stars mit ihren extravaganten Wünschen und Allüren, dachte er bei sich. Es war immer dasselbe. Zu Josephine Baker gewandt aber sagte er höflich. „Selbstverständlich, Madame. Wie Sie wünschen! Harri, kümmern Sie sich um den Buben!" Josephine Baker streichelte noch einmal über die Wange Alexanders und sah ihm tief in die Augen, dass es seinem Herzen einen Stich versetzte. „Au-Revoir, mon petit prince!", flüsterte sie und zwinkerte ihm zu. Dann sah sie zu Abatino, der noch am Perron oben stand und jede ihrer Bewegungen genauestens verfolgte. „Abatino!" „Ja Chérie?" „Wo sind Tutti und Fiffi, meine geliebten Hündchen? Du weißt, dass ich ohne sie nicht weg kann." „Keine Angst, Chérie!", antwortete er und stieg auf den Bahnsteig herunter. „Sie sind hier bei Fidèle im Korb und wohlauf. Lass uns also gehen!" „Gut, Abatino!", gehorchte sie. „Ich sag dir, Wien wird wunderschön!"

Sie wandte sich um und ging, die Hüften elegant schwingend, los. Neben ihr Monsieur Abatino, in dessen linken Arm sie sich eingehängt hatte, dahinter Fidèle mit den beiden Hündchen im Korb.

„Was für eine Frau! Eine richtige Göttin!", murmelte der Chauffeur ihr sehnsüchtig nachblickend. Als die Menschenmasse hinter ihr wie eine Welle zusammenschlug und sie verschluckte, sagte er zu Alexander. „Na dann komm mal, junger Mann. Wohin soll die Reise gehen?" „Nach St. Pölten", antwortete Alexander selig lächelnd.

Und während sich Josephine Baker in der Kassenhalle des Wiener Westbahnhofes noch ihren Weg durch die ihr zujubelnde Menge bahnte, saß er bereits auf der breiten, weich gepolsterten Rückbank der Steyr-Limousine Richtung St. Pölten und streichelte zärtlich über die Autogrammkarte in seiner Hand. Heute war er der glücklichste Mensch der Welt.

„Der Binder war der einzige Fußballer mit einem Radar im Fuß." (Ernst Happel)

Franz „Bimbo" Binder (1930)

Sekretär Mayer vom SK Rapid Wien stand missmutig an der Seitenoutlinie des Sturm 19 Fußballplatzes. Den weiten Weg von Wien war er mit der Eisenbahn angereist, um, wie ihm einige offensichtlich selbsternannte Fußballexperten aus Niederösterreich zugesteckt hatten, den kommenden Stürmerstar von Rapid Wien zu beobachten. Dieser Binder aus St. Pölten, so hatten sie voller Enthusiasmus geschwärmt, der könnte sogar noch besser als Uridil werden. „Besser als der Uridil?", hatte er sie entrüstet angefahren. „Das ist ja lächerlich!" Am liebsten hätte er sie hinauskomplimentiert, denn eine Rapid-Legende wie Uridil sollte man ja nun wirklich nicht beleidigen dürfen, indem man ihn mit irgendeinem dahergelaufenen Balljungen aus St. Pölten verglich. Aber der Herr Sektionsleiter Dionys Schönecker, der dem Gespräch bis dahin schweigend gelauscht hatte, meinte nur kurz angebunden: „Mayer – den schaun Sie sich an! Und wenn er was taugt, dann verpflichten S' ihn gleich." Der Feldherr befahl, der Lakai gehorchte, und so war er in der Früh in den Zug gestiegen und mit der Westbahn nach St. Pölten getingelt. Karl Binder, der Trainer von Sturm 19, zugleich auch Franz Binders Bruder, hatte ihn abgeholt. Auf einem Schild hatte er in großen Lettern – MAYER – geschrieben. Als er sich als der gesuchte Rapid-Funktionär zu erkennen gab, verbeugte sich Binder beinah unterwürfig und meinte ehrfürchtig: „Sie sind also von Rapid Wien!"

„Genau, und ich möchte hier nicht übernachten", hatte er ihm etwas unwirsch zur Antwort gegeben. Gemeinsam waren sie anschließend mit der Straßenbahn in den Norden der Stadt gefahren, einem typischen, elenden Arbeiterviertel, wo – wie ihm der ein wenig geschwätzige Binder sogleich mitteilte – Spinnereiarbeiter und Eisenbahner wohnten. Als sie nach fünfminütiger Fahrt schließlich ausstiegen, musste er sich unweigerlich die Nase zuhalten, so sehr stank es nach faulen Eiern. „Ja, was zum Teufel ist denn das? Da trifft einen ja der Schlag!", rief er entsetzt aus. Binder hatte nur auf eine mehrere hundert Meter entfernte Fabrik gezeigt und lakonisch gemeint. „Das kommt von der Glanzstoff. Die stellen Kunstgarn her. Aber nach ein paar Minuten gewöhnen Sie sich an den Duft, werden S' schon sehen. Mir fällt er gar nicht mehr auf."

Er hatte verständnislos den Kopf geschüttelt und demonstrativ ein Taschentuch hervorgefischt, welches er sich vor die Nase hielt, um die Beleidigung seines Riechorgans zum Ausdruck zu bringen. In diesem Aufzug war er hinter Binder hergestapft, bis sie den Fußballplatz erreichten. Eine durchaus passable Anlage, freilich nicht mit der Pfarrwiese in Hütteldorf vergleichbar, aber für die Provinz doch recht anständig.

Tja, und so stand er nun eben an der Seitenoutlinie und beobachtete seit etwa fünf Minuten die Fußballer des St. Pöltner Vereines, die nur ausnahmsweise, wie Binder zuvor bei der Mannschaftsbesprechung betont hatte, „weil euch heute der Herr Mayer von Rapid Wien auf die Beine schaut, und vielleicht entdeckt er den einen oder anderen ja, also haut's euch ordentlich rein", gleich zu Trainingsbeginn ein Spielchen machten. „Sonst trainieren wir natürlich ordentlich. Zuerst Kondition, Sprints, dann Passübungen ..." „Verschonen Sie mich, Herr Binder!", hatte er ihn unsanft unterbrochen. „Ich glaub Ihnen schon, dass ihr auch in der Provinz trainiert."

Aufmerksam verfolgte er das Spiel, während Karl Binder seinerseits, wie er aus den Augenwinkeln wahrnehmen konnte, ihn beobachtete. Als die Partie schon fast 10 Minuten lief, fragte er ungeduldig. „Ja, welcher ist denn jetzt eigentlich Ihr Bruder, der Franz?" Karl Binder zeigte auf einen Stürmer, der wie unbeteiligt am gegnerischen 16er stand. „Was, der lange Lackl?", fragte er ungläubig. „Der ist ja fast zwei Meter groß und dürr wie eine Bohnenstange! Außerdem steht der nur herum, und wenn er sich doch einmal bewegt, dann schlaft einem beim Zuschauen das Gesicht ein. Der macht Riesenschritte, anstatt kleine schnelle. Völlig falsch also! Das können S' ja nicht ernst meinen, dass der ein Stürmer sein soll? Wo haben S' gesagt spielt der schon? In der Niederösterreich-Auswahl und im Arbeiterauswahlteam? Machen S' doch keinen Schmäh mit mir, Herr Binder. Bei allem Respekt ..." Er drehte sich demonstrativ um und tat so, als wollte er gehen, doch Binder hielt ihn am Unterarm zurück und sagte nur. „Abwarten, Herr Mayer. Passen S' auf!"

Das Spiel lief weiter. Schließlich ein Freistoß für Binders Mannschaft, fast 40 Meter vom gegnerischen Tor entfernt. Franz Binder stakst zum Foulpunkt. Er legt sich den Ball zurecht. Die gegnerische Mannschaft formiert einstweilen die Mauer – mit allen Feldspielern! Langsam marschiert Binder zurück, nimmt Anlauf. Ungläubig schaut Mayer zu Karl Binder. „Der schießt aber jetzt nicht wirklich aus dieser Entfernung direkt aufs Tor?!" Karl Binder gibt keine Antwort, sondern starrt nur gebannt zum ruhenden Ball. Mayer muss lächeln. In der Provinz schießen sie tatsächlich einen Freistoß aus 40 Metern direkt aufs Tor, und noch dazu stehen alle Spieler der gegnerischen Mannschaft in der Mauer. Das hat er überhaupt noch nie erlebt. Die haben vom Fußballspielen ja nicht die geringste Ahnung.

Franz Binder setzt sich in Bewegung. In langen großen Schritten nähert er sich dem Leder. Zirka drei Meter davor krümmt er seinen langen Rücken nach vor. Der Adler setzt zum Angriff an. Sticht nach unten. Mit dem Vollspann zieht er derart durch, dass er mit dem ausgestreckten Schussbein beinahe seine Nasenspitze berührt. Der Ball zischt ab. Zwar kann ihn der Tormann – ein durchaus massiver Kerl namens Theodor – auf Brusthöhe noch fangen, doch hat der Schuss derartige Wucht, dass es den Goalie samt Ball hinter die Linie wirft. Tor.

Mayers Mund stand offen. Aus 40 Metern eine solche „Granate", das hatte er noch nie erlebt. Das im Fußballjargon gern benutzte Wort „Kanonier" bekam für ihn mit einem

Mal eine völlig neue Bedeutung. In den Augenwinkeln nahm er wieder Karl Binder wahr, der sich ihm zugedreht hatte und übers ganze Gesicht grinste. „Na, was sagen S' jetzt?"

Er sagte gar nichts mehr, sondern sah sich staunend die erste Halbzeit fertig an – Binder schoss noch sechs weitere Tore, eines schöner als das andere. Eins in die linke Kreuzecke, ein „Schlenzer" ins rechte lange Eck, zwei per Kopf, eines aus einem Elfmeter und eines aus einem weiteren Freistoß. Und so langsam und ungelenk der Bursche auch wirkte, ließ er bei den Toren aus dem Spiel heraus die Verteidiger doch immer ziemlich „alt" aussehen, obwohl sich, wie Mayer aufgefallen war, immer gleich zwei Manndecker um Binder kümmerten.

Als Franz in der Pause zu ihm und Karl Binder kam, hatte er seine Entscheidung gefällt. Der Junge musste unbedingt zu Rapid Wien! Er fischte den vorgefertigten Vertrag hervor und hielt ihn Franz, der ihn mit einem verschmitzten Lächeln und glänzenden Augen begrüßte, hin. „Da, Herr Binder – unterschriftsreif. Willkommen bei Rapid Wien."

„Nicht so schnell, Herr Mayer!", unterbrach ihn Karl. „Da müssen wir erst unseren Vater fragen." „Ihren Vater?" „Ja!", bestätigte Franz. „Ohne meinen Vater läuft gar nichts." Er sah die beiden Brüder kurz irritiert an, meinte dann aber. „Na, dann statten wir Ihrem Herrn Vater doch einen Besuch ab."

Während das Training weiterlief, marschierten die Binders mit ihm die vielleicht 200 Meter zu den „Zehn Häusern" hinüber, wo sie wohnten. Zwischen Fußballplatz und Arbeiterwohnsiedlung lagen wild angelegte Gärten, in denen die Bewohner Gemüse zogen. Weitere 200 Meter dahinter schossen die Schlote der Glanzstoff-Fabrik in die Höhe, aus denen große, weiße Wolken dampften. Dass die Burschen bei diesem Gestank überhaupt spielen konnten? Vor den „Zehn Häusern", einem quadratisch um einen von außen nicht einsehbaren Innenhof angelegten Wohnblock mit 10 Stiegeneingängen, lungerten Halbwüchsige herum – allesamt arbeitslos, wie es schien. Aus ihrem Mundwinkel ließen sie lässig eine „Film"-Zigarette hängen, zwischendurch machten sie immer wieder einen kräftigen Schluck von einer Bierflasche, die sie im Kreis gehen ließen. Misstrauisch musterte er sie, wobei er sich, ohne es zu merken, immer enger an Karl geschmiegt hatte. „Vor denen brauchen S' keine Angst zu haben, Herr Mayer. Passen S' auf." Karl rief zu den Burschen hinüber: „Hochverehrtes Publikum, das ist der Herr Sekretär Mayer von Rapid Wien!" Sofort standen die jungen Männer ehrfürchtig auf, legten die rechte Hand auf ihr Herz und skandierten: „Rapid! Rapid! Rapid!" „Sehen S' Herr Mayer. Hier sind Sie wie zu Hause." Er nickte stumm und lächelte gequält dem Haufen zu – ganz geheuer war ihm die Gesellschaft dennoch nicht.

Drinnen im Stiegenhaus roch es nach gedämpftem Kohl. Zwei spielende Kinder, welche die Stiegen hinunterjagten, benutzten seinen Mantel kurzerhand als Geländer, so dass er kurz ins Wanken geriet. „Ihr Rotzbuben!", rief er ihnen erbost nach, was sie mit einem schelmischen Lachen quittierten. In einem der oberen Stockwerke stritten zwei Nachbarinnen im Stiegenhaus, und aus irgendeiner Wohnung konnte man einen lallenden Mann schreien hören, bald darauf zweimal ein lautes Klatschen und schließlich ein Frauenwimmern. Nette Verhältnisse, dachte er. Als sie vor der Wohnungstür der Binders anlangten, meinte Karl nur: „Warten S' vielleicht besser einen Moment heraußen. Wir haben dem Vater nämlich noch gar nicht Bescheid gesagt, dass Sie Franz heute beobachten. Wir haben uns gedacht, wenn es nichts mit der Verpflichtung wird, dann regen wir ihn nur unnötig auf." „Ja, aber ...", er wollte noch fragen, ob es wirklich notwendig sei, ihn in dieser ungeselligen Umgebung allein stehen zu lassen, aber die Burschen waren schon drinnen verschwunden. Nach wenigen Momenten riss plötzlich jemand unwirsch die Tür auf und musterte ihn von oben bis unten. „Nett Sie ...", mehr brachte er nicht mehr heraus, da wurde die Tür schon wieder zugeschlagen. „ ...kennen zu lernen, Herr Binder", fügte er wieder allein am Gang stehend hinzu. Charmante Begrüßung. Er konnte den Vater drinnen schreien hören. „Dieser geschniegelte Affe soll von Rapid sein? Aber natürlich! Und was ist er, sagt ihr, ein Sekretär?! Na bravo, der wird ja sicher viel zu sagen haben. Und Verträge darf der also auch machen. Selbstverständlich. Dass ich nicht lache, ihr zwei Grünschnäbel. Nächstes Mal stellt euch auch die Putzfrau in der Fabrik an und nicht der Fabriksleiter. Wie kann man nur so naiv sein! Der Einzige, mit dem ich verhandle, ist der Chef, dieser ... wie heißt der doch schnell ... Schönecker! Genau! Dionys Schönecker. Den kenn ich aus der Zeitung. Aber den wird dieser Gauner da draußen wohl schwer auftreiben können." „Ja, aber Vater, der Herr Mayer ist sicher von Rapid, red ..." „Ich red mit dem Schönecker, mit sonst niemandem, und damit basta."

Mit gesenkten Schultern schlichen Franz und Karl aus der Wohnung und zuckten mit den Achseln. „Unser Vater will den Schönecker sehen." Mayer schaute sie einigermaßen in seiner Eitelkeit gekränkt entgeistert an, dann meinte er kühl. „Na, wenn S' nicht zu Rapid wollen! Da kann man halt nichts machen. Wir wollen ja niemandem zu seinem Glück zwingen! Bringen Sie mich zurück zum Bahnhof."

Zerknirscht eskortierten ihn die Jungen zum Bahnhof und sahen zu, wie er Richtung Wien abdampfte. So schnell war also der Traum von Rapid zerplatzt. Der Mayer, so waren sie überzeugt, würde nie und nimmer ein gutes Wort für Franz einlegen. Der würde dem Schönecker, weil ihn der Vater beleidigt hatte, sicher erzählen, dass der Franz nur ein selbsternannter Provinz-Uridil sei. Viel heiße Luft und nichts dahinter.

Um so mehr staunten sie, als am nächsten Tag vor den „Zehn Häusern" eine edle Opel-Limousine vorfuhr und – wahrhaftig – Rapid-Präsident Dionys Schönecker aus dem Wagen stieg. Franz, der gerade mit seinen Kumpels eine Zigarette vorm Haus rauchte, warf diese schnell weg – er wollte schließlich nicht unprofessionell wirken. Er begrüßte den Rapid-Boss: „Herr Präsident, ich bin Ihr neuer Mann. Franz Binder." Schönecker, in einem viel zu engen Anzug mit derart steifem Kragen, dass man meinen konnte, er müsste jeden Moment darin ersticken, blickte zu Binder auf, kraulte kurz seinen Schnauzbart und stellte fest: „Mir scheint, Sie sind ein Kopfballungeheuer! Bringen S' mich zu Ihrem Vater, Herr Binder."

Diesmal verschwand Dionys Schönecker im Inneren der Wohnung, während die Binder-Brüder – wie beim letzten Mal Mayer – draußen am Gang warten mussten. Nach nur fünf Minuten allerdings öffnete sich die Tür. Vorne Dionys Schönecker, der Franz auf die Schulter klopfte und sagte: „Willkommen bei Rapid Wien, Herr Binder“, dahinter der Vater mit einem zufriedenen Lächeln auf den Lippen. „Das ist ein nobler Mensch, der Herr Schönecker. Ein echter Sir. Von dem könnt's was lernen. Dennoch immer bescheiden und stolz auf seine Wurzeln. Habt's ihr gewusst, dass er ein gelernter Schriftsetzer ist, also auch Arbeiter – wie wir! Der versteht, was uns quält. Und die Rapid Wien, hat er mir versichert, ist ein Arbeiterverein – durch und durch!“ Schönecker reichte Binder senior die Hand, anschließend verabschiedete er sich bei Franz: „Wir sehen uns morgen in Hütteldorf, Herr Binder. Da erledigen wir die restlichen Formalitäten. Und kommen S' ja nicht zu spät zum Training.“ Sprach's und düste in der noblen Opel-Limousine wieder Richtung Wien ab.

Franz hatte sich am folgenden Morgen schon früh fertig gemacht. Zur Feier des Tages trug er seinen schwarzen Anzug, den ihm im letzten Jahr der St. Pöltner Bürgermeister Schnofl geschenkt hatte, damit er die Bekleidungsvorschrift bei den Arbeiter-Auswahlmatches einhalten konnte. Die Proletarierkicker sollten schließlich nicht schon vor den Spielen gegen die bürgerlichen Mannschaften unterlegen wirken oder Minderwertigkeitskomplexe bekommen, weil die feinen Pinkel in Maßanzügen zu den Spielen anreisten. Was die konnten, konnten die Arbeiter schon lange.

Franz verstaute am Gepäckträger des Motorrades seine Sporttasche, dann wandte er sich der versammelten Familie zu. Karl umarmte seinen Bruder innig. „Du wirst uns abgehen, Bruderherz. Sturm 19 ohne dich, das könnte schnell ein laues Lüfterl werden.“ „Ach was“, entgegnete er. Ihr schafft das schon. Und vielleicht kann ich dir ja ein paar Tipps geben, wie die Trainer in Wien arbeiten.“ Karl nickte.

Der Vater streckte Franz die Hand hin. „Lass dir nichts einreden von den Wienern, verstehst! Und bleib ja schön am Teppich, auch wenn du jetzt bei Rapid spielst. Man stürzt schneller wieder ab, als man denkt, und dann weint dir keiner eine Träne nach. Vergiss nie, woher du kommst, Franz, und sei immer ehrlich. Und wenn dir einer auf die Zehen steigt in Wien, dann tritt ihm gegens Schienbein, damit er merkt, dass du da bist. Lass dir nichts gefallen!“ „Aber natürlich, Vater“, erwiderte Franz, dem vom heftigen Händeschütteln bereits der Arm schmerzte. „Aber“, so fügte er mit einem Lächeln hinzu, „ich verlass euch ja nicht. Ich fahr doch nur aufs erste Training. Am Abend bin ich schon wieder zu Hause!“ Der Vater ließ die Hand des Sohnes los. „Na und? In Wien versauen s' einen jungen Burschen schnell, weil s' ihm zuviel Geld in die Hand drücken. Da genügen schon ein paar Stunden. Komm also ja nicht auf dumme Gedanken, mein Herr, sonst gibt's eins auf die Rübe! Und noch etwas ...“ „Ja?“ „Zeig ihnen, wer der Beste ist! Halt die Fahnen St. Pöltens hoch!“ Franz grinste. Sein Vater, ansonsten wahrlich kein Mann der großen Gefühle, hatte tatsächlich Tränen in den Augen, die er sich schnell wegwischte: „Diese verdammte

Glanzstoffluft. Neuerdings geht sie mir sogar schon auf die Augen. Aber fahr jetzt, sonst kommst noch zu spät, und sie überlegen es sich nochmals." Franz nickte, umarmte seinen Vater kurz, gab der Mutter einen Kuss und stieg aufs Motorrad. Mit einem Kick ließ er den Motor an. Er winkte noch einmal, dann brauste er los – Richtung Hütteldorf, zu seinem ersten Training bei Rapid Wien. Die Familie blickte ihm nach, bis er an einer Kreuzung verschwand. „Ob er sich in Wien durchsetzen wird?", fragte der Vater. „Bestimmt Papa!", antwortete Karl. „Der hat das Zeug zu einem ganz Großen. Zum Allergrößten überhaupt!"

„Ja, ich bin Sozialistin, ich bin es mit der ganzen Faser meines Herzens und mit der ganzen Kraft meines Geistes, weil ich gegen Elend und Not, gegen Hunger und Arbeitslosigkeit, gegen Willkür und Ausbeutung, gegen Faschismus und Krieg, und für eine gerechtere Weltordnung, für die Freiheit und für den Frieden bin." (Maria Emhart 1936)

Maria Emhart (Februar 1934)

Sie hatte sich im letzten Winkel der Zelle verkrochen und ganz klein zusammengerollt, als hoffte sie, nicht entdeckt zu werden. Obwohl es im Raum warm war, fror sie. Seit Stunden konnte sie das Zittern nicht mehr unter Kontrolle bringen, klapperte leise mit den Zähnen. Dreimal hatte sie sich übergeben müssen, beim letzten Mal aber nicht mehr die Kraft gehabt, den Kopf zu heben. So lag sie in einer Lacke aus eigenen Exkrementen und Tränen, die ihr noch immer langsam über Wange und Nase rannen. Der Mond der kalten Winternacht warf durch die vergitterten Fenster ein schachbrettartiges Muster an die Wand gegenüber. Ohne Unterlass starrte sie darauf, tastete jedes einzelne Feld mit ihren Augen ab, eines nach dem anderen, von links nach rechts, von oben nach unten, hell – dunkel, hell – dunkel, hell – dunkel, nur um, wenn sie beim letzten angelangt war, wieder von vorne damit zu beginnen. Es war ein innerer Zwang, dem sie sich nicht entziehen konnte, so wie wenn man im Schlaf immerzu von demselben Traum heimgesucht wird, sich dieselbe Sequenz unaufhörlich wiederholt, als handle es sich um eine ungenügend gelöste Aufgabe, die man immer wieder aufs Neue zurückgeworfen bekommt. Aber da war keine Lösung, kein Ausweg zu finden. Es verbarg sich kein tieferer Sinn dahinter. Sinnlos. Alles war sinnlos geworden. Der Aufstand war misslungen. Sie hatten versagt. Das war das Ende Österreichs, der endgültige Tod der Republik. Ihr Tod.

Ob sie ihr, der Sozialdemokratin, zuvor einen Priester schicken würden? Die letzte Ölung – sie wusste damit nichts anzufangen. Und doch, wie gerne hätte sie nun einen Glauben gehabt, irgendeinen Trost, der ihr alles nicht so schlimm, so endgültig hätte erscheinen lassen. Aber da war nichts, außer furchtbare Einsamkeit, die ihr kalt unter die Haut kroch. Sie würde ihn wohl wegschicken, den Priester – oder vielleicht auch nicht. Er hätte ihr wenigstens Gesellschaft leisten können. Ein Geistlicher, ihr letzter Kamerad! Es war grotesk.

Sie hatte einmal gehört, dass, wenn man den nahenden Tod spürt, das ganze Leben im Geiste noch einmal an einem vorüberläuft. Kindererlebnisse, schöne Momente, Menschen, die man geliebt hat, würden einem wieder in den Sinn kommen und das Sterben leichter machen. Sie hingegen wurde heimgesucht von diesen Erinnerungen. Wie Gespenster krochen sie aus den Ritzen des Raumes hervor und quälten sie. Trost konnte sie darin keinen finden. Ein blutverschmiertes Kind erschien ihr. Ihr Kind – ihr ungeborenes, ihr abgetriebenes Kind. Es war fast erwachsen, fünfzehn Jahre alt – so lange war das schon her – und starrte sie aus großen traurigen Augen an. Aber diese Augen waren tot, stumpf. Ihnen fehlte der Glanz.

Sie sah sich wieder im Bett der Engelmacherin liegen, sich selbst sah sie da liegen, mit Tränen in den Augen, schweißverklebten Haaren, das Gesicht zu einer Fratze des Leidens verzogen. Eine weiße Schüssel mit warmem Wasser daneben, weiße Handtücher, und Blut, überall Blut. Ihr Blut und jenes des Embryos. Daneben die Mutter. Bleich. Ihr die Hand haltend, sie streichelnd. Wie oft hatte sie die gleichen Qualen durchgemacht. Sie wusste, was es bedeutete. Für eine Frau, eine Mutter, wenn in ihrem Herzen etwas unwiederbringlich abgetötet wurde, ein Stück eigenes Leben verloren ging. Aber die Mutter hatte fünf eigene Kinder gehabt, das war ein Trost. Sie selbst hingegen sollte kein einziges mehr bekommen. War dies die Strafe? Aber wofür wurde sie bestraft? Für Verhältnisse, die sie nicht verschuldet hatte? Für Verhältnisse, die sie zu derlei Schritten zwangen, weil sie ein Kind nie hätte durchbringen können? Sie, eine von Tausenden Arbeiterfrauen, denen es nicht anders erging.

Waren sie aber tatsächlich dazu gezwungen? Das war die Frage, die sie fortan verfolgte. Immer diese Zweifel – zu Unrecht, sie wusste es. Geistig konnte sie es verarbeiten, war mit sich im Reinen, aber vom Herzen her? Da war eine Schuld, eine Last, die ihr niemand nehmen konnte. Eine Sehnsucht, wenn sie die anderen Mütter mit ihren Kindern sah. Was hatte ihr der Staat, diese Realität, dieses Leben angetan. Wozu zwang sie der gnadenlose Kapitalismus, dieser finstere, ungerechte Geselle, und zu welch Zynismus war er imstande, dass er von ihr auch noch Blutgeld verlangte! Sie sah wieder dieses schmutzige, abgegriffene Bündel Geld vor sich, das die Mutter der Engelmacherin nach dem Eingriff in die Hand gedrückt hatte. Einen Revolver und eine goldene Uhr hatten sie dafür verkauft. Soviel war also ein Menschenleben wert? Einen Revolver und eine goldene Uhr?! Oder Chinarinde, Rosenblätter und Rotwein, die sie als Kind vor einem Eingriff der Mutter hatte besorgen müssen. Auch im Engelmachergewerbe waren also die Preise explodiert. Und nichts war besser, sondern nur immer schlimmer geworden. Wie hoch aber durfte der Preis gegen ein Menschenleben werden? Durfte er gleich ein zweites kosten, wie es im Falle der Schwester geschehen war, die beim Eingriff verstarb? Ihre Schwester, die sie so sehr geliebt hatte. Mit der sie noch mit 17 Jahren, weil die Familie insgesamt zu neunt, mit den zwei Kindern der Tante, in Zimmer, Küche, Kabinett lebte, das Bett hatte teilen müssen. Es war so eng gewesen, im Laufe der Jahre geworden, dass sie sich immer auf Befehl gleichzeitig umdrehten. Keine einzige Nacht ohne mehrmaliges Erwachen. Oft hatten sie sich dann schlaftrunken angeblickt, kurz gegrinst und in die Arme genommen. So geborgen, wie in den Armen der Schwester, hatte sie sich nie wieder gefühlt, nicht einmal in jenen ihres Gatten Karl.

Aber dann war die Schwester tot. Lag leblos vor ihr, die Augen weit aufgerissen – ließ ein sechs Monate altes Kind zurück und einen verstörten Mann, der dem Suff verfiel. Damals schwor sie sich, dass sie dieses Leid nicht länger hinnehmen wollte, nicht für sich und auch nicht für andere. Von einem Schicksal, in das man sich fügen musste, sollte ihr niemand mehr reden.

Dabei war es nicht die Armut an sich, die sie verdammte, sondern es waren vielmehr die ungerechten Voraussetzungen, die diese bedingten, die ungleiche Verteilung der Güter und Rechte, die Aufspaltung der Gesellschaft in Besitzende und Besitzlose, als würde damit gleichzeitig ein Charakterurteil in gut und böse gefällt, eine Zuteilung an Lebensglück erfolgen, nach dem ungleichen Prinzip: Diese dürfen ein anständiges Leben führen, die anderen aber müssen im Dreck und Hunger darben. Sie hasste diese Ungerechtigkeit, hasste die Demütigungen und die Opfer, welche die Armut Schuldlosen auferlegte. Und sie verachtete jene Menschen, die dies zuließen, die, um des eigenen Vorteils Willen, derlei Bedingungen sogar künstlich aufrecht erhielten, Menschen einfach ausbeuteten, als seien sie nichts weiter als Nutzvieh. Das war es wohl, was sie zur Sozialdemokratin machte, vielmehr war sie schon immer eine gewesen. Da brauchte es keiner großartigen Propaganda, da brauchte es keiner Anreize, sondern als Sozialdemokrat wurde man aufgrund des eigenen Elends, in dem man lebte, geboren. Sozialdemokratie war zur Zeit ihrer Kindheit noch keine Gesinnung im eigentlichen Sinne – nicht aus ihrem kindlichen Blickwinkel – als vielmehr eine Schicksalsgemeinschaft, in der man sich freilich entscheiden musste: Aufgeben, wie die unzähligen Männer, die dem Suff verfielen, oder kämpfen. Kämpfen um ein Leben in Würde, um Gerechtigkeit, um Veränderungen. Als sie alt genug war und begriff, dass ihr Leben keine Selbstverständlichkeit sein musste, dass es eine von Menschen geschaffene Weltordnung war, also etwas Veränderbares, entschied sie sich für den Kampf.

Ein Lichtschein riss sie aus den Gedanken. Er pendelte an der Wand hin und her, von links nach rechts und zurück. Kam er vom Bahnsteig her? Waren es gar Genossen, die ihr auf diese Weise Mut machen wollten, ihr zu verstehen gaben, dass sie sie nicht vergessen hatten. Aber nach wenigen Minuten verschwand das Licht wieder, kehrte Finsternis in der Zelle ein. Auch der Mond war weitergewandert.

Wie viel Zeit wohl vergangen war, seitdem sie der diensthabende Polizist hier eingeschlossen hatte? Er war durchaus freundlich gewesen, beinahe sanft. „Es tut mir leid, Frau Gemeinderat. So leid." Frau Gemeinderat hatte er gesagt, obwohl die Sozialdemokratische Arbeiterpartei nunmehr verboten war, aber vielleicht wusste er, dass sie früher der Gefängniskommission angehört hatte. „Dann stimmt es also? Das Standrecht ist nach wie vor aufrecht?" Er hatte zu Boden geblickt und nur stumm genickt, als schämte er sich dafür. Aber er steckte eben in seiner Uniform. Ein Repräsentant des Staates.

Dabei war sie im ersten Moment sogar glücklich gewesen, in die Obhut der Polizei übergeben zu werden. Wer weiß, was die Heimwehrler sonst noch mit ihr angestellt hätten. Verhaftet von der Heimwehr. So weit war es mit Österreich gekommen, dass eine ursprünglich paramilitärische Formation Polizei spielte. Heruntergekommen war dieses Land, jetzt erst der „Drecksstaat", von dem Nazis und Faschisten immer gesprochen hatten. Sie hatten ihn dazu gemacht.

Zwei „Genossen", die der Aufforderung des Kanzlers auf Amnestie gefolgt waren und als Zeichen ihres guten Willens gleich die ehemaligen Mitkämpfer verpfiffen, hatten sie denunziert. Sie hätte zuvor noch die Möglichkeit gehabt zu fliehen, mehrfach – aber weglaufen, die Kampfgenossen im Stich lassen? Das war nicht ihre Art.

Als sie dann freilich in die Hände der Heimwehr geriet, zweifelte sie an ihrer Entscheidung. Sie hatte furchtbare Angst, und der Umstand, dass sie die meisten der Männer persönlich, zumindest vom Sehen her kannte, dass diese noch einige Jahre zuvor höflich den Hut vor ihr gezogen hatten, beruhigte sie nicht wirklich. Sie hatten sie in ihre Wohnung gebracht und ihr dort geheißen, sich auszuziehen. Dieser Befehl war wie ein Schlag ins Gesicht gewesen. Er traf sie mit derartiger Wucht, dass sie tatsächlich ins Wanken geriet und sich an einem Kasten anhalten musste, um nicht zusammenzusinken. Ausziehen? Sie befürchtete das Allerschlimmste. Sie versuchte die Männer zu zählen, aber sie verschwammen ihr vor Augen. Zu viele. War dies die Art der Strafe, die schlimmste aller Demütigungen, die sich die Männer für eine Sozialistin ausgedacht hatten. Weil sie sie doppelt beleidigt hatte? Einmal durch ihre politische Gesinnung, zum anderen aber – für die Männer vielleicht sogar schlimmer, provozierender – durch ihr Geschlecht? Sie hatte sie entsetzt angestarrt, blieb regungslos, bis der Anführer scharf wiederholte. „Ausziehen, Frau Hauptmann, hab ich gesagt! Sonst übernehmen wir das!" Sie gehorchte. Um sie herum wurde alles dumpf, als wäre in ihrem Gehirn irgendein Schalter umgelegt worden. In einer Art Dämmerzustand entledigte sie sich der Kleidung, bis sie nur mehr in Unterwäsche vor den Männern stand. Sie schloss die Augen, wartete zitternd, bis ihr etwas vor die Füße geworfen wurde. „Nicht schlafen, Frau Hauptmann!", heischte sie der Heimwehr-Führer an. „Dazu werden Sie bald alle Zeit der Welt haben. Los, ziehen Sie das an!" Sie hatte die Augen geöffnet. Vor ihr lag ihr Schianzug. Sie war verwirrt, gleichzeitig froh. Unendlich froh. Keine Vergewaltigung. Sie nahm den Overall und zog ihn über. Dann trat ein Bursche, vielleicht 15 Jahre alt, an sie heran und drückte ihr einen Revolver in die Hand. Sofort schnürte sich die Kehle wieder zu. Ein heißer Schauer. Ein Stechen im Kopf. Sollte sie sich selbst töten? Ein anderer legte ihr einen Schusterriemen um, ebenso musste sie einen Umhang überwerfen. Zuletzt wurde ihr eine Schutzbundkappe aufgesetzt. „So, da machen wir jetzt ein schönes Foto mit dir, Frau Schutzbundhauptmann! Zur letzten Erinnerung für deine Freunde! Dass alle Welt weiß, was die Emhart hier angerichtet hat, alle sehen, dass du die Kämpfe in St. Pölten organisiert und angeführt hast." Abermals Erleichterung. Auch kein Selbstmord. Sie schüttelte heftig den Kopf. „Aber ihr wisst doch, dass der Schutzbund keine Frauen hat. Wie soll ich ihn da angeführt haben?" Aber der Heimwehrmann hatte sie nur angefahren: „Erzähl den Scheiß dem lieben Gott, Frau Hauptmann. Vor dem wirst du nämlich bald stehen. Auf Hochverrat, sehr geehrte Frau Gemeinderat, steht immer noch der Tod! Du wirst das erste Weib sein, das wieder gehängt wird!" Im nächsten Moment hatten schon die Magnesiumlichter geblitzt.

Sie zuckte zusammen. Sah sich verwirrt in der Zelle um. Blitze auch hier? Überall. Nein, es waren Feuersalven aus Gewehrläufen. Die Schlacht noch nicht vorüber? Sie erinnerte sich plötzlich. Die letzten Tage, die Schlacht um St. Pölten. Wie schnell alles vor sich gegangen war, als hätte jemand den Gang der Zeit beschleunigt, die Zeiger der Uhr einfach per Hand nach vor gedreht. Keinen Moment hatte sie Atem schöpfen, keinen Augenblick ihr Handeln hinterfragen oder planen können. Sie war einfach ihrem Instinkt gefolgt, nicht bewusst. Auch das schon instinktiv.

Sie sieht sich selbst. 12. Februar. Vormittag. Sie ist in Wien. Die rechte Hand hat sie fest auf die Handtasche gedrückt. Darin ein Brief für Parteichef Otto Bauer von der St. Pöltner Schutzbundleitung. Den Inhalt kennt sie. Die Genossen fordern, dass endlich losgeschlagen wird. Wie viele Briefe sie in den letzten Jahren zwischen Wiener Parteileitung und St. Pöltner Sektion hin- und hergebracht hat. Wie oft sie pochenden Herzens mit dem Zug zurückgefahren ist, weil sie nicht nur Antwort, sondern bisweilen auch Revolver und Patronen für den Schutzbund in der Tasche mit nachhause führte. Und doch ist heute etwas anders. Es herrscht große Unruhe in der Stadt. Irgendetwas stimmt nicht, das weiß sie sofort. Aber was? Es kursiert das Gerücht, dass in Linz am Morgen Polizeieinheiten das Arbeiterheim im Hotel Schiff gestürmt haben, der Schutzbund aber Widerstand leistet. Schüsse sollen gefallen sein. Offener Kampf also. Aber derlei Gefechte gab es in den letzten Jahren immer wieder. Diesmal soll es aber weitreichendere Folgen haben. In Linz ist ein Streichholz gefallen, und der Brand könnte sich auf ganz Österreich ausbreiten. Genaueres weiß aber keiner – vielleicht ist auch alles nur ein Gerücht. Was immer passiert ist, es hat die Regierung äußerst nervös gemacht, denn es patrouillieren Polizeiabteilungen durch die Straßen, auch Bundesheer hat sie schon gesehen. Plötzlich erschrickt sie. Eine stehen gebliebene öffentliche Uhr. Ist dies in Wien nicht das Zeichen zum Losschlagen des Schutzbundes – das Stehenbleiben der öffentlichen Uhren, nachdem man im E-Werk den Generalstreik ausgerufen und somit die Stromversorgung lahmgelegt hat? Doch im nächsten Moment braust eine Straßenbahn an ihr vorbei. Der Strom fließt also noch. Die Uhr war nur defekt.

Als sie schließlich um die Ecke in die Rechte Wienzeile biegt, ist überall Polizei. Der Vorwärts-Verlag, die Redaktion der Arbeiterzeitung, ist besetzt! Ist jetzt der Bürgerkrieg ausgebrochen, ist – wie das Losungswort für Generalstreik und Schutzbundmobilisierung heißt – „Fritz erkrankt", oder noch nicht? Sie wagt sich nicht weiter, sondern kehrt sofort um. Zurück zum Westbahnhof. Wenn es tatsächlich losgeht, muss sie in St. Pölten bei den Genossen sein. Am Bahnhof trifft sie unzählige Eisenbahner, die in kleinen Gruppen zusammenstehen. Auch Polizei ist da. Beobachtet die Arbeiter mit Argusaugen. Neue Gerüchte. Die Parteileitung sowie Schutzbundkommandanten sollen verhaftet worden sein, in den Außenbezirken werde bereits heftig gekämpft, allerdings seien die einzelnen Bezirke durch Polizei und Militär hermetisch abgeriegelt worden, so dass sich die Schutzbundeinheiten nicht vereinigen könnten. Was stimmt, was nicht? Unsicherheit und Verwirrung bei allen. Während die einen auf die Order, die Zugverbindungen zu kappen, sowie auf den Aufruf zum Generalstreik warten, sind andere noch voll bei der Arbeit. Im ersten Moment ist sie sogar froh darüber. So kann sie zurück nach St. Pölten.

Sie trifft am Nachmittag ein. Eine eigentümliche Stille empfängt sie. Kaum Menschen auf den Straßen. Spannung liegt in der Luft. Es braut sich etwas zusammen. Ihr erster Weg führt sie nach Hause in ihre Wohnung im Barackenlager der Herzogenburgerstraße. Am Tisch findet sie eine Nachricht ihres Mannes. „Radio meldet. Zusammenstöße in Linz. In St. Pölten noch keine Order von Fritz. Ich liebe dich." Also doch. Sie verlässt das Haus und geht ins Parteisekretariat in der Linzerstraße. Es ist nicht besetzt. Einige Genossen sind da, empfangen sie fast überschwänglich. Ob sie etwa endlich Order aus Wien hat? Nein. Große Enttäuschung. Und in St. Pölten? Es gab schon große Aufregung. Nachdem man von den Ereignissen in Linz im Radio erfahren hat, wurde die Arbeit in den Fabriken Glanzstoff, Voith und Schüller niedergelegt. Einige der Parteiführer sind angeblich verhaftet worden. Parteisekretär Strasser allerdings konnte entkommen. Wo er untergetaucht ist, weiß keiner. Zuletzt wurde er bei einem Treffen des Schutzbundes gesehen, wohin auch Kommandant Wohlfahrter gekommen war, der allerdings bald wieder die Versammlung verlassen hat. Überhaupt hätten einige Mitglieder plötzlich „dringende private Angelegenheiten" zu erledigen gehabt und hätten sich seither nicht mehr blicken lassen. Die Verbindung zu den Schutzbundeinheiten in den Vororten funktioniert nur sehr unzureichend. Die Spratzener haben sich schon getroffen, die Stattersdorfer angeblich auch, Einheiten sollen bereits in der Traisenau verschanzt liegen. Aber mehr weiß man auch nicht. Jedenfalls warteten alle auf Instruktionen aus Wien, ob man losschlagen soll oder nicht?

Sie bleibt eine Zeitlang bei den Genossen. Alle starren aufs Telefon. Dieser plumpe schwarze Apparat. Noch nie hat er so groß gewirkt. Aber er bleibt stumm. Wahrscheinlich sind die Leitungen längst unterbrochen. Irgendwann hält sie es nicht mehr aus. Sie muss mehr erfahren, muss wissen, was mit dem Schutzbund los ist, ob alle Kräfte mobilisiert sind. Sie verabschiedet sich und begibt sich in das Hauptquartier des Schutzbundes, ein großes Schrebergartenhaus in der Au. Mittlerweile ist Finsternis eingebrochen. Dort trifft sie endlich Schutzbundkommandant Bartinek. Er sieht bleich aus, ist nervös. Seine Leute drängen ihn seit Stunden auf die Ausgabe der Waffen, sagt er, aber er will noch warten. „Solange ich keine Instruktionen aus Wien habe, kann ich gar nichts machen." Schließlich lässt er die Verbandspackungen verteilen. Eher Beschäftigungstherapie für die kampfbereiten Männer.

Plötzlich stürmt ein Junge herein. Das Parteisekretariat ist von Heimwehr umstellt worden! Sie lassen niemanden mehr hinein, niemanden mehr heraus. Die Genossen sitzen in der Falle.

Fieberhafte Überlegungen, was zu tun ist. Sie bespricht sich noch einmal mit Bartinek. Aber er bleibt dabei: Noch kein Angriff. Warten auf Befehle aus Wien. Um 23 Uhr besucht sie in Baracke A der Herzogenburgerstraße ein Treffen der Schutzbundkompanie.

Die Stimmung ist aufgeheizt. Verschiedenste Gerüchte kursieren. Erste Zweifel, ob es überhaupt zum offenen Kampf kommt – immerhin fahren die Eisenbahnen noch immer, der Generalstreik ist also ausgeblieben. Und ohne Generalstreik ...

Gegen drei Uhr morgens kehrt sie in ihre Wohnung zurück. Sie ist hundemüde. Heute passiert wohl nichts mehr. Sie legt sich zu Bett. Nach wenigen Minuten steht sie aber schon wieder auf. Sie bringt keine Auge zu. Sie beginnt ihren Bergrucksack zu packen – für alle Fälle. Warme Kleidung, eine Decke, Waschzeug, Papier und Bleistifte, Verbandsmaterial. Anschließend schmiert sie die Stiefel mit Fett ein, sucht Proviant zusammen, mit dem sie einige Tage durchkommen könnte. Die Warterei ist unerträglich.

In der Früh, sie trinkt gerade Getreidekaffee, klopft es an der Tür. Sie stellt die Tasse leise nieder, schleicht in den Vorraum. Im ersten Moment weiß sie nicht, was sie machen soll. Was, wenn es Polizei ist? „Mach auf, schnell!" Erleichterung. Es ist die Stimme Hans Rauschers – endlich Nachricht aus Wien! Sie öffnet, er schlüpft schnell herein. Er ist außer Atem – und aufgebracht. „Schämt's ihr euch nicht? In Wien haben sie bereits Galgen für Weissel und Münichreiter aufgestellt, wird schwer gekämpft. Sogar mit Gebirgshaubitzen gehen sie gegen die Gemeindebauten vor. Und hier schläft alles?!" Sie erklärt ihm, dass alle bereit seien, dass aber noch immer keine genauen Instruktionen aus Wien gekommen sind. Vor allem, dass die Bahn noch fährt, irritiert alle. Die müsste doch längst still stehen. „Es läuft nicht alles, wie geplant. Das ist alles viel zu schnell gegangen. Warum musste Bernaschek in Linz auch einen Alleingang unternehmen." „Weil sonst vielleicht nie jemand etwas unternommen hätte und es uns wie den Sozis in Deutschland ergangen wäre. Kalt von Hitler erwischt und zerschlagen, bevor sie überhaupt einen Pieps machen konnten." Beide schweigen kurz. Sie will wissen, ob der Kampf überhaupt noch eine Chance auf Erfolg hat. Er weiß es nicht, jedenfalls überhaupt nur, wenn man endlich Unterstützung aus St. Pölten bekommt, wenn hier durch Kampf Bundesheereinheiten gebunden werden. Sie muss also dafür sorgen, dass die Zugverbindungen gekappt und die Kasernen gestürmt werden. Er selbst will weiter ins Traisental, um dort die Einheiten zu mobilisieren. Sie verspricht, den Schutzbundkommandanten Bescheid zu geben. Befehle könne sie diesen allerdings keine erteilen, dazu habe sie zuwenig Einfluss. „Dann tu das, Hauptsache, ihr tut überhaupt irgendetwas!"

Sie verlässt mit ihm gemeinsam die Wohnung. Auf der Straße trennen sie sich. Eine kurze Umarmung: „Viel Glück." „Dir auch", dann ist er fort. Sie begibt sich sofort Richtung Au. Sie muss Bartinek finden. Am Weg teilt ihr ein Genosse mit, dass Gendarmerie und Heimwehreinheiten am Morgen das Arbeiterheim, das Metallarbeiter-Verbandssekretariat, den Vorwärtsverlag und das Kinderfreundeheim besetzt haben. Außerdem sei nun auch das Parteisekretariat gestürmt worden. Alle darin Befindlichen wurden verhaftet. Und noch eine Hiobsbotschaft hat er. Im Radio wurde gemeldet, dass mit sofortiger Wirkung SDAP und Gewerkschaften aufgelöst sind. Das ist jetzt endgültig der Bürgerkrieg, denkt sie sich.

Als Bartinek sie sieht, springt er sofort auf. Sie legt ihm alles dar, wie es ihr Rauscher gesagt hat. Bartinek aber zögert noch immer. Ist das jetzt ein Befehl aus Wien, oder nur die Einzelmeinung Rauschers? Sie brüllt ihn an, dass, wenn man nicht heute handle, man überhaupt nicht mehr zu handeln brauche, denn dann wäre der Kampf verloren. Endgültig! Worauf er also noch warten will? Er sieht sie verstört an, presst die Lippen aufeinander, zittert leicht um die Mundwinkel. Schließlich fragt er: „Übernehmen Sie in Bezug auf die Abmachung mit Rauscher die Verantwortung? Sie wissen, dass es hier um weitreichende Entscheidungen geht, um Menschenleben?!“ Sie sieht ihn einen Moment lang irritiert an. Was soll das für eine Frage sein? Will er keine Verantwortung übernehmen, oder wünscht er sich einfach nur jemanden, der ihm in dieser schweren Entscheidung beisteht? „Ja!“, antwortet sie mit fester Stimme. Er mustert sie noch einmal, dann nickt er. „Eines sag ich Ihnen, Frau Emhart. Wenn es schief geht, erschieße ich zuerst Sie, dann mich!“ „Wenn es schief geht, Herr Bartinek, dann möchte ich ohnedies nicht mehr am Leben bleiben.“ Damit ist die Entscheidung getroffen. Sie beschließen, dass um Punkt 20 Uhr losgeschlagen werden soll. Es bleibt also nicht mehr viel Zeit.

Sie versucht zu helfen, wo es geht, zu koordinieren. Einigen Jugendlichen gibt sie Order, die Schutzbundkommandanten in den Vororten zu verständigen. Am besten, sie fahren per Fahrrad und nehmen den Weg entlang der Traisen. Dort traut sich die Polizei noch nicht hin.

Bartinek lässt endlich die Waffen ausgeben. Viele sind veraltet, außerdem scheinen es viel zu wenige zu sein. Ebenso die Munition. Aber sie sagt nichts. Vielleicht täuscht sie sich ja, außerdem gibt es jetzt kein Zurück mehr. Wenigstens ein Maschinengewehr ist dabei – plötzlich aber Aufregung. Wo ist der Schütze? Den hat man seit gestern nicht mehr gesehen. Sie befiehlt, den Ersatzschützen herbeizuschaffen. Bald darauf ist der Bursche da. Erleichterung. Gemeinsam mit Bartinek geht sie ins Einquartierungshaus, hinauf auf den Dachboden. Dort sind eine Reihe von Jugendlichen damit beschäftigt, Eierhandgranaten zu füllen. Bartinek klatscht in die Hände. „Es geht los!“ Darauf haben die jungen Leute gewartet. Ein Teil der Mädchen lässt sofort vom Füllen ab, nimmt fertige Handgranaten und trägt diese in den Hof hinunter. Dort verstauen sie die gefährliche Fracht in vorbereiteten Kinderwägen. Zuletzt legen sie Decken darüber. Dann spazieren sie damit in die Au, wo sich bereits die Truppen formieren. So viele spazierende Mütter auf einmal hat St. Pölten noch nie erlebt.

Die Zeit verrinnt. Einerseits viel zu schnell, um alle Vorbereitungen zu treffen, zum anderen auf eigenartige Weise aber auch viel zu langsam. Je näher der vereinbarte Zeitpunkt kommt, desto mehr scheint sich die Zeit zu dehnen. Eine fast unerträglich Spannung liegt auf den Leuten. Immer wieder der Blick auf die Uhr. Wie lange noch?

Dann endlich – 20 Uhr. Es geht tatsächlich los. Sie ist mit in der Au, im Lager. Dort bleibt sie auch, als sich die Männer auf den Weg machen. Sie sieht ihnen nach, wie sie den Traisensteg überqueren. Schwarze Schatten, die schließlich in der Finsternis verschwinden.

Schwer zu schätzen, wie viele es sind. 500, vielleicht 600 Mann. Es dauert nicht lange, da fallen Schüsse. Sie kommen vom Einquartierungshaus herüber. Bald darauf werden die ersten Verletzten gebracht. Wie es läuft, möchte sie wissen. „Kann man noch nicht sagen, aber überrascht waren die jedenfalls nicht", die kurze Antwort. Plötzlich fehlt es an Verbandszeug. Hätte es Bartinek am Vortag nur nicht ausgeteilt. Nun haben es die Männer bei sich draußen im Feld. Oder sie haben es überhaupt zuhause liegen lassen. Ohne ordentliches Verbandszeug verbluten die Angeschossenen aber. Sie überlegt nicht lange und läuft nach Hause, in die Herzogenburgerstraße. Am Steg sieht sie Richtung Süden. Auch von dort her dringen Schüsse, sieht man rote Feuersalven durch die finstere Nacht leuchten. Im Norden, in Viehofen, hingegen ist es ruhig. Sind die Viehofner etwa schon gefasst und geschlagen? In ihrer Wohnung stürzt sie schnell zum Rucksack, nimmt zwei große Verbandspakete heraus und eilt sofort damit zurück. Nur keine Zeit verlieren. Nachdem sie die gröbsten Verletzungen versorgt hat, beschließt sie, mit drei Männern den Norden auszukundschaften, wenn es sein muss auch bis nach Viehofen zu schleichen. Jemand will ihr eine Pistole in die Hand drücken, aber sie lehnt ab. Sie kann damit ohnedies nicht umgehen. Sie machen sich auf den Weg. Die Kämpfe scheinen sich der Innenstadt genähert zu haben, vielleicht auf Höhe der Bezirkshauptmannschaft. Je weiter nördlich sie kommen, desto ruhiger wird es. In der Matthias Corvinus Straße ist es überhaupt totenstill, so beschließen sie, ab nun auf der Hauptstraße, nur von der Kastanienallee geschützt, weiterzumarschieren. Das geht fast ins Auge, denn plötzlich biegt ein Überfallsauto um die Ecke. Sofort stürzen sie sich in einen Garten, wobei sie sich am Maschendrahtzaun die Jacke aufreißt. Ein Stück Stoff bleibt hängen. Sie werfen sich zu Boden. Der Wagen kommt langsam näher. Zunächst werden nur seine Scheinwerfer sichtbar. Wie zwei Fühler tasten sie die Gegend zu beiden Seiten ab. Sie starrt zum Zaun hin. Auf den Stofffetzen. Hoffentlich entdecken sie ihn nicht. Als der Wagen fast auf ihrer Höhe ist, pressen sie Köpfe und Körper fest in den kalten Schnee, als hofften sie, der Boden unter ihnen könnte nachgeben und sie verschlucken. Ihr Herz pocht wie verrückt. Das Motorengeräusch wird immer lauter. Eindringlicher. Wie lange dauert das denn, bis die vorbei sind. Es kommt ihr vor wie eine Ewigkeit. Der Boden beginnt immer stärker zu beben. Irgendwann hört sie nichts mehr außer Dröhnen. Doch dann entfernt sich das Motorengeräusch wieder. Der Wagen ist vorbeigefahren. Sie richten sich sachte auf. Schleichen zur Straße und beobachten das sich entfernende Fahrzeug, bis es in eine Seitengasse einbiegt. Finsternis kehrt wieder ein. Stille. Sie atmen auf. Ab nun müssen sie vorsichtiger sein! Sie verlassen die Straße und marschieren entlang der Böschung des Kremserberges weiter. Plötzlich springt jemand vor ihnen auf und hält eine Taschenlampe hoch. Ihr Herz bleibt für den Bruchteil einer Sekunde stehen. Sie sieht nichts außer den Lauf eines auf sie gerichteten alten k.k. Karabiners. Im nächsten Moment geht das Licht schon wieder aus. „Frau Gemeinderat!", sagt eine überraschte Stimme. Erleichterung. Es ist ein Kamerad. Er kommt aus Viehofen, ein Späher. Er soll herausfinden, was los ist. Im Dorf seien schon alle Einheiten vollzählig versammelt und warteten längstens auf einen Befehl. Sie hätten nur die Schüsse aus der Stadt gehört. Einer der Kuriere hat es also nicht geschafft. Sie sagt: „Der Kampf ist schon im Gange. Ihr müsst sofort losschlagen!“ Sie trennen sich wieder. Er zurück Richtung Viehofen, sie zurück ins Hauptquartier.

Die Feuergefechte dauern die ganze Nacht an, gehen auch an den folgenden Tagen weiter. Allmählich lassen sie aber nach, werden die Schüsse, die man aus verschiedenen Stadtteilen hört, weniger. Die Zahl der Verwundeten hingegen steigt unaufhörlich an, ebenso die Zahl jener, die verhaftet worden sind. Hunderte sollen bereits im Harlander Lagerhaus eingesperrt sein. Das Heer ist mittlerweile ebenso mit Verstärkung angerückt. Zwar konnte man einige Formationen zurückdrängen, aber nur kurzfristig. Auch die Einnahme strategisch wichtiger Ziele wie E-Werk und Umspannwerk ist gescheitert. Man braucht sich nichts vormachen. Diese Schlacht ist nicht mehr zu gewinnen. Die Stimmung kippt, schlägt allmählich in Resignation und Verzweiflung um. Zumal man auch aus den anderen Bundesländern nur Schreckensnachrichten erfährt.

Von einem Bauern aus Kirchstetten erfährt sie, dass Parteisekretär Strasser dorthin entkommen ist und nun Pass sowie Geld benötigt, um sich zu seinem Bruder in die Tschechoslowakei durchzuschlagen. Sie beschließt sofort, Strasser selbst die Sachen zu bringen, denn eines ist klar: Wenn ihn die Feinde fassen, werden sie ihn für den Rädelsführer halten und hinrichten.

Nach einer Stunde hat sie alles beisammen. Auch warme Kleidung, Proviant und ein Foto seiner Familie hat sie ihm in einen Rucksack gepackt. Nachdem sie alles am Fahrrad verstaut hat, fährt sie in den fast 15 km entfernten Ort. Eine Tortur auf der schneeverwehten Straße. Mehrmals muss sie absteigen und das Rad schieben, so hoch sind mitunter die Schneewechten. Als sie endlich erschöpft ankommt Enttäuschung. Strasser ist bereits fort. Sie kommt zu spät. Sie berichtet, was in der Stadt vorgefallen ist. Anschließend macht sie sich, nachdem sie sich bei Tee mit Schnaps aufgewärmt sowie das Gesicht ordentlich mit Hirschtalg eingecremt hat, wieder zurück auf den Weg nach St. Pölten. Es ist eiskalt. Wind ist aufgekommen. Aber sie kommt wohlbehalten an.

Zuhause wechselt sie nur kurz die verschwitzte Kleidung, dann geht sie in der Siedlung von Tür zu Tür, versucht jene Frauen, deren Männer bis jetzt nicht zurückgekehrt sind, zu trösten. Außerdem sorgt sie dafür, dass Lebensmittel zusammengetragen und auf alle aufgeteilt werden, damit niemand hungern muss. Als sie am Abend auf dem Weg zurück in ihre Wohnung ist, weil sie selbst von ihrem Karl noch nichts gehört hat, wird sie von einem Trupp Heimwehr gestellt und verhaftet. Zwei Männer packen sie am Arm. Sie wehrt sich nicht. Erst jetzt merkt sie, wie erschöpft sie ist. Sie sinkt – zu deren Verwunderung – zusammen. „Warum? Warum? Warum?“, flüstert sie verzweifelt.

„Warum? Warum? Warum?“, hallte ihr Ruf von den kahlen Wänden der Zelle zurück. Sie schrak auf – hatte sie geträumt? Sie musste sich übergeben. Ihr Kopf schmerzte. Es war heller geworden. Es dämmerte bereits. So spät also schon. Sie musste fürchterlich aussehen.

Heruntergekommen. Sollte sie so dem Exekutionskommando vor Augen treten, damit sie noch ihre Freude daran hatten, wie gebrochen die „Frau Schutzbundhauptmann" wirkte. Nein. Diesen Sieg würde sie ihnen nicht gönnen. Wenn sie sterben musste, dann mit Stolz und Würde. Als jemand, der wusste, dass er für die richtige Gesinnung sein Leben ließ. Im Moment des Abdrückens sollten die Dollfuß-Lakaien, wenn sie sie erhobenen Hauptes vor sich sahen, den Bruchteil einer Sekunde zögern und sich fragen, ob sie richtig handelten. Sie wusste, dass sie irgendwann die Geschichte reinwaschen würde. All die Täter und Mitläufer hingegen sollten sich dann ihr Leben lang für ihre Verbrechen, die sie ihren eigenen Brüdern und Schwestern, ihrem eigenen Volk angetan hatten, genieren.

Sie richtete sich langsam auf. Zittrig. Aber es ging schon. Sie hatte noch diesen letzten Funken Kraft. Nur ein wenig an der Wand anlehnen, bis der Schwindel nachließ. Ja. So war es gut. Sie ging zum Waschbecken, drehte den Wasserhahn auf. Einige Minuten ließ sie das Wasser einfach in den Abfluss laufen. Es musste eiskalt sein. Dann hielt sie den Kopf darunter. Sie bekam Gänsehaut, das Herz begann laut zu pochen. Aber es pochte wenigstens. Noch war sie nicht tot! Lange blieb sie so stehen. Genoss das kühle Wasser. Es würde das letzte Mal sein. Erst als sie Nackenschmerzen bekam, richtete sie sich auf. Mit den Händen fuhr sie sich durchs klatschnasse Haar. Wasser tropfte auf die Kleidung. Auch auf dieser Flecken von Erbrochenem. Sie zog den rechten Ärmel ein wenig vor und machte ihn nass. Damit fuhr sie über die schlimmsten Stellen. Zuletzt wusch sie sich die Hände. Hätte sie nur einen Spiegel gehabt. Sie drehte den Wasserhahn zu.

Dann kniete sie nieder und hielt Gericht. Gericht mit sich selbst. War ihr Leben rechtens gewesen? Hatte sie es so gefühlt, dass sie ohne Reue sterben konnte. Ja! Sie hatte immer nur Gerechtigkeit gewollt – für alle. Eine friedliche Weltordnung. Einen Staat, in dem es kein Arm und kein Reich gab, in dem jedem Bürger, egal welcher Klasse er angehörte, dieselben Voraussetzungen mit auf den Weg gegeben wurden, ebenso wie man ihm dieselben Chancen einräumte. Ein Staat, der durchdrungen war von Freiheit, sozialer Gerechtigkeit und Solidarität, in dem man gerne und voll Stolz lebte, gemeinsam anpackte, wenn es Probleme zu lösen galt. Nichts hatte sie mehr gewünscht, und nun würde Österreich gänzlich im Faschismus, in der Diktatur versinken, würde Finsternis einkehren. Nein, wenn jemand Schuld auf sich geladen hatte, war es das Leben selbst, das ihr und ihren Genossen gegenüber Reue hätte zeigen müssen. Schuldig im Sinne der Anklage. Sie hatte sich nichts vorzuwerfen.

Ein Schlüssel knackte im Schloss, dann wurde die Tür aufgezogen. „Frau Emhart, kommen Sie bitte mit!" „Kommen Sie bitte mit", hallten die Worte in ihrem Kopf nach. Der Tod hatte ein höfliches Gehabe. Sie nickte, stand auf und trat hinaus. Es waren zwei Kriminalpolizisten, die sie abholten. Kein Priester. „Bitte!", wies der eine Beamte mit der Hand den Gang hinunter. Sie schob ihr Kinn vor, streckte die Brust heraus, richtete den Blick stolz gerade aus und schritt los. Die Beamten begleiteten sie zur linken und rechten Seite. Sie hatte Mühe, ihre Angst zu verbergen, gegen die Tränen anzukämpfen. Aber sie blieb tapfer. „Wo bringen Sie mich hin?“, fragte sie leise. „Ins Kreisgericht.“ „Und wie werde ich hingerichtet?“ Der Beamte rechts von ihr blieb abrupt stehen, im nächsten Moment sie und sein Kollege. „Hinrichtung?“, fragte er verwundert. „Das Standgericht ist aufgehoben, Frau Emhart! Hat Ihnen das noch niemand gesagt?“ Sie sah ihn erschüttert an. „Kein Standgericht?“ „Kein Standgericht!“, bestätigte er. „Sie werden nur verlegt.“ Sie begann am ganzen Körper zu zittern. Die Gesichtszüge entgleisten ihr, im nächsten Moment gaben schon die Knie nach und sie sank zu Boden. Sie krümmte sich vor Schmerz, verbarg ihr Gesicht in Händen, schluchzte auf, konnte die Tränen nicht mehr zurückhalten, weinte bitterlich. Noch nie hatte ihr Glück so weh getan. Das Leben zeigte also Reue. Noch war es nicht vorbei. Der Kampf ging weiter!

„Es war das 19. Jahr der Regierung des Kaisers Diokletian, als überall ein Erlass des Kaisers angeschlagen wurde, wonach die Kirchen niederzureißen, die heiligen Bücher dem Feuer zu übergeben seien. Ferner sollten die kaiserlichen Beamten, wenn sie in dem Bekenntnis der Christen verharrten, ihre Ehrenstellen verlieren, ihre Unterbeamten aber der Freiheit verlustig gehen. Nicht lange danach aber erschien noch ein zweiter Erlaß, nach welchem die Vorsteher der Gemeinden aller Orte zuerst in Fesseln gelegt, sodann aber auf jegliche Weise zum Opfern gezwungen werden sollten." (Bischof Eusebius von Cäsarea)

Heiliger Florian (304 n. Chr.)

„Packen Sie die auch noch ein!" Florianus zeigte auf eine saftige Ochsenkeule, die der Fleischer Quirinus im Korb neben den Oliven aus Pannonien, dem neuen Terra Sigillata Krug aus Gallien und Wein aus der bis vor Cetium reichenden Regio Tragisana verstaute. Mit diesem letzten Halt am Macellimus, dem Fleischmarkt, hatte er alle Besorgungen, die ihm Aggripina aufgetragen hatte, erledigt und konnte guten Gewissens noch einen Abstecher in die Therme machen.

Als er von der Markthalle hinaus aufs Forum trat, empfing ihn herrlichster Sonnenschein und geschäftiges Treiben. Am Kopf der Venus, die als Bronzestatue das Zentrum des rechteckig angelegten Hauptplatzes einnahm, hatten sich einige träge Tauben niedergelassen und ihre Notdurft verrichtet. Bei dem Gedanken, dass es sich hierbei gar um die Töchter des Anius, die durch die Verwandlung in Tauben vor dem Raub der Atriden gerettet worden waren, handelte, und diese sich nun auf diese Weise bei Venus bedankten, musste er lachen. Ob die Göttin sie ob dieses Frevels wie die Propetiden in Kiesel verwandeln würde? Dann wäre er glatt Zeuge einer Ovid'schen Metamorphose geworden. Aber dies hätte wohl ohnedies ihre Rivalin, die eifersüchtige Iuno zu vereiteln gewusst, die – wie in der Mythologie so auch in Cetium – als Götterkönigin die Nebenbuhlerin mit dem ihr zu Ehren geweihten, imposanten Tempel im wahrsten Sinne des Wortes in den Schatten stellte – freilich nur, wenn im Westen die Sonne allmählich unterging. Auch der Bau schräg gegenüber nahm sich auf den ersten Blick hin wie ein Tempel aus und war doch nichts weiter als das neue Zunftgebäude der Collegium fabrum, der Feuerhandwerker, dessen Giebel – wie sollte es anders sein – von einem Fries auf Vulcanus, dem genialen Schmied der Götter, eingenommen wurde.

In seinen wuchtigen Ausmaßen hielt Florianus den Bau für maßlos übertrieben, ja beinahe für ein bisschen größenwahnsinnig, wirkte die Präfektur daneben doch geradezu wie ein Puppenhaus. Aber die Schmiede der Stadt hatten in letzter Zeit durch Großaufträge der Armee, für die sie Gürtelschnallen, zuweilen auch Paradehelme anfertigten, derart an Einfluss und Macht gewonnen, dass der Stadtrat ihnen den Wunsch nach einem Zunfthaus am Forum nicht abschlagen wollte. Wer weiß, wie sie auf eine negative Antwort reagiert hätten? Außerdem begegnete man in Cetium allem, was mit Krieg, Armee und Militär nur

im Entferntesten zu tun hatte, durchaus mit Wohlwollen, bildeten doch Armeeveteranen aus allen Teilen der Provinz, die hier in den letzten Jahrzehnten angesiedelt worden waren, einen Großteil der Bevölkerung. Was sollte man von diesen alten Haudegen also schon großartig erwarten? Ein neues Theater etwa?

Aber er durfte sich gar nicht beklagen. Er selbst hatte ja das Angebot, hier in Cetium in einer schönen Landvilla seinen Lebensabend zu verbringen, nicht ausgeschlagen. „Florianus", so hatte sein Vorgesetzter Aquilinus, dessen Kanzlei er jahrelang mit Umsicht geleitet hatte, zum Abschied gesagt, „Rom ist Ihnen zu Dank verpflichtet! Wir werden immer in Ihrer Schuld stehen. Kraft meines Amtes als Statthalter der Provinz Ufernorikum schenke ich Ihnen deshalb im Namen Roms und seines ruhmreichen Kaisers Diokletian als Zeichen unserer Anerkennung eine Villa samt dazugehörigem, schönem Fleckchen Erde im Municipium Aelium Cetium."

Er war damals sprachlos gewesen. Nicht etwa, weil er nicht mit einer solchen Auszeichnung, die verdienten hohen Beamte für gewöhnlich zukam, gerechnet hätte, das durchaus – aber Cetium? Warum schenkte man ihm kein Haus direkt in Lauriacum, wo er all die Jahre gelebt und gearbeitet hatte? Warum sollte er fort aus der Hauptstadt?

Viele Freunde mutmaßten damals, es hätte mit seinem christlichen Glauben zu tun, der vom Imperium nicht gern gesehen werde. Man hielt ihn wohl für gefährlich, gar für einen Rädelsführer, und entferne ihn deshalb aus der Hauptstadt. Er hatte sie ausgelacht. Der Gedanke schien ihm zu absurd, zumal Aquilinus seit jeher um sein Glaubensbekenntnis gewusst und nie ein Problem damit gehabt hatte. Jahrelang war er als Amtsvorsteher der Statthalterkanzlei an den Hebeln der Macht gesessen, und man hatte nie etwas gegen seinen Glauben unternommen, und nun, da er in Pension ging und von der Macht gleichsam abgeschnitten wurde, sollte man plötzlich Angst vor ihm bekommen? Nein, das passte nicht zusammen. Da schien ihm des Statthalters Erklärung auf seine direkte Frage hin schon plausibler, dass Rom nämlich durch die Ansiedlung verdienter hoher Beamter wie ihn seinen Einfluss, seine Philosophie und Verwaltungsstruktur in den kleineren Municipien und im Hinterland zu festigen versuchte. Außerdem, so hatte Aquilinus versichert, zwinge ihn ja niemand Lauriacum zu verlassen, wenngleich der Kaiser das Zurückweisen des Geschenkes ohne Zweifel als Undank interpretieren und jedenfalls keinen Ersatz dafür in der Hauptstadt geben würde.

Er war daraufhin mit Agrippina einige Tage zu Rate gegangen, die ihn aber alsbald vom Umzug überzeugen konnte. Eine komfortable Villa mit Fußbodenheizung und fließendem Wasser – davon hatten sie doch ihr ganzes Leben lang geträumt! Und was hätte er sich schon in Lauriacum mit seinem Angesparten leisten können? Außerdem: Was war, wenn die Freunde mit ihren Vermutungen recht hatten? Dann konnte man diese „Zwangsversetzung" ja auch von der anderen Seite aus durchaus positiv betrachten, dass es ihnen nämlich in Cetium, fernab Roms und seines verlängerten Armes in der Provinzhauptstadt leichter fallen würde, den christlichen Glauben ohne Schikanen auszuüben. Nicht er wäre dann eine Bedrohung für Lauriacum gewesen, sondern gerade umgekehrt, Lauriacum war für ihn und seine Familie gefährlich!

So waren sie hierher gezogen, und seine anfängliche Skepsis wich alsbald regelrechter Heimatliebe und Ortsverbundenheit. Er schätzte die gemächliche Behaglichkeit der Stadt, und auch die Hochachtung, mit der ihm die Cetienser begegneten, wollte er nicht mehr missen. Mit „Ave Tribunus" grüßten sie ihn auf der Straße, wo er doch nur ein pensionierter Provinz-Amtsvorsteher war. Aber es schmeichelte ihm, das musste er zugeben.

Florianus war in die Via Carnuntum eingebogen, die zur rechten Seite von der neuen Wasserleitung begleitet wurde, und gelangte schließlich zur Therme, die sich schon von weither sichtbar durch aufsteigende Dampfschwaden ankündigte.

Flavus empfing ihn wie jeden Freitag mit ausgesuchter Höflichkeit, nahm ihm den Einkaufskorb ab und stellte diesen im Kühlraum ein. Florianus hatte sich inzwischen seiner Toga und der Sandalen entledigt und wollte bereits ins Dampfbad gehen, als ihn der Bademeister zurückhielt: „Einen Moment noch, Tribunus. Zuvor hat ein junger, geheimnisvoller Mann hier diesen Brief für sie abgegeben. Ich habe ihm gesagt, er möge ihn doch persönlich aushändigen, er könne sie sicher am Fleischmarkt finden. Aber er hatte nur widerwillig den Kopf geschüttelt und etwas von ‚zu viele Spitzel' und ‚zu gefährlich' gestammelt. Dann bedankte er sich und war so schnell verschwunden, wie er aufgetaucht war."

Florianus nahm mit einiger Besorgnis die Rolle entgegen und verschwand damit im Ruheraum. Sie trug das Siegel von Naccus, dem Priester der geheimen Lauriacischen christlichen Gemeinde: *„Florianus! Du musst uns helfen! Aquilinus hat vierzig unserer Glaubensbrüder wegen Götzenverehrung gefangen genommen und ihre Hinrichtung angeordnet. Du bist unsere letzte Hoffnung. Nur dein Einfluss auf Aquilinus kann uns jetzt noch retten. Gott schütze dich!"*

Entsetzt ließ Florianus das Schreiben fallen. Dann war es also wahr: Diokletian hatte eine neue Christenverfolgung eingeleitet! Er hatte immer gehofft, wenn es jemals soweit komme, werde sich der Kaiser auf das römische Kernland, Italia, beschränken, und die Alpen würden ein Überschwappen auf die nördlichen Provinzen verhindern. Er hatte sich getäuscht. Sein Leben lang hatte er Rom aus Furcht vor wieder aufflammenden Glaubensdiskriminierungen gemieden, obwohl ihm dort eine steile Karriere bevorgestanden wäre, und sich stattdessen für Noricum entschieden. Hier entlang des Limes war man zwar näher bei den Barbaren, aber man war auch weiter weg von Rom, und er hatte sich stets gefragt, was die größere Bedrohung war: Ein paar gewalttätige, blutrünstige Wilde, die einem vielleicht eines Tages kurz und schmerzlos den Schädel spalteten, oder das engmaschige, durchorganisierte Spitzelnetz des Imperiums, das einen wie eine Spinne einwickelte, unmerklich betäubte und schließlich bei lebendigem Leibe aussaugte. Er war der Spinne nicht entkommen. Ihre Arme waren länger, als er gedacht hatte.

Verwirrt schlich er ins Dampfbad, lehnte seinen Kopf zurück an den kalten Marmor und schloss die Augen. Sammeln, nur sammeln. Die Gedanken ordnen! Aber es gelang ihm nicht. Ein Gefühl aus Panik und Ohnmacht übermannte ihn. Was sollte er bloß tun? Tatsächlich nach Lauriacum reiten und um das Leben der Freunde bitten? Aber war dies nicht Wahnsinn, glatter Selbstmord? Andererseits wusste Aquilinus um seinen Glauben und hatte ihn dennoch bis jetzt ungeschoren gelassen, weil er Zuneigung und Hochachtung zu ihm hegte, weil er ihm auch viel schuldete. Aber war dies stärker als die Befehle aus Rom? Andererseits, wer, wenn nicht er, der ehemalige Kanzleivorsteher der Provinz Ufernoricum, konnte mit geringstem Risiko bei Aquilinus vorsprechen und am ehesten etwas für die Freunde erreichen?!

All diese Fragen und Gedanken schwirrten wie ein Schwarm aufgescheuchter Hornissen durch seinen Kopf. Er bekam schreckliches Kopfweh. Es fiel ihm schwer im Dampf, der wie Feuer in den Lungen brannte, zu atmen. Sein Herz pochte angestrengt, tat weh. Alles begann sich um ihn zu drehen, schneller und immer schneller, bis er von der Sitzbank glitt, am Steinboden aufschlug und regungslos liegen blieb. Obwohl er die Augen weit aufgerissen hatte, schien er in eine tiefe Ohnmacht gefallen zu sein, in der er einen schrecklichen wie zugleich erlösenden Traum durchlebte. Eine Ahnung.

Er trat vor Aquilinus hin und bat ihn um Gnade für die gefangenen Christen. „Warum macht Ihr Euch zu ihrem Fürsprecher, Florianus?", fragte ihn der Statthalter, worauf er antwortete: „Viele haben unter mir gearbeitet. Sie sind immer für mich und das Reich da gewesen. Nun – in der Stunde ihrer Not – muss ich für sie da sein!" Aquilinus neigte seinen Kopf zur Seite und forderte, nein vielmehr bat: „Wenn Ihr beim Jupiter schwört und mir versprecht, dass sie dem Christentum entsagen und unter Eurer Führung den Göttern Opfer bringen, will ich ihr Leben verschonen." „Ihr wisst, Aquilinus, dass ich das nicht kann!", erwiderte Florianus, „ich selbst bin Christ!" Aquilinus wurde bleich. Er starrte Florianus aus fassungslosen Augen an. Man fühlte, dass er diese Antwort erwartet und doch gleichzeitig inständigst gehofft hatte, Florianus würde sie nicht aussprechen. Seine zuvor strenge Stimme wich unendlichem Bedauern und Verzweiflung. „Warum tut Ihr mir das an, Florianus? Freund! Warum bekennt Ihr Euch hier vor allen meinen Leuten zum Christentum? Warum seid Ihr überhaupt zurückgekehrt? Habe ich nicht alles versucht, Euch vor Gefahren, vor Diokletians Hass auf die Christen zu schützen? Warum wohl glaubt Ihr, habe ich Euch vor einem Jahr ein Haus fernab von Lauriacum zugedacht, Euch nach Cetium geschickt? Ihr solltet in Sicherheit sein. Vergessen solltet Ihr, der Ihr aus Eurem Bekenntnis zum Christentum nie ein Hehl gemacht habt, werden. Und nun ...?" Der Statthalter sank resigniert und verbittert in seinen Stuhl zurück. Er hatte verloren. Er klatschte dem Diener mit der Wasserschüssel und wusch seine vom Schweiß feuchten Hände. „... nun kann ich nichts mehr für Euch tun. Im Gegenteil. Schlimmer als all die anderen muss ich Euch behandeln, muss an Euch ein Exempel statuieren, damit sie begreifen, dass das Imperium für keinen Christen, und sei er noch so prominent und wohlverdient, Gnade kennt. Ihr seid zu mächtig, als dass ich Euch verschonen könnte." Aquilinus trocknete seine Hände, erhob sich und schritt direkt auf Florianus zu. Unmittelbar vor ihm blieb er stehen, so dass sie einander tief in die Augen blickten. „Verzeiht mir!" flüsterte er. „Ich kann nicht anders." Wie zum Abschied ergriff er Florianus' Hand und drückte sie lange.

Im selben Moment durchzuckte es Florianus, und – als würde sich im Theater der Vorhang heben und das Schauspiel beginnen – offenbarte sich in Aquilinus' Augen, die sich mit Tränen füllten, sein eigenes Martyrium. Er sah, wie sie ihn mit Knüppeln schlugen und ihm die Knochen brachen, ihn mit glühenden Zangen quälten, bis seine Haut in Fetzen von ihm hing. Immer wieder heischten sie ihn an: „Entsagst du deinem Gott?“, doch er blieb standhaft und antwortete mit Schweigen. Zuletzt fesselten sie seine Arme und Beine, banden einen Mühlstein um seinen Hals und stießen ihn von der Brücke hinab in den reißenden Anisus. Er spürte, wie sich seine Lungen langsam mit Wasser füllten, wie er ertrank – und doch fühlte er auf wundersame Weise keinen Schmerz, keine Furcht. Er sah, wie sein Leichnam an eine liebliche Uferböschung, über der ein goldener Adler wachte, angeschwemmt wurde, und wie ihn dort die Magd Valeria fand und begrub. Doch anstatt dass es finster und kalt geworden wäre, erstrahlte plötzlich alles in gleißendem Licht um ihn, ja, er selbst war pures Licht und fühlte sich so wunderbar und leicht wie nie zuvor.

Als Florianus erwachte, war es finster geworden. Flavus hatte mittlerweile die Fackeln im Haus angezündet, deren Flammen im aufsteigenden Dampf unruhig flackerten. Florianus hingegen war von vollkommener Ruhe beseelt. All die quälenden Fragen waren verschwunden. Er wusste, was er zu tun hatte. Er erhob sich vom Steinboden, ging in den Umkleideraum zurück, streifte seine Kleider über, schnürte die Sandalen und ging hinaus auf den Korridor, wo ihm Flavus, der sein Kommen gehört hatte, den Korb entgegenhielt. „Nächste Woche werde ich nicht kommen, Flavus. Ich werde nie wieder kommen!“, verabschiedete sich Florianus und ging am Bademeister vorüber. Dieser stand für einen Moment völlig verdutzt da, dann lief er dem Badegast ins Freie nach. „Tribunus, wartet! Ihr habt Euren Korb vergessen ...“ Doch von Florianus war keine Spur mehr. Als hätte er sich in Luft aufgelöst. Verwirrt stellte Flavus den Korb zu Boden. Er war leer.

„Item ein yeder mörder oder todtschleger hat (wo er deßhalb nit rechtmessig entschuldigung ausfürn kann) das leben verwurckt/....das der gewonheyt nach ein fursetzlicher mutwilliger mörder mit dem rade ... zum tode gestrafft werden soll. Und man mag in furgesetztem mordt / so der an hohen treffenlichen personen/ des tetters eygen herren / zwischen eelewten / oder nahen gesipten freunden geschicht durch etlich leybystraff/ als mit zangen reyssen / oder außschleyffen von der endtlichen tödtung / umb grosser forcht willen / meren.“
(Constitutio Criminalis Bambergensis)

Johann Forstner (13. August 1693)

Er spürte keine Reue. Nichts. Nicht den Funken einer Gefühlsregung. In wenigen Stunden würde er zur Hölle fahren und dem Teufel ins Antlitz blicken, und wenn ihn dann Luzifer fragte: „Und, was bringst du uns mit, Johann Forstner? Hass, Rache, Gewalt und Wahnsinn, damit wir unser Feuer der ewigen Verdammnis schön am Brennen halten können?!“, dann könnte er nur mit den Achseln zucken und antworten: „Nichts.“

Wie ein schwarzes Loch, das alles in sich aufsaugt, hatte das Nichts in seinem Herzen gewütet, hatte es in eine finstre, kalte Höhle verwandelt, an deren starren Wänden seine Verbrechen dumpf abprallten und in der Unendlichkeit verhallten bis absolute Stille eintrat. Sein ganzes Leben hatte er dagegen angekämpft, hatte sich gegen die Sinnlosigkeit und Lethargie seines Ichs aufzulehnen versucht – zuerst mit Liebe und Mitmenschlichkeit, bald mit Gewalt und Perfidität – und konnte die Gleichgültigkeit, mit der er all seine Taten verübte, doch nie überwinden. Immer schlimmere, grausamere Verbrechen beging er im Laufe der Jahre, steigerte die Perversion und Absurdität seiner Taten ins Unermessliche, denn vielleicht lag es ja an der Intensität, an der Tiefe der Verbrechen. Vielleicht war sein Empfinden ja nur anders konditioniert, lag in den finstersten Abgründen seines Geistes, jenseits allen menschlichen Vorstellungsvermögens begraben. Da musste doch irgendwo etwas in ihm sein, ein Hauch von Lust, ein Quäntchen Mitleid, eine Nuance Traurigkeit – aber die Suche blieb erfolglos. Er konnte sich nicht leben fühlen.

Aber gerade dies, so begriff er nun, war seine wahre Bestimmung. Von allem Anfang an gewesen, weil er selbst Nichts war. Als Nichts geboren, als Nichts gelebt und als Nichts würde er auch sterben. Ein Windhauch in der Ewigkeit des Seins. Ein nutzloser Becher, ohne Inhalt, ohne Bestimmung, ohne jedweden Funken von Geltung.

In dieser letzten Nacht seines Lebens, da er hier auf dem Praiten Marckt in Ketten am Pranger stand, ihn der durch den Bagstein beschwerte Ring um den Hals einschnürte und den Nacken blutig aufschürfte, seine rechte Hand, die man – weil er auch ein Dieb war – ans Holz genagelt hatte, allmählich abzusterben begann und über ihm ein Schild seine Taten verurteilte: „Johann Forstner. Grausamer Mörder. Schröcklicher Räuber. Elender Dieb“, gestand er sich dies zum ersten Mal in seinem ruchlosen Leben ein – und das Paradoxe passierte. Das Nichts kroch plötzlich aus ihm heraus, machte sich um ihn, machte

sich im Draußen breit. Und zum ersten Mal spürte er etwas, nämlich das Nichts selbst, wie es sich wie ein unsichtbarer Nebel allmählich über die ganze Stadt legte und in dunklen Toreingängen auf Gemeinheiten und Böswilligkeiten der Menschen lauerte, an denen es sich labte und daran immer größer wurde, immer mehr von der Welt einnahm. Das war es! Verdammt – alle waren sie verdammt! Ganz St. Pölten! Aber das Groteske – nur er, der Mörder, der zum Tode Verurteilte konnte es erkennen. Er war der Auserwählte, dem sich das Nichts offenbarte, dem es die Augen öffnete. Selbst die Wachen, die man zu seinem Schutz aufgestellt hatte, damit ihn ja niemand vor seinem grausam geplanten Ableben lynchen und so einen leichteren Tod bescheren hätte können, waren in Wahrheit nichts weiter als Ausgeburten der Hölle. Er nahm sie aus den Augenwinkeln als schwarze Schatten wahr, und bisweilen, wenn er die Kraft hatte, seinen von Schlägen und Tritten erbärmlich verschwollenen Kopf ein wenig zu heben, bildete er sich ein, dass ihr rechter Fuß die Form eines Hufes hatte und pechschwarzer Dampf um sie aufstieg. Sein Abholkommando stand also schon bereit.

Dabei hatte sich ihm die Hölle schon am Nachmittag offenbart, als sie ihn auf einem Hochwagen durch die Straßen der Stadt zogen. Welch hässlich verzerrte Fratzen hatten sich ihm entgegengestreckt, welch glühende Augen ihn versengt, welch stinkende, zahnlose Mäuler ihm Obszönitäten ins Ohr geraunt, welch Klauen nach seinem Hals gegriffen und sein Gesicht zerkratzt. In ihren Herzen hatten ihn all diese „ehrenwerten" Bürger schon am Nachmittag ermordet, kaltblütigst – und sich damit schuldig gemacht wie er, dem Nichts geopfert. Von ihrem Gott erhofften sie Gnade, aber er würde sie verdammen wie ihn. Auch sie würden zur Hölle fahren.

Und so sehr sie den Freimann auch fürchteten, der eigens aus Krems gekommen war und – wie der gleichmäßige Hall über der Stadt verriet – bereits den Galgen baute, so wären sie am liebsten doch selbst dieser Freimann gewesen, hätten ihm am liebsten selbst mit Muße und Genuss die schlimmsten Qualen vor seinem endgültigen Ableben zugefügt – und einen höllischen Spaß daran gehabt.

Auf seiner „schönen" Fahrt durch die Stadt hatte er schon Bekanntschaft gemacht mit dem Freimann, mit ihm und seiner herzerwärmenden Begleiterin, der glühenden Zange. Es hatte dem Richter schließlich nicht gereicht, ihn dem Pöbel nur durch die Fahrt preiszugeben. Nein. Er musste auch mit der glühenden Zange bearbeitet werden – an zwei verschiedenen Stellen, an zwei verschiedenen Orten! Doppeltes Leid, doppelter Schmerz, doppelte Genugtuung für die verletzte Volksseele. Beim Wiener Tor hatte ihm der Henker in die rechte, am Riemerplatz in die linke Brust gezwickt. Er hätte nie für möglich gehalten, zu welch Schmerzenschrei er in der Lage war. Irgendwo in seinem Gehirn, konzentriert auf einen einzigen Punkt, hatte es ihm ein süß-grausames Stechen versetzt, als sich das glühende Eisen in sein Fleisch einbrannte, sich – wie wenn Wasser zu sieden beginnt – schwarz-braune Blasen bildeten, die Haut aufriss und das Fleisch wulstig hervorquoll, bevor es für immer abstarb. Ein erbärmlicher Gestank verbrannten Fleisches breitete sich aus, dann verlor er das Bewusstsein, freilich nur für wenige Momente. Mit einem Schöpflöffel gossen sie eiligst kaltes Wasser über sein Gesicht, penibel darauf achtend, dass ja kein Tropfen seine heißpulsierende Wunde benetzte. Kein noch so kurzer Augenblick der Linderung sollte ihm – dem Gewalttäter – vergönnt werden. Kein Moment der Marter durfte versäumt werden. Jede Ohnmacht, die ihn des Bewusstseins seiner Leiden beraubte, dem Pöbel damit aber des Schauspiels seiner Schmerzen, war dem richtenden Volke verhasst. Für seine Taten musste er schließlich büßen, wie ihm auch der Stadtrichter Hans Georg Probst nach dem Verhör entgegengeschleudert hatte.

„Haben Sie, Johann Forstner, dienend im Regiment Salm unter Hauptmann von Lindemann, Josef Weidinger und dessen Gattin tatsächlich in meuchelmörderischer Absicht aus dem Haus gelockt und im Wald wie Vieh auf grausamste Weise mit dem Messer abgestochen? Stimmt es, dass Sie zuerst den guten Mann mit der Lüge, der Richter aus Anzbach habe nach ihm geschickt, geholt und anschließend gemordet haben, danach aber zurück zum Gut Weidingers sind und auch dessen Gemahlin mit einer Lüge, nämlich dass ihr Gatte für die Bezahlung an den Richter drei Gulden brauche, aus dem Haus entführt und ebenfalls umgebracht haben? Und, der Gipfel der Tat, nachdem Sie diese schweren Blutverbrechen begangen haben, zu guter Letzt noch einmal zurück ins Weidingersche Ansehen sind und von der Dienstmagd Sophia Colman, die Sie schwer belastet, Geld gefordert, schließlich Kleidung und Proviant an sich genommen haben und erst dann davon gegangen sind? Hat es sich so zugetragen, Forstner. Los, reden Sie, Mann!“

Ohne den Hauch einer Verzögerung, die einem reuigen Verbrecher vielleicht angestanden wäre, ohne jedwede Emotion, sondern mit klarer, fester Stimme hatte er lauthals bekannt: „Ja!“

Zwei Buchstaben, die den Richter mitten ins Gesicht trafen, ihn erbleichen ließen. Dabei war es nicht das Geständnis an sich, sondern der gleichgültige Ton in Forstingers Stimme, der den Gesetzesmann völlig aus der Fassung brachte – so als würden sie über ein paar gestohlene Kirschen sprechen.

Wutentbrannt hatte ihm Probst zugerufen: „Für Sie Scheusal, Forstner, kennt Gott keine Gnade! Jeden Augenblick Ihrer Martern sollen Sie bei vollem Bewusstsein erfahren.“

„Gott?“, hatte er nur teilnahmslos gefragt. „Wer ist Gott? Etwa Ihr, da Ihr es ja seid, der mich verurteilt?!“ Der Richter wusste nichts mehr darauf zu erwidern außer: „Schafft mir diesen Bastard aus den Augen!“, und so brachten sie ihn für die nächsten fünf Tage in den Strudelhof, den Kerker der Stadt, wo sie ihm weder zu essen noch zu trinken gaben, die Ratten nachts über seinen Kopf huschten und in seiner Notdurft wühlten, die er in einer Ecke des feuchten dunklen Loches verrichtete. Warum sollte man einen Toten noch füttern.

Als die Urteilsbestätigung der niederösterreichischen Regierung einlangte, ließ ihn der Stadtrichter in Ketten vorführen und verlas – nicht ohne Genugtuung – das Strafausmaß, das, wie ihm ein Wärter beim Zurückgehen unter hämischem Grinsen ins Ohr raunte, sogar noch verschärft worden war. *„Der Johann Forstner soll auf die gewöhnliche Richterstatt und dort mit dem Rad von oben herab, anfangs der Hals, hernach das Herz und danach alle Gliedmaßen abgestoßen, also vom Leben zum Tod hingerichtet werden. Folgend soll der Körper in das Rad geflochten und über den Kopf ein Galgen gemacht werden.“*

Aber er war dem Richter selbst diesen Sieg nicht vergönnt gewesen. Mit einem lakonischen „Aha“ quittierte er dessen Ausführungen. Mit hochrotem Kopf schrie ihm Probst nach: „Radbrechen, Forstner! Radbrechen!“

Er hatte eine solche Hinrichtung einmal miterlebt – es hatte ihm gefallen, wie den anderen auch.

Man hatte damals eine angebliche Kindsmörderin – eine junge, vom Knecht des Hauses geschwängerte Dienstmagd, deren totes Baby man im Heu des Stalls vergraben vorgefunden hatte – zum Radbrechen verurteilt, obwohl sie, was durchaus wahrscheinlich schien, unentwegt beteuerte, das Kind sei eine Totgeburt gewesen. Aber wen kümmerte das. Dem Volk gelüstete nach Blut, und dem Volk musste schließlich Genüge getan werden.

Vier starke Männer ergriffen die Gliedmaßen des Mädchens und streckten sie soweit wie möglich von ihrem Rumpf. Anfängliche Befreiungsversuche, ihr verzweifeltes Drehen der Hüften und Ausschlagen mit den Beinen, wurden mit Ohrfeigen und Fußtritten beantwortet, bis sie schließlich aufgab, sich hingab und nur mehr ein leises Wimmern und Beten zu hören waren. Sie war gebrochen – schon vor der Prozession ihres Todes. Schließlich ließ man ein schweres Wagenrad auf sie fallen. Zuerst auf die Füße, dann auf Knie, Schultern, Arme und Hände, schließlich auf Rumpf, Brust und Hals. Er hätte nie für möglich gehalten, dass das Brechen von Menschenknochen ein derartiges Krachen verursachen konnte, so dass man es über den ganzen Marktplatz hallen hörte. Sie hatte geschrien wie am Spieß – und sie hatte lange gelebt.

Der Henker verstand sein Handwerk, wie angeblich auch der Freimann aus Krems, der ihn in wenigen Stunden unter fröhlicher Anfeuerung des Volkes bearbeiten würde. Für den Pöbel war dies nicht unwesentlich, denn er hatte schon in manch Wirtshaus von anderen Hinrichtungen gehört, wo die Leute ihren Ärger darüber kundtaten, dass der Delinquent bereits nach dem Brechen der Füße in Ohnmacht gefallen und nicht wieder aufgewacht sei. So als hätten sie Eintritt für dieses Spektakel bezahlt und fühlten sich um die Hauptattraktion betrogen.

Er war jedenfalls gespannt, wie lange er durchhalten würde. Dass er noch miterleben würde, wie sie ihn mit gebrochenen Gliedern ins Rad banden und dieses aufstellten, so dass er waagrecht darauf liegend in der Hitze der Mittagssonne langsam ausblutete, schien unwahrscheinlich. Wenn sie anschließend seinen entstellten Kadaver an den Strick banden und für zwei Tage am Galgen zur Abschreckung baumeln ließen, war er jedenfalls schon tot. Zu diesem Zeitpunkt würde er bereits mit Luzifer um seine Höllenqualen feilschen.

Es würde in jedem Fall eine spannende, wenn auch ungleiche Partie zwischen ihm und dem Freimann werden, und so mancher Zechbruder hatte wohl schon auf sein möglichst langes Überleben gewettet – diese Erwartungen wollte er nicht enttäuschen.

Plötzlich hielt Johann Forstner inne. Er hob seinen Kopf, so dass die Kette um seinen Hals leise klirrte. Er hatte etwas gefühlt, das sich ihm – wenngleich er es weder ausnehmen noch seinen Ursprung bestimmen konnte – langsam aber unbeirrbar zu nähern schien, wie der Wolf, der in immer engeren Kreisen um seine Beute herumschleicht. Er blinzelte angestrengt aus den verschwollenen Augen in die Finsternis, hielt den Atem an. Totenstille. Nichts. Forstner dachte schon an eine Täuschung, als sich aus dem Dunkel der Nacht ein schwarzer, unförmiger Schatten löste, in Windeseile auf ihn zueilte und über sein offenes Maul in ihn hineinfuhr, so dass er nur mehr ein gepresstes Seufzen von sich geben konnte. Das Nichts hatte ihn zu sich geholt.

Als am folgenden Morgen die ersten Bürger zum Pranger pilgerten, um Johann Forstner „gebührend“ zu wecken und vor seinem eigentlichen Leidensweg noch manche Perfidität anzutun, erlebten sie eine böse Überraschung: Der Verurteilte war – wie der Bader in einem ersten Bericht an den Richter feststellte – an den Folgen der vortägigen Marter verstorben. So fand um die neunte Stunde dieses wunderschönen Sonnentages in St. Pölten anstatt einer „ordentlichen“ Hinrichtung nur ein einfaches Begräbnis statt. Johann Forstner wurde am Friedhof, fernab der Übrigen, in der Erde verscharrt. Zuschauer waren keine gekommen.

„Die Besessenheiten entsprechen unseren Neurosen, zu deren Erklärung wir wieder psychische Mächte heranziehen. Die Dämonen sind uns böse, verworfene Wünsche, Abkömmlinge abgewiesener, verdrängter Triebregungen. Wir lehnen bloß die Projektion in die äußere Welt ab, welche das Mittelalter mit diesen seelischen Wesen vornahm; wir lassen sie im Innenleben der Kranken, wo sie hausen, entstanden sein." (Sigmund Freud: Haitzmann – Eine Teufelsneurose im 17. Jahrhundert)

Sigmund Freud (1922)
Johann Christoph Haitzmann (29. August 1677)

Aufgeregt öffnete Sigmund Freud das Paket. Endlich war es angekommen! Seit gut einer Woche, als ihm der Direktor der ehemals k.k. Fideikommissbibliothek Wien, Dr. Payer-Thurn, von seinem Fund in Mariazell berichtet und er ihm daraufhin sogleich ein Telegramm zurückgeschickt hatte, er möge auch ihm diesen zukommen lassen, wartete er ungeduldig darauf. Das war der neue Stoff, anhand dessen er seine Analysen über das Teuflische, das Okkulte weiter vertiefen konnte. Wenn er sich in seinen Publikationen bisher auch vornehm zurückhielt, sich über derlei großartig zu verbreitern, weil er schnell mit den Okkultismus-Gesellschaften, die neuerdings die Allgemeinheit in Bann zogen, in Zusammenhang gebracht worden wäre, was wiederum manchen an seiner Objektivität und Urteilskraft als seriöser Wissenschaftler hätte zweifeln lassen, so konnte er sich der Faszination dieser Phänomene doch nicht entziehen. Und das an sich war schon teuflisch, weil er – da er sein Interesse nach außen hin nicht in vollkommen offener Weise ausleben konnte – es zu einem gewissen Grade unterdrücken und verdrängen musste. Wer konnte wissen, welch Dämonen er damit in sich wachrief.

Er zog das Manuskript aus dem Umschlag und staunte nicht schlecht. Gleich das Titelblatt konfrontierte ihn offensichtlich mit dem krankhaften Inhalt, wurde es doch von einer Malerei aus der Hand des Besessenen, Johann Christoph Haitzmann, geziert. Es zeigte den Teufel in grausiger Gestalt, einen Mann – wohl Haitzmann selbst – und eine Kapelle mit Padres, augenscheinlich in Mariazell. Auch auf den nächsten Seiten waren Bilder ähnlich verworrenen Stils zu finden. Dieser Haitzmann hatte offensichtlich schwer unter den Erscheinungen zu leiden gehabt.

An die Bilder schloss sich ein lateinischer Text mit dem Titel „Trophaeum Mariano-Cellense" an, welcher, für ihn besonders interessant, einen Brief des Pfarrers Leopoldus Braun aus Pottenbrunn bei St. Pölten sowie einen des Abtes Franciscus aus Mariazell über die Haitzmann-Geschichte enthielt. Noch mehr Einblicke in die Psyche des Johann Christoph Haitzmann versprach er sich aber von einem aus dessen Feder stammenden Tagebuchausschnitt in deutscher Sprache, welcher den Papieren ebenfalls beigelegt worden war.

Ohne Umschweife machte er sich sofort an die Arbeit, begann interessiert in den Papieren zu blättern, las den Brief des Pfarrers, die Tagebuchaufzeichnungen Haitzmanns, nahm dazwischen immer wieder die Bilder des Besessenen zur Hand, hielt sie vor sich hin, versuchte in sie gleichsam einzudringen, ihren Ursprung im Unterbewussten des Haitzmann zu ergründen. Stunde um Stunde verging so, wobei er immer mehr in die „Akte Haitzmann" hineinkippte. Er vergaß alles rings um sich, und als ihn erste Zeichen von Erschöpfung doch in die Welt zurückholen wollten, es ihm aber unmöglich war, nun das Material beiseite zu legen und schlafen zu gehen, half er sich derart, dass er eine Prise Kokain schnupfte. So studierte er weiter, fieberte sich unaufhaltsam in den Stoff hinein, bis er darin gänzlich unterging ...

Haitzmann war hart auf den Steinboden der Pottenbrunner Pfarrkirche „Zum heiligen Ulrich" aufgeschlagen. Er wand sich, den Rücken völlig steif, unter furchtbaren Schmerzen, deren Herkunft die Kirchbesucher, welche einen Kreis um ihn gebildet hatten und das Treiben entsetzt verfolgten, nicht bestimmen konnten.

Pfarrer Leopoldus Braun, der in seiner Predigt soeben noch mit erhobenem Zeigefinger und strenger Miene die Geschichte von der Heilung des Besessenen von Gerasa verkündet hatte, war beim ersten Ausruf Haitzmanns, der gepresst „Satan" gebrüllt hatte, herunter von der Kanzel geeilt. Für einen Moment schien ihm, als ginge ein heißer Luftzug durch die Kirche, dann fiel die Tür zur Sakristei unter lautem Krachen ins Schloss. Ein mulmiges Gefühl stieg in Braun hoch, das, je länger er Haitzmann in seinen Qualen beobachtete, immer mehr anwuchs und schließlich in Angst, eine furchtbare Ahnung, die der Gottesmann aber noch nicht zu Ende zu denken wagte, umschlug.

Haitzmann verrollte grässlich seine Augen, bis nur mehr das Weiße zu sehen war. Vor seinem Mund hatte sich feiner Schaum gebildet, der, wenn er auf den Boden tropfte, ein unheimliches Zischen verursachte. Immer und immer wieder stieß Haitzmann gekeucht Laute und Wörter hervor, die kaum zu verstehen waren, die aber doch – und dies steigerte Brauns Befürchtungen – verschiedensten Sprachen, der Gottesmann meinte Latein, Griechisch und Italienisch zu vernehmen, zu entspringen schienen. Sprachen, die dieser einfache Malergeselle aus dem Bairischen, der drüben im Schloss im Dienste stand, doch unmöglich beherrschen konnte. Dies war der erste Hinweis.

„Wasser! Ich verbrenne, ich verbrenne!", schrie Haitzmann plötzlich, und mit Grausen mussten die Umstehenden mit ansehen, wie sich auf seinem Körper Blasen, ja, tatsächlich Brandblasen bildeten. Drei Minuten dauerte die Tortur, dann sackte er in sich zusammen und blieb regungslos liegen.

Die Dorfbewohner sahen sich verängstigt an. Keiner wollte zu ihm hin, weil man nicht wusste, was es mit dem Malergesellen auf sich hatte, weil dies alles doch nicht mit rechten Dingen zugehen konnte. So blieb es an Pfarrer Braun, sich zum vermeintlich Kranken hinunterzubeugen. Zuerst fühlte er dessen Herz, das rasend schlug – er lebte also. Dann ergriff er Haitzmanns Hand, die furchtbar heiß war, wie sich Braun überhaupt einbildete, dass es in der Kirche eine furchtbare Schwüle hatte und verbrannt roch. Eine Erklärung konnte er sich dafür freilich nicht geben. „Haitzmann, können Sie mich hören? Wachen Sie auf!" Braun rüttelte den Maler. Plötzlich riss dieser die Augen auf, packte den Pfarrer mit beiden Händen am Kragen, zog ihn zu sich herunter und flüsterte ihm lateinisch ins Ohr: „Die Gottesgabe ist beschmutzt, entheiligt! Ich hab es gesehen Pfarrer. Die unreine, befleckte Gottesspeise. Ihr habt sie in der Sakristei zu Boden fallen lassen, weil Ihr Euch an der Goldschale die Hände verbranntet." Braun stieß Haitzmann erschrocken von sich. War dies möglich? Wie konnte der Malergeselle davon wissen? Tatsächlich war ihm bei der Messvorbereitung die Schüssel mit den Hostien zu Boden gefallen, so dass die heilige, freilich noch nicht gewandelte Speise über den schmutzigen Steinboden der Sakristei gerollt war. Für einen Moment hatte er sich eingebildet, er hätte sich an der Schale verbrannt, was er sogleich, nachdem er die Schüssel zur Überprüfung berührte – sie war kalt – als Hirngespinst abtat. Wie aber konnte Haitzmann von dem Missgeschick wissen, war er doch weder anwesend gewesen noch irgendjemand anderer, der ihm davon hätte berichten können. Dies war der zweite Hinweis.

Haitzmann übergab sich und spuckte eine gelbe Flüssigkeit aus. Neue Krämpfe suchten ihn heim, wobei aber seine Beine wie leblos am Steinboden liegen blieben, gar so, als hätte sie jemand angenagelt. „Ich fühle meine Beine nicht mehr!", schrie er. „Ich fühle meine Beine nicht mehr! Er hat mir die Beine geraubt!" Abermals ergriff Braun den Malergesellen, schüttelte ihn, gab ihm schließlich sogar zwei Ohrfeigen, weil er sich nicht mehr anders zu helfen wusste. „Haitzmann, um Gottes Willen, kommen Sie zu sich!" Aber es half nichts. Haitzman nahm vom Pfarrer keine Notiz. Vielmehr verriet sein entsetzter Blick, sein hysterisches Hin- und Herwackeln mit dem Kopf sowie sein erbittertes Flehen „Nein, geht weg! Lasst mich in Ruhe. Bitte, bitte. Nein ...", dass er Dinge beobachtete, derer nur er gewahr wurde.

Um ihn herum hatte sich ein Kreis furchtbarer Kreaturen gebildet, die ihn aus schwarzen, toten Augenhöhlen anstarrten und ihre knochig-knorrigen Arme nach ihm ausstreckten. „Komm zu uns, Haitzmann! Wehre dich nicht! Lass dich fallen, gib dich ganz hin", raunten sie ihm mit süßlicher Stimme zu. Die riesige Schlange der Kreuzbildgruppe hatte sich – zu Leben erwacht – aus der Darstellung gelöst und bewegte sich mit ihrem mächtigen schwarz-glänzenden Leib und gefletschten Zähnen langsam auf ihn zu. Der giftgrüne Drache der Georgsstatue war um ein Vielfaches angewachsen und spie Feuer, verbrannte den heiligen Georg, der, wie alle anderen Heiligenplastiken und -figuren in der Kirche allmählich unter lautem Wehklagen zerschmolz. Die Apostel im Ölbergrelief, die bisher geschlafen hatten, waren aufgeschreckt, richteten sich auf und starrten zu Jesus hin, der lichterloh brannte und nach dem umgestürzten goldenen Becher griff, aus dem pechschwarzes Blut floss: „Vater, nimm diesen Kelch von mir! Ich flehe dich an! Nicht was er will, sondern was du willst, muss geschehen!", und zu den Jüngern sprach er: „Ihr solltet

mit mir beten und wachen, doch nur euer Fleisch war willig, der Geist aber schwach. Ihr habt euch verführen lassen. Warum habt ihr mich verlassen." Haitzmann fiel wieder zurück auf den Kopf und starrte an die Decke. Das Netzgratgewölbe hatte sich in ein riesiges Spinnennetz verwandelt, das sich unentwegt drehte, schneller und immer schneller. In der Mitte nahm er eine mächtige, schwarze Spinne wahr, die ihre Kiefer fletschte. Pechschwarze, klebrige Flüssigkeit quoll aus ihrem fetten, behaarten Leib. Sie sah ihn aus glutroten Augen an. Plötzlich löste sich das Netz und fiel auf ihn herunter. „Neeeiiiin!! ..."

Pfarrer Braun war nach vor gelaufen und hatte Weihwasser geholt, das er auf Haitzmann sprengte. Dazu las er aus der Bibel: „Da führte ihn der Teufel hinauf und sagte zu ihm: ‚All die Macht und Herrlichkeit dieser Reiche will ich dir geben; denn sie sind mir überlassen und ich gebe sie, wem ich will. Wenn du dich vor mir niederwirfst und mich anbetest, wird dir alles gehören.' Jesus aber antwortete ihm: ‚In der Schrift steht: Vor dem Herrn, deinem Gott, sollst du dich niederwerfen und ihm allein dienen ...'" Haitzman setzte sich auf und starrte zur Pieta hinüber. Die gesamte Kirche brannte, nur die Gottesmutter war unversehrt, streichelte sanft über das Haar des verstorbenen Sohnes, schützte den Leichnam. Dann blickte sie zu ihm herüber und lächelte. „Sei stark, Johann! Widerstehe dem Bösen, dann wird Jesus zu neuem Leben erwachen. Für die Sünden der Menschen ist er gestorben. Durch die Demut der Menschen vor dem Leben und ihrer aufrichtigen Reue wird er wieder auferstehen. Aber wie, wenn keine Demut, wenn keine Reue – dann ist er auf ewig verloren, wie die Menschen selbst!" Er sah, wie sich aus ihrem rechten Augenwinkel eine Träne löste, über ihre weiche Wange rann und langsam zu Boden fiel. Als sie den Steinboden berührte, durchzuckte die Kirche ein greller Blitz. Dann wurde ihm schwarz vor Augen. Haitzmann hatte abermals das Bewusstsein verloren.

„Schnell", befahl Pfarrer Braun dem Mesner und zwei Knechten. „Bringt ihn hinüber ins Schloss. Wir müssen mit dem Verwalter reden. Und Ihr", Braun wandte sich an die verschüchterten Messbesucher, „steht nicht so herum, sondern betet für eine vielleicht schon verlorene Seele!"

Als Haitzmann zu sich kam, war er im Speisesaal des Schlosses. Mit Seilen hatte man seine Arme und Beine sowie seinen Rumpf an einen wuchtigen Sessel gebunden, der an der Längsseite des Tisches stand. Ihm gegenüber hatten der Schlossverwalter, dessen Gattin sowie Braun Platz genommen. „Er kommt zu sich", sagte die Lady, die ihn aus mitleidigen Augen beobachtete. „Können Sie mich hören, Haitzmann?", fragte der Schlossverwalter. „Ja!", antwortete der Malergeselle. „Sehr gut. Können Sie sich erinnern, was vorgefallen ist?" „Ja. Er hat mich wieder gequält."

„Er – wahrhaftig er?!", warf Braun fassungslos ein. „Ihr leugnet es also nicht?" Haitzmann senkte seinen Blick. „Dann hatte ich also recht", fuhr Braun zum Schlossverwalter gewandt fort. „Alle Zeichen haben gestimmt, waren keine Einbildung. Die verschiedenen Sprachen, die er beherrschte. Das Wissen um Ereignisse, bei denen er nicht zugegen war. Und letztlich die unglaublichen Kräfte, ist er doch, als wir ihn herüberbrachten, erwacht, und es bedurfte der Hilfe dreier weiterer starker Männer, um ihn zu bändigen." Braun drehte sich wieder Haitzmann zu und sagte mit Ekel wie Angst in der Stimme: „Alle Zeichen, wie sie das Rituale Romanum anführt. Ihr seid besessen!" Er bekreuzigte sich.

Der Schlossverwalter runzelte die Stirn: „Ist dies tatsächlich wahr? Seid Ihr von Dämonen besessen Haitzmann, im Bunde mit dem Bösen?" „Mit dem Leibhaftigen selbst", flüsterte der Malergeselle verzweifelt. „Ich habe dem Teufel meine Seele verschrieben. Ich bin verloren! Um Gottes Willen, helfen Sie mir!" Er brach in Tränen aus.

Der Schlossverwalter biss sich auf die Lippen. Er fühlte Unbehagen in sich aufsteigen. Noch nie hatte er mit jemandem zu tun gehabt, der behauptete, er sei vom Teufel besessen. Konnte dies tatsächlich sein, war dies überhaupt möglich? Wenn ja, dann hieß dies für Haitzmann den Tod, denn das Gesetz sah für Teufelsbündler den Scheiterhaufen vor. Er hatte schon von so manchem Fall gehört, dies aber immer als Aberglaube, als Schauermärchen der Bauern und Bürger abgetan, denen Unschuldige zum Opfer fielen. Die meisten seiner Kollegen fackelten nämlich mit derlei Kreaturen nicht lange herum, sondern verurteilten sie sogleich zum Tode, um Schlimmeres – wie sie sagten – zu verhindern. Aber war die Lage hier tatsächlich so eindeutig? War es ihm gegeben, über Leben und Tod zu richten? Was, wenn Haitzmann nur ein armer Irrer, eine bedrängte, weil kranke Seele war? Wäre dann eine Todesurteil nicht Mord gleichgekommen? Freilich, dem Volk, vielen Richtern war dies einerlei. Für sie galt das Geständnis bereits als Beweis. Ihnen dürstete nach Blut. Warum in einem solchen Falle also großartig Für und Wider abwägen, anstatt gleich zu handeln, die Bestie auszulöschen. Aber war Haitzmann eine Bestie? Bisher war er noch nie negativ aufgefallen, hatte noch nie jemandem Böses antun wollen – sah so eine Bestie aus? Und was war denn seine Schuld? Wenn er sich dem Teufel tatsächlich verschrieben hatte, wenn es den Teufel wirklich gab – war es dann nicht sein Leben, seine Seele, die er verloren hatte. War es recht, solange er nicht die Seelen anderer gefährdete, die seinige der selbsterwählten Bestimmung zu entziehen, wenngleich, wie es den Anschein hatte, er nicht glücklich mit den fatalen Folgen des Paktes war. Nein, er musste den Fall genauer ergründen, musste stärker eindringen in die Welt des Johann Christoph Haitzmann. Erst dann würde er seine Entscheidung fällen.

„Warum glauben Sie, dass Sie vom Teufel besessen sind, Haitzmann? Erzählen Sie mir davon. Erzählen Sie mir, wie der Pakt zustande kam. Wann Sie der Teufel aufsucht. Wie er Sie quält."

Die Lady war aufgestanden und um den mächtigen Tisch herum zu Haitzmann gegangen. Neben seinem Stuhl blieb sie stehen, fischte ein mit Spitzen besetztes Stofftuch hervor und wischte dem Teufelsbündler die Tränen aus den Augen. Für einen Moment meinte Haitzmann in ihren Zügen jene der heiligen Mutter Maria zu erkennen. Er lächelte dankbar, dann begann er seine Geschichte zu erzählen:

„Es war vor fast neun Jahren. Ich war furchtbar verzweifelt. Mein Vater, den ich über alles geliebt habe, der mir immer eine Stütze war, mir gesagt hat, was zu tun ist, wie ich mein Leben fortbringen und aus meiner Malerei ein gewinnbringendes Unternehmen machen könne, war gestorben. Ich war wie vor den Kopf gestoßen. Mit einem Mal wurde mir bewusst, wie verlassen ich war, völlig auf mich alleine gestellt, in einer Welt, die überall Gefahren barg. Wie sollte es weitergehen mit mir ohne den Vater? Wer würde jetzt noch an mich glauben, an meine Malerei, meine Kunst, mein Talent? Schien es nicht viel wahrscheinlicher, dass ich alsbald das Wenige, das ich hatte, verlieren würde? Dass ich gar auf der Straße landen würde, als Vagabund durch die Lande ziehen müsste – bettelnd auf die Almosen anderer Leute angewiesen. War das ein Leben, das es sich zu leben lohnte? Nein! Wie sollte ich, der ich immer geführt worden war, der nie alleine Entscheidungen zu treffen hatte, wie sollte ich in einer solchen Welt überleben. Ich hatte furchtbare Angst, auch vor dem Tod. Gerade vor dem Tod! Ja, mir schien, dass er seit dem Sterben meines Vaters mein eigener Begleiter geworden war und nur darauf wartete, dass ich meinem Vater folgen möge.

In dieser Verwirrung besuchte ich einen Jahrmarkt, auf dem eine geheimnisvolle Zauberin anbot, mir die Zukunft weiszusagen. Da ich wissen wollte, wie mein weiteres Leben verlaufen würde, ging ich zu ihr – eine abscheuliche Hexe, deren Zähne verfault waren und die aus dem Mund stank. Mit ihren dürren Händen fasste sie die meinen, murmelte gar seltsame Wörter und Hexenformeln, die ich nicht verstand und versank in eine Art Schlaf. Als sie wieder erwachte, und diese Nachricht ließ mir einen kalten Schauer über den Rücken laufen, prophezeite sie mir nach einem kurzen, aber furchtbaren Leiden den baldigen Tod. Eine niederschmetternde Nachricht. Ich flehte sie an, sie möge mir sagen, wie ich dies verhindern könne, ich sei doch noch viel zu jung zum Sterben. Da reichte sie mir einen Stein mit Kratzspuren – einen Teufelsstein – und gab mir eine Formel. Mit diesen Utensilien könne ich den Teufel herbeirufen. Er – so die Alte – sei der einzige, der mich noch retten könne.

Damit entließ sie mich. Ich war verstört und voller Furcht. Den Teufel herbeirufen, nur um mein lumpiges Leben zu retten? Meine Seele verschreiben und der ewigen Verdammnis preisgeben, nur um ein paar Jahre länger zu leben? War es das wert? Ein langer innerer Kampf begann, in dem mich neunmal eine unsichtbare Stimme – war es jene der Hexe – in Versuchung führte: ‚Erlöse dich von dem Leiden. Rufe den Meister. Mach dich frei', aber ich widerstand – bis zum 24. September. Meine Kräfte waren am Ende. Ich beschloss, den Teufel zu beschwören.

Ich erinnere mich genau. Ich ging in einen Wald, wo mich niemand sehen könnte. Dort versenkte ich, wie von der Alten unterwiesen, den Stein in der Erde und sprach die Zauberformel. Es dauerte nicht lange, da kam ein reicher Bürger des Weges, in der Rechten einen Stock haltend, der als Stütze für sein leicht hinkendes Bein diente. Ihm zur Seite lief ein schwarzes Hündchen mit glühenden Augen, unter dessen Beinen die Landschaft verschwand, was ich allerdings als Einbildung abtat. Erschrocken und ertappt hielt ich in meiner frevlerischen Rede inne und hatte furchtbare Angst, weil mich der feine Herr ohne

Zweifel gehört haben musste und nun wohl als Teufelsbündler verraten würde. Dies hätte meinen Tod am Scheiterhaufen bedeutet. Zu meiner Verwunderung begegnete mir der Alte aber, der einen schwarzen Hut mit breiter Krempe trug, um dessen Schultern sich ein purpurroter, fürstlicher Umhang schmiegte und dessen Hemd und Hose aus reiner, dunkelblauer Seide waren, mit ausgesprochener Höflichkeit, ja Liebenswürdigkeit. Mit sanfter Stimme fragte er mich, was mich quäle, und so erzählte ich ihm mein ganzes Leid.

Er hörte sich alles in Ruhe an, nickte verständnisvoll, und als ich mit meinen Ausführungen zu Ende war, legte er zärtlich seinen Arm um mich, so wie es immer mein Vater getan hatte, und sprach mit einer Stimme, die jener meines Vaters verblüffend ähnlich klang, nein, vielmehr welche die Stimme meines Vaters war! ‚So sehnst du dich also nach nichts weiter als nach Liebe und Geborgenheit, Johann? Nach einem Vater, der dich durch diese furchtbare und grausame Welt geleitet, immer für dich da ist, für dich sorgt und dir den rechten Weg weist?' Ich nickte eifrig, der Alte hingegen lachte. ‚Ich bin ein mächtiger Mann. Die Menschen kommen mit den verschiedensten und oft verwunderlichsten Wünschen zu mir, betteln um Reichtum, fordern sinnliche und fleischliche Gelüste, wollen nichts weiter als Macht – so mancher wünscht sich gar den Tod eines anderen, der ihm im Wege steht. Was soll's – ich tu's, helfe gerne, denn die Erfüllung all dieser Wünsche ist mir ein Kinderspiel. Ich leiste mir nicht den heuchlerischen Luxus, ein Moralist zu sein, und weißt du warum, Johann? Weil ich all diese verstörten und verängstigen Seelen verstehe. Ich begreife ihr Leid, weil ich einer der ihren bin. Alles, was sie erlitten haben, habe auch ich erlitten. Wo zwei oder drei in meinem Namen beisammen stehen, da bin ich mitten unter ihnen – kommt dir wohl bekannt vor, oder? Aber so ist es. Freilich, direkt um Liebe – so wie du – hat mich noch selten jemand gebeten, obwohl – aber das begreifen die wenigsten – all ihre Gelüste und Wünsche in Wahrheit ja nichts weiter sind als dieser stumme Schrei nach Liebe, nach Geborgenheit und Heimat, wo alle Furcht ein Ende hat. Das Leben ist ja sooo ungerecht. Hinausgestoßen wird der Mensch in diese Welt. Ja, ein Verstoßener ist er, nur weil er vom Baum der Erkenntnis genascht hat – dafür muss er wahrlich bitterlich büßen. Ein kleiner Fehler, und dann eine solch drakonische Strafe – das ist nicht gerecht, das sag ich dir. Eine furchtbar überzogene Reaktion. Im Stich hat euch der angebliche Vater aller Väter, der liebe Gott im Himmel gelassen, wie im Übrigen auch mich – sei nur so nebenbei erwähnt. Exilanten sind wir hier auf Erden, Verbannte. Da sollte einen das Leben nicht verdrießen? Da sollte so mancher nicht ein bisschen Kompensation für dieses Leid verlangen dürfen, wenigstens ein bisschen nach Vergnügen, Wollust und Sünde dürsten, um den Wahnsinn hier auszuhalten? Also ich, Johann, ich habe die Menschen noch nie verurteilt deswegen, war ihnen nie böse, habe sie nie im Stich gelassen. Im Gegenteil. Ich bin mit euch hinabgestiegen, mache diesen ganzen Wahnsinn Menschsein mit, von dem der da oben ja nicht die geringste Ahnung hat. Ich bin euer Diener, nur um das Wohl der armen Seelen bemüht, die der da oben so furchtbar ramponiert hat. Der interessiert sich doch keinen Deut für euch, das kannst du mir glauben. Deine

Wut und dein Schmerz sind also nur allzu verständlich. Aber sei nicht länger gram, hab keine Furcht mehr. Fortan werde ich dein Vater sein. Ich werde mich um dich kümmern, ich werde für dich da sein – immer. Wenn du willst, bis in alle Ewigkeit. Du brauchst nur diesen Vertrag zu unterzeichnen, und wir werden Vater und Sohn.'

Warme Schauer durchströmten meinen Körper, ein unendliches Gefühl von Geborgenheit übermannte mich, wie wenn man nach dem wunderschönsten Beischlaf in den Armen der Geliebten, den Kopf sanft an ihren Busen gedrückt, einschläft. Ich erkannte nun freilich, dass dieser gute Mann niemand anderes war als der Teufel selbst, aber, und dies verwunderte mich, ich hatte keinerlei Furcht. Im Gegenteil fühlte ich mich ungemein zu ihm hingezogen, war überzeugt, dass er all dies, was er mir versprach, ernst meinte. Ich würde einen Vater haben, damit aber auch mein altes und ruhiges Leben in Frieden wieder. Und was man über Satan sprach, so redete ich mir ein, waren nichts weiter als Lügen von Menschen, die ihm noch nie begegnet waren. Schauermärchen.

So unterschrieb ich ohne lange zu überlegen den Vertrag, den er hervorgezogen hatte, mit Tinte: *Ich Christoph Haitzmann undterschreibe mich disen Herrn sein leibeigent Sohn auff 9. Jahr. 1669.* ‚Dies ist nur eine Art Vorvertrag, Johann', meinte der Teufel. ‚Im nächsten Jahr, sozusagen nach der ersten Probezeit miteinander, werden wir das Ganze dann in eine ordentliche Form bringen', sagte er gütig. Ich fragte nicht weiter, was er damit meinte, sondern war einfach nur glücklich. Diesem guten Wesen vertraute ich mich gerne an. Von nun an würde alles besser werden.

Doch wie hatte ich mich getäuscht! Freilich, zunächst schien sich das Blatt tatsächlich zu wenden. Ich fand rasch neue Arbeit, hatte Geld, musste keine Angst um meine Existenz haben. Alles ging ganz wie von selbst.

Aber es dauerte nicht lange, da begannen mich nachts die schlimmsten Alpträume zu plagen. Ich tat es zunächst mit meinem schlechten Gewissen, mit dem Teufel einen Pakt geschlossen zu haben, ab und vertraute darauf, dass sich dies bald legen würde. Doch es wurde nur noch immer schlimmer. Bald suchten mich die schauderhaftesten Kreaturen auch bei Tag, wenn ich wach war, heim – so wie auch heute in der Kirche –, quälten mich, bohrten glühende Eisenzangen in mich, kratzten und bissen mich, peitschten mich, kochten mich bei lebendigem Leibe.

Und als ein Jahr vergangen war, punkt Schlag Mitternacht des 24. September 1669, fuhr der Leibhaftige wieder vor mir empor. Doch wie hatte er sich verändert! Vom reichen, guten Kaufmann war keine Spur mehr. Stattdessen offenbarte er sich mir in seiner ganzen Grässlichkeit.

Aus seinem Kopf wuchsen zwei Hörner, er hatte riesige Fledermausohren und aus seinem Mund züngelten Schlangen. Zwei große Brüste hingen ihm hinab, er hatte sehnige Beine wie ein Ziegenbock und statt der Hände messerscharfe Adlerkrallen. Er brüllte mich an und forderte, dass ich einen neuen Vertrag mit Blut unterzeichnen müsse. Ich wollte mich weigern, doch er stieß mir die Krallen ins Fleisch, warf mich zu Boden, drohte mir, mich sogleich zu verbrennen. Ich war wahnsinnig vor Angst, kaum meiner Sinne mehr mächtig, so hielt ich ihm den Daumen meiner rechten Hand hin, den er mit einer Kralle aufschlitzte, so dass das Blut hervorquoll. Mit diesem verschrieb ich ihm meine Seele. *Anno 1669. Christoph Haitzmann. Ich verschreibe disen Satan, Ich sein leibeigener Sohn zu sein, und in 9. Jahr ihm mein Leib undt Seel zugeheren.*

Seit damals quält mich der Teufel, so sehr, dass ich schon mehrmals aus Verzweiflung versucht habe, mir das Leben zu nehmen. Vergeblich! Er hat es immer wieder verhindert. Die Qualen, bevor ich ihm endgültig verfalle, will er mir nicht erlassen. Er kennt keine Gnade. Ich bin verloren."

Abermals brach Haitzmann in Tränen aus. Der Schlossverwalter sah ernst zu Pfarrer Braun und seiner Gattin hin. Wenn es stimmte, was der Malergeselle sprach, dann dauerte es nur noch einen knappen Monat, bis die neun Jahre verstrichen waren. Dann würde er wohl, wie es der Vertrag vorsah, sterben, zur Hölle fahren und dort bis in alle Ewigkeit die schlimmsten Qualen erleiden.

Plötzlich sah Haitzman unvermittelt zum Ende der Tafel hin. Seine Augen weiteten sich, sein Mund öffnete sich ungläubig, dann stammelte er: „Da! Die Heilige Jungfrau Maria. Dort, vor dem Fenster. Sehen Sie sie auch? Sie lächelt mir zu. Sie schwebt über einer Kirche, hoch oben auf einem Berg. Es ist ihre Kirche, ihr zu Ehren geweiht. Ich sehe drei Padres darin, Henricus, Leopoldus und Basilius, die mich in Armen halten und dabei heilige Gebete und Formeln sprechen. Es ist der 8. September. Und da! Der Teufel! Er schaut zum Fenster herein. Er zieht furchtbare Grimassen. Er windet sich. Er scheint Schmerzen zu haben, oder nein. Nein, er hat Wut, unendliche Wut, aber er kann dagegen nichts machen, kann niemandem etwas anhaben. Er hält mir den Vertrag hin. Ich greife danach, zerreiße ihn. Die Padres nehmen ihn zu sich. Ich bin erlöst." Haitzmans Kopf fiel nach vor. Er hatte das Bewusstsein verloren. Auf seinen Lippen trug er ein friedliches Lächeln.

Pfarrer Braun murmelte für sich: „Mariazell", sagte dann aber aufgeregt zu den anderen: „Er hat von Mariazell gesprochen! Ich kenne die drei Brüder, die er nannte. Sie sind weithin als Exorzisten bekannt, schon manch Dämon haben sie ausgetrieben. Und der 8. September – das ist der Tag von Mariä Geburt. Kann dies alles nur Zufall sein? Woher sollte Haitzman davon wissen? Vielleicht ist es ein Zeichen der Gottesmutter, dass sie ihn in Mariazell erlösen wird, dass wir ihn nicht dem Feuer, sondern der Obhut der drei Brüder übergeben sollen, damit sie ihn von seinen Qualen befreien?!"

Der Schlossverwalter runzelte die Stirn. „Was aber, wenn diese Visionen selbst nur wieder Trugbilder des Teufels sind, der sich in die heilige Stätte Mariazells einschleichen möchte, um Unheil zu stiften?"

Die Lady schüttelte den Kopf, kniete nieder und bekreuzigte sich: „Nein. Ich habe die Heilige Jungfrau Maria auch gesehen!"

Als Sigmund Freud erwachte, lag er über die Blätter gebeugt auf dem Schreibtisch. Irgendwann musste er eingeschlafen sein. Er sah sich einige Minuten aus seinem waagrechten Blickwinkel im Zimmer um. In der gegenüberliegenden Bibliothek fehlten einige Bücher zum Thema „Okkultismus", die er wohl während der Nacht herausgenommen hatte. Er konnte sich allerdings nicht daran erinnern. Nachdem er sich einigermaßen gesammelt hatte, stand er auf und ging zum Fenster hinüber. Er zog den Vorhang beiseite – draußen war schon hellster Sonnenschein. Er öffnete die Fensterflügel und ließ frische Luft herein. Er schöpfte tief Atem. Dann streckte er die Glieder durch. „Aah", stöhnte er. Er konnte richtig spüren, wie der Kreislauf wieder in Schwung kam. Was für eine Nacht! Sein Blick fiel auf das Blatt mit den Teufelsdarstellungen, das augenscheinlich zu Boden gefallen war. Für einen Moment fühlte er bei dem Gedanken, der Haitzmann-Sache näher auf den Grund zu gehen, Unbehagen. Doch dann musste er über seine irrationale Angst lächeln. Ein Zitat aus Goethes Faust kam ihm in den Sinn: „Bist mit dem Teufel du und du, und willst dich vor der Flamme scheuen?" Immer war er doch von „Teuflischem", von Neurosen, Paranoia und Psychosen umgeben. Das war sein ganz eigner Teufelspakt, aus dem er sich nicht lösen konnte. Aber er würde dem Satan schon beikommen, indem er ihn aus dem Reich des Unbewussten an die Oberfläche zerrte und als das demaskierte, was er war: ein unbewusster, ungelöster innerer Konflikt. Verdrängte Triebregung. Doch war er dies tatsächlich?

„Aber Mater Zimmermann ist fürwahr die Magistra Magna gewesen, in deren milder und kluger Schule mein denkwürdiges Jahr verfloss. Ein Wunderjahr, dessen Sonnenglanz meine Kunst noch heute segnet.“ (Enrica von Handel-Mazzetti)

Enrica von Handel-Mazzetti (1887)

Enrica stand nervös am lichtdurchfluteten Gang des Schwesterntraktes. Abgesehen davon, dass den Mädchen der Zutritt in diesen Teil des Klosters grundsätzlich verboten war, hätte sie längst umgezogen sein sollen. Stattdessen trug sie noch immer das weißblaue Kleid aus Loden mit dem mausgrauen Umschlagtuch darüber, welches die Schülerinnen des Institutes der Englischen Fräulein in der ganzen Stadt kenntlich machte. Nach der würdigen Feier im Festsaal, die ihr großen Schmerz bereitet hatte, weil sie den unwiderruflichen Abschied von diesem Ort klarer denn je ins Bewusstsein rief, wollte sie unbedingt noch einem besonderen Menschen Dank sagen. Im Saal selbst hätte sich dazu keine ruhige Möglichkeit geboten, weshalb sie beschlossen hatte, an diesem letzten Tag erstmals die Regeln des Hauses zu brechen und heraufzukommen. Zaghaft klopfte sie zweimal an die Tür. „Ja?“, antwortete von drinnen jene schöne, ruhige Stimme, die sie im vergangenen Jahr so lieb gewonnen hatte, insbesondere, wenn sie die wunderbaren Gedichte und Balladen vorgetragen hatte. Enrica drückte die Klinke sachte herunter und trat ein.

Die Zelle war klein und spartanisch, wie es den Klosterschwestern nach der Lehre ihrer Gründerin Mary Ward frommte. Die kalkgetünchten weißen Wände waren bis auf ein einfaches Holzkreuz über dem Betthaupt leer. Neben der penibel gerichteten Bettstatt war ein kleines Nachtkästchen, auf dem aufgeschlagen die Bibel lag. Unter dem Fenster, welches den Blick auf die geliebte jahrhundertealte Linde des Gartens freigab, die Enrica in langweiligen Unterrichtsstunden zu Fantasiereisen in so manch vergessene Märchenwelt inspiriert hatte, stand die emaillierte Waschschüssel im Eisengestell, von Art und Größe nicht anders als jene, welche die Mädchen selbst in den Waschsälen benutzten. Auf der dem Bett gegenüberliegenden Seite war ein kleiner Schreibtisch an die Wand gerückt, auf dem eine Kerze flackerte und ein Bogen Papier ausgebreitet lag. Auf dem Stuhl davor aber saß Mater Franziska Zimmermann in ihrem schwarzen Habit mit weißem Kragen, den Kopf vom schwarzseidenen Faltenschleier umhüllt. Als sie Enricas ansichtig wurde, lächelte sie gütig und sagte: „Welch blaue Blume trägt der Wind denn da in meine Zelle? Solltest du nicht bei den anderen Mädchen sein und dich auf die Heimreise vorbereiten, mein Kind? Deine Eltern warten doch sicher schon?“ Enrica schlug schüchtern die Augen nieder. „Ehrwürdige Mutter, verzeihen Sie mir. Ich weiß, mein Betragen ist ungebührlich. Aber ich wollte Sie unbedingt noch einmal sehen, bevor ich abfahre – und ...“, Enrica hielt kurz inne, weil es ihr schwer fiel, ihre Gefühle auszudrücken, „... und ich wollte mich bedanken. Für alles!" „Ach so? Das ist aber aufmerksam von dir", antwortete Mater Franziska. „Wissen Sie", fuhr Enrica fort, ohne die Tränen länger unterdrücken zu können, „so sehr mir vor einem Jahr, als ich in die Schule eintrat, bange vor dem Kommenden war, so sehr bricht es mir nun das Herz, von hier wieder weggehen zu müssen. Vor allem Sie habe ich so lieb gewonnen, ehrwürdige Mutter. Oft, wenn ich des Nachts einsam im Bett lag und nicht einschlafen konnte, tröstete ich mich damit, indem ich ganz fest an Sie dachte und mich besann, dass ich schon am nächsten Morgen wieder ihre Unterrichtsstunden genießen dürfe. Da wurde ich sogleich beruhigter und alsbald kam der Schlaf über mich." Enrica wischte sich die Tränen aus den Augen. „Aber, aber, mein Kind", sagte Mater Franziska milde und stand auf. „Wer wird denn mit fünfzehn Jahren noch weinen? Du bist doch jetzt ein großes Mädchen." Sie setzte sich aufs Bett und wies Enrica, neben ihr Platz zu nehmen. „Ist es denn nicht schön, wieder nach Hause zu kommen, Neues kennen zu lernen?" Enrica schüttelte den Kopf. „Nein, ehrwürdige Mutter, denn es heißt, dass ich Euch nicht mehr sehen werde. Dass wir nicht mehr gemeinsam aus Büchern lesen, keine Gedichte mehr miteinander tauschen werden! Wer wird mir in Hinkunft den Schatz der Literatur öffnen? Wer solch herrliche Balladen wie jene der Felicie Hemans vom Tod der Fürstin Pauline Schwarzenberg beim Pariser Ballfeste 1810 zu übersetzen geben. Ihr erinnert Euch? Wie berauschte mich damals im Klassensaal dieser Stoff, wie trug er mich in meiner Fantasie hinfort, öffnete Geist und Herzen für eine andere Welt, eine Welt, die ich in mir selbst spürte! Stellt Euch vor, ich habe damals bei dem Gedanken an die arme Pauline, wie sie umgeben von Flammen ihre Tochter im Arm hält, weinen müssen, und nach dem Unterricht habe ich mich hingesetzt, um eine neue Strophe der alten Ballade hinzuzudichten! Wie war dies herrlich traurig, und stets wart Ihr es, die mir derlei Kostbarkeiten zugänglich machte. Am Nachmittag, indes die anderen Mädchen bis auf jene Schülerinnen, die nur das halbe Schulgeld bezahlten und deshalb den Speisesaal sauber machen mussten – was ich, verzeiht mir diese eindeutige Rede, immer als große Ungerechtigkeit empfand – draußen im Garten spielten, saß ich über meinen Blättern und brachte Gedichte zu Papier, kleine Balladen oder Dramen wie ‚Lasset die Kleinen zu mir kommen', das wir dank Eurer Erlaubnis sogar aufführen durften. Auch über Euch habe ich einmal ein Gedicht geschrieben, es aber wieder vernichtet." Enrica seufzte traurig. „Und nun, da ich Euch, meine große Mentorin, verlassen muss, wird dies alles ein Ende haben. Nie wieder werde ich Euch sehen, nie wieder Euren herrlichen Unterricht genießen, nie wieder der Literatur so nahe sein wie in diesem einen Jahr." Sie lehnte sich schüchtern an die Schulter der Klosterfrau, die ihr zärtlich durch die Haare strich. „Aber warum denn, mein Kind?", widersprach Mater Franziska. „Du brauchst keine Angst zu haben, dass mit deinem Abschied von hier der Brunnen der Literatur versiegt, denn in dir selbst, Enrica, ist der Quell der Poesie verborgen. Die blaue Blume trägst du in dir – ein Geschenk des Herren, das dich niemals wieder loslassen wird. Du bist nun alt genug, dass du dir selbst den rechten Lesestoff suchen kannst, und du bist talentiert genug, um reichlich aus deinem eigenen Brunnen der Inspiration zu schöpfen, andere Menschen mit deinen Versen und Schriften glücklich zu machen. Wenn ich aber tatsächlich beitragen durfte, die blaue Blume – die vor deinem Eintritt noch eine zarte Knospe, freilich aber schon vorhanden war – zum Aufblühen zu bringen, so will ich Gott dafür dankbar sein. Hegen und pflegen aber, damit sie herrlich weitergedeiht und noch viel größer, viel imposanter wird, liegt nun allein in deinen Händen. Dies ist eine der Lehren, vielleicht für dich die wichtigste, welche du aus dem vergangenen Jahr hier an unserem Institut ziehen solltest. Hab also keine Angst vor dem Kommenden, sondern lausche Gott, der durch dein Herz zu dir spricht. Dann wirst du schon den rechten Weg finden." Enrica richtete sich ein wenig auf und sah die Ordensfrau von der Seite liebevoll an. „Die Dichtkunst, ehrwürdige Mutter, ist das eine. Doch was ist mit Euch, die ich verliere?" „Mich verlieren?", fragte Mater Franziska verwundert. „Das geht doch gar nicht, mein Kind! Wir können Hunderte Kilometer voneinander getrennt sein, ich werde in Gedanken immer bei dir sein. Und am Abend werde ich dich, wie bisher, in meine Gebete einschließen, das verspreche ich dir. Weißt du Enrica, Liebe und Zuneigung sind keine Empfindungen, die an Örtlichkeiten, Gleichzeitigkeit, an das sinnliche Gegenüber gebunden sein müssen, sondern sie sprengen durch Gottes Gnade mitunter diesen profanen Rahmen. Im Geiste sind sie ebenso verankert wie hier drinnen", dabei klopfte sich die Ordensfrau auf ihr Herz. „Dadurch sind sie unauslöschbar. Auch wir zwei teilen eine solch erhabene Liebe. Auf diese Weise sind wir immer miteinander verbunden, sind uns immer nahe, verstehst du?!" Enrica schmiegte sich an die Klosterschwester, die ihre Hand ergriffen hatte und zärtlich streichelte. „Aber, Mater Franziska, was wird mich draußen erwarten in der bösen Welt", fragte das Mädchen unsicher. Die Klosterfrau lachte auf. „Wer hat dir denn gesagt, dass die Welt draußen böse ist, mein Kind?" Enrica gab keine Antwort, so fuhr Mater Franziska fort: „Mir scheint, manche meiner Schwestern wählte dieses harsche Wort. Lass dich dadurch aber nicht verwirren, sie sind nur selbst ein wenig ängstlich, weil sie die Welt draußen nach Jahren der Geborgenheit in diesen Mauern nicht mehr kennen, ebenso wenig wie das Leben dort, das von ihrem fest geregelten, stets gleichmäßig verlaufenden gänzlich verschieden ist. Aber böse ...", sie hielt kurz nachdenklich inne, meinte dann aber voll Überzeugung, „nein, böse ist die Welt draußen nicht. Letztlich, und dies ist hier im Kloster nicht anders als außerhalb davon, ist unsere unmittelbare Umgebung, unsere Welt immer so, wie wir sie selbst gestalten, jeder Einzelne von uns. Wenn du selbst Gutes tust, ein Leben in Tugend und Gottesfrömmigkeit führst, barmherzig bist und das Gebot der Nächstenliebe achtest, so wird die Welt allein durch dein Tun ein wenig heller leuchten. Und die Strahlen, die du aussendest, werden dir wohlig warm ins Herz zurückscheinen." Enrica blickte zu Mater Franziska auf. „Ja Mutter, aber warum kann ich nicht hier bei Euch bleiben? Bin ich nicht fromm, nicht gottesgläubig genug? Wie Ihr, so glaubt mir, möchte ich dem Herren dienen und ihn preisen." Mater Franziska schüttelte gütig den Kopf. „Nein mein Kind. Nicht jedem ist es beschieden, ein Leben wie das unsere zu führen. Es gibt so viele Wege, Gottes Botschaft zu verkünden. Für dich ist ein anderer vorgesehen. So wohl behütet du dich hier bei uns auch gefühlt haben magst, so hat Gott doch andere Aufgaben für dich da draußen bestimmt, denen du dich stellen musst." „Aber welche Aufgaben, Mutter, sollten das sein?", fragte Enrica verzweifelt. „Die Antwort", sagte Mater Franziska sanft, „wird Gott dir im rechten Moment geben. Du wirst wissen, was du zu tun hast. Hab Vertrauen!"

Es klopfte an der Tür. Mater Franziska erhob sich vom Bett und öffnete. Draußen stand eine Dame. „Verzeihen Sie, ehrwürdige Schwester. Ist meine Tochter, Enrica, bei Ihnen? Eine ihrer Kameradinnen hat sie herauflaufen sehen und gemeint, sie würde sicher Mater Franziska aufsuchen." „Da hatte die Detektivin wohl recht", antwortete die Klosterschwester lächelnd. „Enrica wollte sich nur verabschieden." Sie wandte sich um. „Enrica! Deine Mutter kommt dich abholen." Zu Frau von Handel-Mazzetti aber sagte sie: „Ihre Tochter, meine Dame, ist etwas ganz Besonderes. Fördern Sie sie, damit das, was Gott in ihr angelegt hat, zu seiner vollen Blüte ausreifen kann!" „Ich werde mein Bestes geben", versprach die Mutter. Dann forderte sie Enrica, die inzwischen vom Bett aufgestanden und sich neben die Klosterschwester gestellt hatte, auf: „Komm jetzt, mein Liebling! Es ist Zeit, nachhause zu fahren! Alle sind schon ganz begierig darauf, dich wieder in ihre Arme zu schließen!" Enrica gehorchte und trat einen Schritt vor, als sie Mater Franziska plötzlich sanft am Ärmel zurückhielt. „Einen Moment noch." Die Klosterfrau ging zum Schreibtisch und holte aus der Schublade einen Briefumschlag, den sie dem Mädchen in die Hand drückte. „Dies ist ein Gedicht, das ich für dich anlässlich deines Abschiedes geschrieben habe." „Aber wie konntet Ihr wissen, dass ich noch einmal zu Euch heraufkomme?", wunderte sich das Mädchen. Mater Franziska lächelte geheimnisvoll: „Die Wege des Herren, mein Kind, sind unergründlich. Nun leb aber wohl – und vergiss uns nicht!" „Niemals", flüsterte Enrica und schloss die Klosterfrau ein letztes Mal innig in die Arme. Dann gab sie ihrer Mutter die Hand und marschierte mit dieser den langen Gang hinab, in dem die Schritte laut nachhallten. Beim Stiegenabgang aber drehte sie sich ein letztes Mal um und blickte zurück. Mater Franziska stand in der Tür und wischte sich eine Träne aus dem Augenwinkel. Sie würde sie unendlich vermissen.

„Als Hitler die Hotelhalle verließ stand ich in der Portiersloge, und draußen war alles voll schreiender Leute. Und da ging es mir durch den Sinn: Die alle schreien jetzt Hosianna! Hosianna! Schreien die auch einmal Crucifige!? Ach woher, das gibt es ja gar nicht. Deutschland gehört die Welt.“ (Karoline Pittner zum Besuch Hitlers 1938)

Adolf Hitler (14. März 1938)

„Heil Hitler!“ hallte es dem Führer wie aus einem Mund von der gesamten, im Foyer des Stadthotel Pittner versammelten Belegschaft entgegen, als er mit seinem Gefolge eintrat. Grüßen hatten die Österreicher also schon gelernt, stellte er mit Genugtuung fest. Wenn es bei allem anderen auch so schnell ging, brauchte er sich um die Eingliederung der Ostmark ins Deutsche Reich nicht die geringsten Sorgen zu machen. Dem schien aber ohnedies nichts mehr im Wege zu stehen. Mit dem Rücktritt Schuschniggs, mit der Angelobung Seyß-Inquarts zum Bundeskanzler war der Weg endgültig geebnet, ja, er stellte sich sogar als leichter heraus als bisher angenommen, so dass er mit Göring zum Schluss gekommen war: Jetzt gehen wir aufs Ganze. Wenn uns Österreich schon gewaltlos Tür und Tor öffnet, wenn es uns nicht nur den kleinen Finger, sondern gleich die ganze Hand hinhält, dann nehmen wir auch alles: der volle Anschluss – das Ende Österreichs!

Wie rasch im Grunde genommen alles gegangen war, seitdem er Schuschnigg vor rund einem Monat am Obersalzberg empfangen hatte. Freilich mit dem ganz bewussten Ziel, nicht nur einen Vertrag mit Österreich auszuhandeln, sondern den österreichischen Kanzler unter Druck zu setzen, seinen Widerstand gegen den Nationalsozialismus zu brechen. Er hatte noch genau das Bild Schuschniggs vor Augen: Kreideweiß war er im Gesicht gewesen, die Hände hatten ihm gezittert, beim Sprechen – immer wieder von ihm angeschrien – war er zeitweise ins Stottern geraten. Er hatte aber auch wahrlich alles akribisch inszeniert, um Schuschnigg einzuschüchtern. Bereits beim Grenzübergang konnten dem österreichischen Kanzler die Truppenbewegungen der deutschen Wehrmacht nicht verborgen bleiben. Am Obersalzberg selbst untersagte er ihm – so als sei er irgendein dahergelaufener Rotzbub – in seiner Gegenwart das Rauchen, wohl wissend, dass Schuschnigg Kettenraucher war. Und selbstverständlich verfehlte auch die Anwesenheit der deutschen Generäle, die er als „eindeutige“ Staffage auf den Obersalzberg befohlen hatte, ihre Wirkung nicht. Schuschnigg verstand die Botschaft wohl: Er, Adolf Hitler, Führer des deutschen Reiches, würde – wenn es sein musste – auch mit Waffengewalt das nehmen, was ihm seiner Meinung nach zustand: Österreich. Das hatte er Schuschnigg, nachdem er sich noch immer gegen verschiedene Punkte des bereits fixfertig aufgesetzten Paktes mit Deutschland sträubte, offen angedroht: „Ich werde Ihnen sagen, ich werde die ganze österreichische Frage lösen, so oder so. Wer weiß, vielleicht bin ich über Nacht einmal in Wien, wie der Frühlingssturm! Dann sollen Sie etwas erleben!“

Umso überraschter und ungehaltener zeigte er sich sodann über den plötzlichen, geradezu lächerlichen Versuch Schuschniggs, mit einer Volksabstimmung die Österreicher auf Eigenständigkeit einzuschwören, dem deutschen Reich zu trotzen. Ja zu Österreich – das war eine offene Provokation, die er nicht hinnehmen konnte. So beschloss er, dass dieser letzte Funken österreichischen Selbstbestimmungswillens ausgelöscht werden müsste, endgültig.

Natürlich durchschaute er, was Schuschnigg mit der Volksabstimmung anstrebte. Dieser Träumer hoffte tatsächlich, dass der Westen bei einem klaren Votum für Österreich gegen ihn, Adolf Hitler, auftreten und die schützende Hand über die Alpenrepublik halten würde. Was für ein naiver Narr! Schon bald musste Schuschnigg erkennen, dass sein kleines Österreich alle, wirklich alle im Stich ließen: der bisherige Schutzherr Mussolini, mit dem er sich arrangiert hatte. Großbritannien. Selbst die aufgeblasenen Franzosen verhielten sich ruhig, von den Amis gar nicht zu sprechen, die sich plötzlich nicht in innereuropäische Belange einmischen wollten. Die ganze alte Entente-Clique also kniff. Just jene, die Österreich 20 Jahre zuvor im Diktatfrieden von St. Germain noch den Anschluss verweigert und die Ostmark zur Selbstständigkeit gezwungen hatten. Plötzlich fühlten sich all diese ach so noblen und ehrenwerten Staaten nicht mehr für dieses kleine, heruntergekommene Land zuständig. Da hätte sich Schuschnigg gleich an Mexiko um Hilfe wenden können! Absolut lächerlich! Aber diese Schurkenstaaten taten schon recht daran, sich ruhig zu verhalten. Gegen Deutschland, das hatten die Herren schnell begriffen, gegen den größten aller Führer, Adolf Hitler, war es nicht ratsam, aufzubegehren. Und bald würden diese Heuchler zur Kenntnis nehmen müssen, dass sie selbst die nächsten Opfer sein würden. Deutschland brauchte Raum, um seine Macht entfalten zu können – Europa war gerade groß genug dafür.

Schuschnigg jedenfalls bekam angesichts der Isolation Österreichs und seiner unverhohlenen Drohung, dass die deutsche Wehrmacht bereit zum Einmarsch stünde, kalte Füße und sagte die Volksabstimmung „tapfer" ab. Drei Wochen zuvor, aus Deutschland zurückkehrend, hatte er vor dem österreichischen Bundesrat noch vollmundig verkündet: „Bis hierher und nicht weiter. Bis in den Tod rot-weiß-rot! Österreich!" Doch nun beugte er sich Deutschlands Druck nach dem Motto „Aber ich nicht, auch nicht die Regierung, weil wir uns dafür auch wieder nicht umbringen lassen wollen, und Blut soll ja auch keines fließen." Statt zu kämpfen ist dieser Schuschnigg dann, wie von ihm ultimativ gefordert, zurückgetreten. In der Rundfunkrede hat er feige wie ein Waschweib geplappert: „Der Bundespräsident beauftragt mich, dem österreichischen Volk mitzuteilen, dass wir der Gewalt weichen", um dann, so als wollte er den Inhalt seiner Rede ad absurdum führen, als begreife er nicht, was dieses Bekenntnis zur Gewaltlosigkeit bedeutete, mit „Gott schütze Österreich!" zu schließen. Das war das eigentliche Ende Österreichs.

Musste nur noch der österreichische Bundespräsident Miklas dazu gebracht werden, den Nationalsozialisten Arthur Seyß-Inquart als neuen Bundeskanzler anzugeloben.

Im letzten Winkel des Bundeskanzleramtes war der Bundespräsident gesessen, fern jeden Beistandes, und weigerte sich zunächst. Aber Göring, der immer und immer wieder in Wien anrief, den militärischen Einmarsch androhte, sowie Seyß-Inquart und sogar Schuschnigg vor Ort, brachten Miklas letztlich zur Vernunft. Er gelobte Seyß-Inquart an, die Sache war damit gelaufen. Der Führer hatte befohlen, die österreichischen Schoßhündchen hatten nach einigem Kläffen pariert. So gefiel ihm das. Der Anschluss konnte nun ganz legal anlaufen, denn als erste Tat bat der neue österreichische Bundeskanzler die deutsche Wehrmacht um Unterstützung zur Stabilisierung des Staates.

Nein, große Kämpfer, große Patrioten waren diese Österreicher nicht. Waren sie nie gewesen, seine Landsleute. Hinhalten ja – das verstanden sie. Immer den Weg des geringsten Widerstandes gehen. Immer den Weg der Diplomatie. Aber wenn dieser nicht mehr möglich war, wenn es wirklich hart auf hart ging, gaben sie schnell nach, beugten ihr Haupt demütig dem neuen Führer und verkauften ihre Seelen und ihr Land. Aber er würde schon gute Großdeutsche aus ihnen machen, das hatte er sich geschworen. Fürs erste kam ihm diese Passivität, kam ihm diese hündische Unterwürfigkeit durchaus gelegen.

Er musterte das Personal. Wie Perlen an einer Schnur waren die Mitarbeiter des Hotels aufgefädelt. Zuvorderst die Grande Dame des Hauses, Seniorchefin Katharina Pittner, aufgrund eines Fußleidens zur einen Seite hin auf eine Krücke gestützt, zur anderen aber auf eine Klosterschwester, die sie anscheinend pflegte. Daneben ihre Tochter, Karoline Pittner, die im Angesicht seines durchdringenden Blickes leicht errötet war. Weiters der Oberkellner in schwarzem Frack sowie das Servierpersonal, allesamt in schwarzen Livrees. Dahinter Stubenmädchen mit weißer Schürze und Spitzenhäubchen sowie das Küchenpersonal, angeführt von einem ziemlich dicken Chefkoch mit roten, schweiß-glänzenden Wangen, schwarz-weiß karierter Hose und einer Kochmütze, die er abgenommen hatte und nervös in seinen Fingern drehte.

Er reichte Katharina Pittner die Hand, ebenso der Tochter. Den Gruß des Personals erwiderte er mit einem kurzen Nicken. Danach klatschte Karoline Pittner in die Hände: „Los, los, alle an die Arbeit“, und führte ihn zu seinem Platz. „Mein Führer. Sie können sich ja gar nicht vorstellen, welch große Ehre es ist, Sie in unserem Haus als Gast begrüßen zu dürfen. Ich hoffe, Sie hatten eine angenehme Anreise aus Linz?!“ „Durchaus“, antwortete er kurz. Sie traten in den großen Speisesaal, wo bereits für die rund 80 Personen seines Gefolges gedeckt war. „Ihr Platz ist hier, mein Führer, genau unter dem großen Gobelin. Ich hoffe, er sagt Ihnen zu. Sie sind ja auch Künstler, wie ich gehört habe.“ Hitler musterte flüchtig den Wandteppich, der ihm nicht besonders gefiel, und meinte lakonisch: „Gewesen, gnädige Frau. Gewesen! Oder sagen wir so: Meine Künste haben sich mittlerweile in eine andere Richtung entwickelt.“ Karoline Pittner sowie die Begleiter Hitlers, unmittelbar neben ihm Heinrich Himmler und der Gauleiter der Saarpfalz, Josef Bürckel, lachten gefällig. Erst als sich der Führer gesetzt hatte, taten es ihm seine Leute, die bisher vor ihren Stühlen stehen geblieben waren, gleich. „Darf ich Ihnen zur Begrüßung einen

Aperitif servieren, mein Führer?! Einen Gruß aus der alten Heimat?", fragte Karoline Pittner. „Nur Mineralwasser. Das reicht, danke." „Selbstverständlich", erwiderte die Hausherrin und huschte Richtung Schank, wobei sie den Eindruck hatte, der Führer würde sie mit seinem Blick verfolgen. Tatsächlich watschelte aber ein SS-Mann hinter ihr her und verschwand in der Küche. Es war der Mundschenk, der fortan sämtliche Speisen und Getränke, die Hitler kredenzt wurden, zuvor kostete und anschließend nicht mehr aus den Augen ließ, bis sie auf dem Tisch des Führers gelandet waren.

Da man auf den Besuch gut vorbereitet war – immerhin genoss das Hotel einen hervorragenden Ruf, wurde von manchen gar mit dem berühmten Chelsea Grand Hotel in New York verglichen – waren alsbald die Hors d'oeuvre auf den Tischen. Karoline Pittner wusste: Konnte man den Führer-Besuch gut abwickeln, so brachte dies dem Haus unbezahlbares Renommee ein. Der Führer im Hotel Pittner! Es war wie ein Geschenk des Himmels. Unbedingt musste sich Hitler nachher ins „Goldene Buch" eintragen, in dem sich bisher alle berühmten Gäste des Hauses verewigt hatten. Jäger hingen die Geweihe ihrer geschossenen Böcke an die Wand. Im „Pittner" wurden die Trophäen ins „Goldene Buch" eingetragen.

Den Gästen schien es sichtlich zu schmecken, denn alsbald war nur mehr das Klirren des Bestecks zu hören. Nach der Vorspeise wurde Suppe serviert, wobei – was Karoline Pittner dem neuen Sozialminister Dr. Jury nicht ohne Stolz mitteilte – „selbstverständlich alle unsere Gäste à la carte essen können!"

Hitler hatte sich für Karfiolsuppe entschieden, an der er bereits löffelte, als im Foyer kurz die Außentür geöffnet wurde, wie man unschwer aus dem kurzfristigen Anschwellen des Lärmes, der von der Menge draußen hereindrang, schließen konnte. „Lieber Führer sei so nett, zeige dich am Fensterbrett", war einer der Sprüche, die man – aus Hunderten Kehlen gegrölt – aufschnappen konnte. „Na ja", meinte Himmler grinsend zum Führer gewandt, „nicht gerade ein Goethe-Vers, aber doch aussagekräftig!" Hitler gab keine Antwort, sondern sah aus den Augenwinkeln zum Saaleingang hin, wo Franz Hörhann, der neue NS-Bügermeister der Stadt, mit hochrotem Kopf eingetreten war. Suchend sah er sich im Saal um. Als er Hitler entdeckte, ging er geradewegs auf diesen zu, nahm vorm Tisch Haltung an und machte den deutschen Gruß. Die Augen niederschlagend sagte er mit nervöser Stimme: „Mein Führer, es tut mir ja so leid! Diese peinliche Panne mit den Fenstergittern. Unverzeihlich! Wir wussten ja nicht von dieser protokollarischen Vorschrift der Führerkanzlei, obwohl, na ja, natürlich hätten wir selbst darauf kommen müssen. Aber es ist ja alles so schnell gegangen. Damit hat ja niemand gerechnet. Und ich hab in der Hitze des Gefechtes auch nicht daran gedacht, dass die Fenster vom Rathaus ja alle vergittert sind! Als der Leiter des Vortrupps dann gesagt hat, dass der Führer unmöglich durch ein vergittertes Fenster zur Menge sprechen kann – gar so, als wäre er noch in Festungshaft auf Landsberg – haben wir schnell versucht, die Gitterstäbe durchzusägen. Aber diese waren derart massiv! Alles hat sich ja gegen uns verschworen! So haben wir es aufgegeben und wollten sie herausstemmen, was aber ebenfalls nur äußerst mühsam ging. Außerdem ist derart viel Mauerwerk ausgebrochen, dass der Protokollführer schließlich meinte, dass sich der Führer auch sicher nicht durch ein Mauerloch der Bevölkerung zeigen wird. Er ist dann gegangen und hat versprochen, er würde mit Ihnen das weitere Vorgehen abstimmen. Wir haben im Rathaus die ganze Zeit auf weitere Instruktionen gewartet. Als er kurz nach 13.30 Uhr wieder auftauchte und uns mitteilte, dass Sie bereits im Hotel Pittner eingetroffen sind und nicht mehr auf den Platz kommen werden, waren wir kurz wie vor den Kopf gestoßen, haben dann aber der wartenden Menge via Lautsprecher Ihre Ankunft bekannt gegeben. Bis jetzt", Hörhann blickte auf die Uhr, sie zeigte 14.15 Uhr, „haben wir gebraucht, um uns über die Kremsergasse hierher durch die Menge zu kämpfen. Es tut mir ja so leid, ich hoffe, Sie verzeihen, Führer?!"

Hitler, der in der Zwischenzeit seine Suppe fertig ausgelöffelt hatte, ohne Hörhann eines einzigen Blickes zu würdigen, legte den Löffel beiseite, wischte sich mit der Stoffserviette über den Mund und sah den Bürgermeister aus zusammengekniffenen Augen an, ohne ein Wort zu sagen. Mindestens eine Minute schwieg er auf diese Weise, so dass Hörhann, der seinem Blick nicht standhielt, wie ein beim Schwindeln erwischter Schulbub den Kopf senkte. Plötzlich forderte ihn Hitler mit ruhiger Stimme auf: „Erzählen Sie mir vom Hauptplatz!" „Adolf-Hitler-Platz, so heißt er jetzt!", warf Hörhann – sichtlich erleichtert, dass ihn der Führer nicht anschrie – ein. Hitler erteilte ihm Absolution. „Gut. Also vom Hitler-Platz", sagte der Führer.

„Es ist einfach unglaublich! Die ganze Stadt ist in Aufruhr. Von allen Häusern wehen Hakenkreuzfahnen. Tausende Bürger schwenken kleine Hakenkreuzfähnchen aus Papier in Händen. Außerdem tragen viele Armbinden mit dem Hakenkreuz-Emblem oder haben sich das Parteiabzeichen an die Brust geheftet. Überall erklingt das Horst-Wessel-Lied.

Wie verwandelt sind die Leute. Vor zwei Tagen noch, als Schuschniggs Rede über Radio ausgestrahlt wurde, war noch überall Unsicherheit zu spüren, Niedergeschlagenheit, Angst. Sie wussten ja nicht, was jetzt kommen wird, wie's weitergeht.

Aber seitdem in ununterbrochener Folge die Heereskolonne der deutschen Wehrmacht mit ihren Panzerwagen, Tanks, Transportfahrzeugen, der motorisierten Artillerie und den Motorradfahrern die Bundesstraße entlang Richtung Wien rollt und über all dem – ein beeindruckender Anblick – die deutsche Flugstaffel dröhnt und Pakete abwirft, Pakete freilich, die nicht den Tod, als vielmehr Grüße Deutschlands an das nationalsozialistische Österreich bringen, seitdem ist die Stimmung gekippt.

Mittlerweile säumen Hunderte Bürger die Straße entlang des Heereszuges, jubeln der Wehrmacht zu, stecken den Soldaten Blumen zu – einige Frauen sind so manchem Wehrmann sogar um den Hals gefallen! Wie Befreier werden die Soldaten der deutschen Wehrmacht gefeiert, wie Brüder. Ebenso gilt dies für die deutsche Polizei, die „Schupo" und die „Sipo", die in ihren blauen und grünen Uniformen jetzt durch die Stadt patrouillieren.

Als die Leute schließlich erfahren haben, dass der Führer höchstpersönlich nach St. Pölten kommt, da war es sowieso ganz aus. Alle wollen den Mann sehen, welcher Österreich wieder heim ins Reich holt, der das Land wieder hochbringt, so wie er Deutschland hochgebracht hat. Alle setzen die größten Erwartungen in Sie und Ihre Staatskunst. Die Angst ist Zuversicht, ja blindem Vertrauen gewichen. Die Österreicher sind überzeugt, dass es nun besser wird, dass die Jahre der Entbehrung der Vergangenheit angehören. Alles in allem muss man sagen, dass die im Vorfeld getroffenen Maßnahmen voll greifen. Die Partei hat sofort das Kommando übernommen, neue Strukturen eingeführt, die Propaganda verfehlt ihre Wirkung nicht."

Hitler nickte zufrieden. „Sehr gut, Hörhann. Ich sehe, dass Sie die Stadt, abgesehen von diesem Gitter-Malheur, fest im Griff haben. Wie war das eigentlich am Hauptplatz, als die Leute erfahren haben, dass ich dort nicht zu ihnen sprechen werde? Wie haben sie reagiert?", fragte der Führer.

„Ohne Murren und Klagen, mein Führer, vielmehr mit dem Willen, dann eben sofort hierher in die Kremsergasse vors Hotel zu pilgern. Dies ist umso bemerkenswerter – unterstreicht aber klar die Liebe des Volkes zu Ihnen – da die Menge ja schon gestern am Hitler-Platz versammelt war und Ihre Ankunft erwartete.

Als die Leute erfuhren, dass Sie aufgrund wichtiger Staatsgeschäfte erst heute eintreffen würden, waren sie richtig enttäuscht. Dr. Jury, der ja einer der Unseren, ein St. Pöltner ist, konnte aber die Bevölkerung in einer mitreißenden Rede vertrösten und wurde enthusiastisch gefeiert.

Heute dann wieder das gleiche Bild. Schon in den frühen Morgenstunden sind die Ersten auf den Hitler-Platz geströmt, die Allerersten überhaupt gleich rein ins Rathaus, wo sie sich auf den Gängen und im Stiegenhaus – hinauf bis vors Bürgermeisterzimmer – aufgestellt haben, in der Hoffnung, dass Sie diesen Weg nehmen werden. Draußen hat sich der Platz innerhalb weniger Stunden gefüllt, sodass man kaum mehr die Hand zum deutschen Gruß heben konnte. Einige junge Burschen sind sogar auf die Dreifaltigkeitssäule geklettert, um von oben einen besseren Blick auf den Führer erhaschen zu können.

Dass der gesamte Platz herrlich geschmückt war, brauche ich wohl nicht eigens zu erwähnen. Das Offizierskorps der Garnison hat eine Abordnung in Galauniform entsandt, ebenso Rettung und Feuerwehr. Aber auch die Voith-Fabrik, wo unsere Partei bereits über Jahre hinweg eine illegale Zelle aufgebaut hat, war mit einem offiziellen Empfangskomitee vertreten. Alles in allem ein sehr feierlicher, erhabener Anblick. Er hätte Ihnen sicherlich gefallen.

Um den Bürgern beim Warten die Zeit zu vertreiben, haben wir laufend via Lautsprecher über die Vorgänge in Linz berichtet, schließlich auch ihre Abfahrt Richtung St. Pölten mitgeteilt und in regelmäßigen Abständen durchgegeben, wie weit Sie noch von der Stadt entfernt sind. Je näher Sie gekommen sind, mein Führer, desto größer wurde die Anspannung, die Aufgeregtheit. Irgendwie hat mich das alles an Weihnachten erinnert, wo die Kinder draußen auf das Läuten der Glocke, welche das Christkind ankündigt, warten und dann, wenn sie tatsächlich erklingt, erlöst ins Zimmer stürmen, um den wunderbar beleuchteten Christbaum zu bestaunen. Umso größer, wenngleich nur für einen Augenblick, war die Enttäuschung, als wir durchsagen mussten, dass Sie bereits im Hotel Pittner eingetroffen sind. Im nächsten Moment setzte aber schon ein gewaltiger Sturm über Rathausgasse, Marktgasse und Franziskanergasse Richtung Hotel ein – so etwas habe ich noch nicht erlebt! Gejubelt und geschrien haben die Leute, voller Euphorie waren sie. Der Führer in St. Pölten! Richtig berauscht waren sie von diesem Gedanken. Wir hatten jedenfalls, trotz Unterstützung der Polizei, größte Mühe, uns ebenfalls durchzukämpfen. Als man uns schließlich ins Hotel einließ, brandete wieder ohrenbetäubender Jubel auf. Die Menschen riefen mir zu: ‚Schicken Sie uns den Führer heraus, bitte.' ‚Sagen Sie ihm, wir lieben ihn.' ‚Wir wollen den Führer sehen!'"

Hitler zeigte sich mit Hörhanns Bericht zufrieden. Ein Lächeln huschte über seine Lippen. „Sehr gut. Nicht anders als in Braunau oder Linz also. Fehlt nur noch Wien." Hörhann räusperte sich. „Verzeihung, mein Führer. Noch etwas!" Hitler schaute überrascht auf. „Was noch?", fragte er ungeduldig. „Mein Führer", sagte Hörhann zögernd, „wenn Sie erlauben, möchte ich Ihnen in Erinnerung an Ihren heutigen Besuch in unserer Stadt ein kleines Geschenk überreichen?!" Hitlers kurzfristig verfinsterte Miene lichtete sich wieder. Hörhann drehte sich um und winkte einen Burschen der Hitlerjugend herbei, der bis jetzt beim Saaleingang ausgeharrt hatte. Sofort kam dieser zum Tisch hin und übergab dem Bürgermeister eine Zeichenmappe, aus welcher Hörhann ein vergilbtes Plakat hervorzog. „Wir haben ein bisschen im Stadtarchiv gestöbert", sagte er nicht ohne Stolz, „und tatsächlich eine Ankündigung Ihres ersten, glorreichen Besuches in St. Pölten 1920 gefunden." Er drückte die beiden oberen Ecken des Plakats in die Hände des Jungen, welcher beide Arme im rechten Winkel von seinem Körper ausgestreckt hatte, sodass es gerade herunterfiel und für den Führer gut sichtbar war. „Aha", murmelte dieser ein wenig überrascht und las es interessiert durch:

Die

REVOLUTION

ist auf halbem Wege stecken geblieben, denn die gekrönten Häupter sind zwar gestürzt, ***aber die Herrscher der Großfinanz sind noch nicht entthront****. Mit den liberalen Wirtschaftsformen des Kapitalismus, bei denen sich hinter der* ***Freiheit die ärgste Sklaverei*** *verbirgt, muß gebrochen werden. Für die arbeitenden Massen gibt es aber keinen anderen Weg aus der Hölle des Kapitalismus als die Straße, die zum* ***nationalen Sozialismus*** *führt, weil es einen internationalen Sozialismus wohl in der Theorie, aber nicht in der Praxis gibt.* ***(Lehrreiches Beispiel siehe die Boykottblamage, Friedens- und Generalstreik usw.)*** *Die Völker sind nicht alle für den Sozialismus gleich reif. Sollen die fortgeschrittensten Völker warten, bis der letzte Huzule und Kongoneger für den Sozialismus reif sein werden?*

Ein Staat muß allen Völkern mit der Verwirklichung des Sozialismus vorangehen, und dieser Staat wird das neue Deutschland, der große sozialistische alldeutsche Freistaat sein!
Darüber, wie die von den Juden begonnene und nach Erreichung ihrer Ziele verratene Revolution in deutschem Geiste fortgesetzt und beendet werden kann, werden

Mittwoch, 6. Oktober 1920, ½8 Uhr abends
im Stadtsaale zu St. Pölten
in einer öffentlichen Vereins-

VERSAMMLUNG

Adolf Hitler, München *und* **Walter Gattermayer, Wien**

der Führer der nationalsozialistischen Partei im Deutschen Reiche

Vorsitzender des Reichsverbandes der Nationalen Gewerkschaften Österreichs

sprechen.

Parteigenossen, Hand- und Kopfarbeiter, Kleingewerbetreibende und Ihr alle, die Ihr vom Ertrage Eurer Arbeit lebt, kommt in die Versammlung!

Die Ortsorganisation St. Pölten
der nationalsozialistischen Partei

Da wir weder über Arbeitern abgenommene Erpressungsbeiträge, noch über Juden- oder Klöstergelder verfügen, bitten wir alle Gesinnungsgenossen, zur Deckung der Versammlungskosten eine kleine Spende zu leisten.
Juden und sonstige Nichtdeutsche werden gebeten, der Versammlung fernzubleiben.

„Dass Sie das noch gefunden haben!“, sagte Hitler nachdenklich. „War damals eine sehr turbulente Sitzung.“ „Ja, aber Sie haben sich toll gehalten, wie alle damals anwesenden Parteigenossen noch heute berichten. Und das, obwohl der Saal ja voller Gegner, vor allem Sozis gewesen sein soll“, warf Hörhann schmeichelnd ein.

Hitler runzelte die Stirn. Von wegen toll gehalten. Eine einzige Zumutung, eine Demütigung war diese Versammlung für ihn gewesen. Tief in seinem Herzen hatte sich diese Schmierenkomödie eingebrannt, und noch heute ertappte er sich bisweilen dabei, dass er daran mit Wut und Abscheu zurückdachte.

Es war einer seiner ersten großen Auftritte als Führer der deutschen Nationalsozialisten in Österreich überhaupt gewesen. In seiner alten Heimat. Aber wie empfing ihn diese: mit Kälte, Arroganz, Ablehnung. Keine Spur von der heutigen Hysterie, weshalb ihm dieses laute Schreien und Jubeln der Österreicher da draußen auch verdächtig war. Er traute ihnen nicht über den Weg, diesen Windhunden. Noch nicht.

Wo diese Stadtsäle sich befanden, davon hatte er keine Ahnung mehr, sehr wohl erinnerte er sich aber daran, dass der Saal damals bis auf den letzten Platz gefüllt war. Zum einen war natürlich die Ortsgruppe der Nazis erschienen, ebenso waren aber auch Christlichsoziale, Großdeutsche und ein ganzes Heer von Sozialdemokraten anwesend. Eine Arbeiterstadt war dieses St. Pölten ja, wie er auch heute auf seiner Fahrt herein über die Reichsstraße wieder festgestellt hatte, mit riesigen Schloten, die in den Himmel ragten und bleischwere Luft in den Äther bliesen.

1920 wurde dieses Arbeiterheer noch von einer straff organisierten Sozialdemokratie geführt, welche den Kapitalismus anprangerte. Eine unzufriedene Masse, wie sie auch in Deutschland bestand. Unglückliche, Geknechtete, die unter der misslichen Situation des neuen Staates nach Ende des Weltkrieges, unter den Folgen des Diktatfriedens zu leiden hatten. Die große Koalition zwischen Sozialdemokraten und Christlichsozialen, eine Art Schicksalsgemeinschaft nach dem Krieg, war im Juni des Jahres auseinandergebrochen. Ein Beamtenkabinett regierte interimistisch, doch nun sollte wieder gewählt werden. Gute Chancen also für die junge nationalsozialistische Bewegung, in diesem radikalisierten Milieu zu fischen. Die Leute, so hatte er gedacht, wären reif für eine starke Hand, die sie in ihrer Orientierungslosigkeit führt. Doch wie hatte er sich getäuscht. Er kam, so wusste er heute, fast 20 Jahre zu früh. Die Welt war noch nicht reif für Adolf Hitler.

Dieser Gattermayer aus Wien jedenfalls hatte das im Vorfeld der Veranstaltung scheinbar schon geahnt und ließ sich deshalb wegen angeblicher Krankheit entschuldigen. Dieser feige Hund. So lag es an ihm allein. Da er nun schon einmal in Österreich war, da ihn zudem die St. Pöltner Funktionäre anflehten, dass wenigstens er zu den Leuten sprechen müsse, ließ er sich breitschlagen. Ein furchtbarer Fehler. Freilich nicht von ihm, sondern von den St. Pöltner Genossen, die ihn in diese Zirkusarena voll roter Bluthunde hineingehetzt hatten, nur um sich nicht selbst zerfleischen zu lassen.

Als er ans Rednerpult trat, ging der Applaus seiner Parteigenossen in einem gellenden Pfeifkonzert unter, so dass es Minuten dauerte, bis er endlich beginnen konnte. In seinem Vortrag, in dem er anstatt – wie er sich vorgenommen hatte – über die Sozialdemokratie herzuziehen nun über den Diktatfrieden von Versailles ausführte, darüber hinaus dem irrationalen, von den Sozialdemokraten erträumten internationalen Sozialismus das Modell des nationalen Sozialismus gegenüberstellte, in dem Solidarität aller am Wirtschaften Beteiligten, also zwischen besitzender und besitzloser Klasse herzustellen sei, mischten sich immer lauter Zwischenrufe und Pfiffe. Ohne Zweifel bewusste Störaktionen: „Heast, bist angsoffen. Was red'st denn du für an gottfürchterlichen Bledsinn daher?" „Woast du scho amal in ana Fabrik. Dann siachst, wie's mit der Solidarität der Fabrikanten mit ihre Arbeiter ausschaut!" „Du hast ja überhaupt ka Ahnung von irgendwas. Geh ham nach Deutschland, du Trottel! Eich Nazibuam braucht da sowieso kaner." Schließlich forderte die Menge Heinrich Schneidmadl, einen sozialdemokratischen Führer, der in der Menge saß. „Schneidmadl, Schneidmadl, Schneidmadl!", skandierten die Arbeiter, immer lauter, so dass er seine Rede frühzeitig abbrechen und tatsächlich Platz für diesen Schneidmadl machen musste. Dieser hatte sich bereits mit einem breiten, selbstgefälligen Grinsen von seinem Stuhl erhoben und kam auf die Bühne herauf. Zu ihm gewandt meinte er in präpotenter Sozialistenmanier: „Sie verzeihen doch, Herr Hitler?!"

Die Menge empfing den Arbeiterführer mit tosendem Applaus. Er aber dachte nicht daran, so einfach das Feld zu räumen. Keinen Zentimeter würde er weichen, vor niemandem! So blieb er demonstrativ neben Schneidmadl stehen, auch als dieser eine Rede zu halten begann.

Der Sozi hatte es natürlich nur darauf abgesehen, seine Ausführungen zu diskreditieren. Er machte den deutschen Nationalismus, machte jene, die während des Weltkrieges für einen Siegfrieden eingetreten waren, zu Sündenböcken. Seine Ausführungen über das Wesen des nationalen Sozialismus, über die Überwindung der Gegensätze zwischen besitzender und nicht besitzender Klasse zog Schneidmadl ins Lächerliche, so dass die Menge, die zusehends aufgeheizter wurde, immer wieder laut lachte. Lachte über ihn! Und er stand da oben und musste das alles über sich ergehen lassen. Stand neben diesem Schneidmadl, der ihn zum Gespött der Leute machte. So mussten sich die Verbrecher im Mittelalter gefühlt haben, wenn sie an den Pranger gekettet dem Pöbel preisgegeben waren.

Schließlich kam es soweit, dass einige junge Männer aus der ersten Reihe lauthals forderten: „So, jetzt gebts endlich diesen Kasperl weg, wie heißt der? Ach ja, genau: Hirfler." Oder: „Schleich die owe do. Jetzt red't da Schneidmadl." Er blieb aber eisern stehen und bemühte sich, seine innere Anspannung, seine Wut zu verbergen. Plötzlich sprangen einige Burschen auf die Bühne herauf: „Na, wenns net anders geht, müss ma halt ein bisserl nachhelfen und den Herrn Hitler hinauskomplimentieren!" Einer hatte schon seinen Arm ergriffen, ein zweiter seine Füße gepackt, so dass er das Gleichgewicht verlor. Bevor er aber zu Boden stürzte, fing ihn Schneidmadl auf, indem er ihn mit beiden Armen um den Brustkorb packte. Die Radaubrüder ermahnte er nur: „Meine Herrn, seit's nicht dumm! Lasst's den Herrn Hitler in Ruhe! Den Gefallen werden wir den Nazis nicht machen, dass wir uns der gleichen Methoden bedienen wie sie. Das haben wir als Sozialdemokraten wirklich nicht nötig!" Die Burschen leisteten dem Befehl des Arbeiterführers sofort Folge und ließen ihn los, während er nach wie vor in den Armen Schneidmadls lag. Wie ihm ekelte! Umso mehr, da er diesem aufgeblasenen Affen nun wohl auch noch dankbar sein sollte, dass er ihn vor dem Mob geschützt hatte. Welch Demütigung. „Lassen Sie mich los in Gottes Namen!", zischte er Schneidmadl an. „Und wenn es recht ist, möchte ich noch einen Satz an meine Genossen richten." Der Arbeiterführer zog ihn hoch und löste endlich die Umklammerung. Auf seinen Lippen trug er wieder dieses präpotente, süffisante Lächeln: „Bitte!" Dann sprach Schneidmadl zur versammelten Menge: „Alles in Ordnung. Nur kühlen Kopf bewahren! Herr Hitler möchte uns noch etwas mitteilen. Da wir keine Führerpartei sind und daher das Recht auf freie Meinungsäußerung respektieren, wollen wir ihm dies nicht verwehren. Ich bitte also um Aufmerksamkeit." Die Leute lachten, schließlich wurde es aber doch leiser.

Er trat, nach wie vor um Fassung ringend, ans Rednerpult und hielt die wohl kürzeste Rede seines Lebens: „Nationalsozialistische Gesinnungsgenossen! Nachdem dieser Mob unsere Veranstaltung missbraucht, mit undemokratischen Methoden agiert, die menschenunwürdig sind, fordere ich euch alle auf, mit mir den Saal zu verlassen. Diesem Schauspiel müssen wir uns nicht aussetzen!"

Tosender Applaus setzte ein, freilich nicht von den Nazis, sondern von den Sozialdemokraten. „Eine hervorragende Rede, Herr Hitler! Bravo! Hätten S' das doch gleich gesagt!", warfen einige hämisch ein. „Na endlich gehen S'. Schöne Heimreise auch, Herr ‚Führer'", schrien andere. Als er sich erhobenen Hauptes mit rund 100 Nazis aus dem Saal begab, grölten die Leute: „Auf Wiedersehen! Auf Wiedersehen!" Er wollte im Boden versinken.

Er hatte sich damals geschworen, es diesem St. Pölten, diesem Österreich schon noch zu zeigen. Irgendwann würde es die Heimat, die ihn immer nur gedemütigt und unterschätzt hatte, schon noch bereuen. Mehr noch: Eines Tages würden ihm die Menschen huldigen, würden ihm jene Achtung und jenen Respekt entgegenbringen, die ihm als Auserwählten gebührten. Er konnte es nicht mit Sicherheit sagen, aber vielleicht war diese alte Geschichte aus dem 20er Jahr sogar mit ein Grund gewesen, warum er es heute abgelehnt hatte, sich den Leuten am Hitlerplatz zu zeigen. Sollten sie ruhig warten. Nicht er brauchte zu ihnen zu kommen, sondern sie mussten zu ihm herbeiströmen und ihm Ehre erweisen. Huren waren diese Menschen ja. Nichts weiter. Wie viele von jenen, die jetzt draußen vorm Hotel laut seinen Namen plärrten, waren wohl damals auch im Stadtsaal zugegen und hatten ihn ausgelacht. Aber er würde ihnen schon Manieren und Respekt beibringen, würde sie als ihr neuer Herrscher so lange abrichten – wenn es sein musste, auch mit Schlägen – bis sie wie brave Schoßhündchen parierten.

„Gut, dieses Plakat", sagte Hitler etwas geistesabwesend in Richtung Hörhann. Dann stand er auf: „Es wird langsam Zeit, sich auf den Weg zu machen. Mal sehen, wie uns die Wiener empfangen." Sofort, als hätten sie seit der Ankunft im Hotel nur auf diese Handlung des Führers gewartet, legten auch all seine Gefolgsleute ihr Besteck – obwohl noch mitten in der Mahlzeit – zur Seite und erhoben sich ebenfalls.

Gauleiter Josef Bürckel trat, die Unterbrechung nutzend, an den Führer heran. „Verzeihen Sie, mein Führer. Wie von Ihnen befohlen das in der Causa ‚Volksabstimmung' aufgesetzte Telegramm an Reichspropagandaminister Joseph Goebbels. Wenn Sie erlauben?" Bürckel reichte Hitler den Textentwurf, der ihn genau studierte und Bürckel schließlich mit den Worten zurückgab: „In Ordnung. So können Sie es durchgeben. Am besten sofort, noch hier vom Hotel aus. Wir dürfen keine Zeit verlieren. Ich möchte, dass die Volksabstimmung spätestens in einem Monat durchgeführt wird. Bis dahin muss die Propaganda hier und im Reich das Feld ordentlich beackern, damit unsere Saat aufgeht. Der Anschluss muss vor der Weltöffentlichkeit als gesetzlich einwandfreie und vom österreichischen Volk geforderte Handlung erscheinen!" „Jawohl, mein Führer!", antwortete Bürckel und wollte schon gehen, als Hitler hinzufügte: „Noch etwas, Gauleiter." Bürckel wandte sich um. „Jawohl?" „Gibt es diesen Schneidmadl noch?" „Schneidmadl? Verzeihen Sie, ich verstehe nicht ...?" „Ja, Schneidmadl! Diesen Arbeiterführer. Was gibt es da großartig zu verstehen, Mann?!", beharrte Hitler ungeduldig. „Was aus dem geworden ist, möchte ich wissen. Gibt es den noch?" „Ich weiß nicht", gab Bürckel zu. „Er ist nach dem endgültigen Verbot der Sozi unter Dollfuß wohl wie all die anderen Roten von der Bildfläche verschwunden. Aber irgendwo wird er schon zurückgezogen leben." „Ich möchte", befahl Hitler in einem Ton, der keinen Widerspruch duldete, „dass dieser Schneidmadl sich vor der Volksabstimmung öffentlich, das heißt in einer Zeitung – schwarz auf weiß – zum Anschluss bekennt. Sie haben dafür alle Vollmachten zur Verfügung. Wie Sie ihn dazu bringen, ist mir egal, aber er muss JA zum Anschluss sagen, haben Sie verstanden!" „Jawohl, mein Führer!"

Ein perfides Lächeln huschte über Hitlers Lippen. Wie hatte Schneidmadl 1920 in seiner Ansprache gefaselt? „Wir Sozialdemokraten kämpfen für den Anschluss an Deutschland nicht nur aus nationalen Gründen – weil wir als Deutsche in einer einzigen, großen deutschen Republik vereinigt sein wollen – und nicht nur aus wirtschaftlichen Gründen, weil wir überzeugt sind, dass Deutsch-Österreich seiner wirtschaftlichen Struktur nach lebensunfähig ist und ein wirklich selbständiges Staatswesen nicht bilden kann, sondern vor allem auch aus revolutionären Gründen."

Dieser Wicht glaubte damals tatsächlich, dass er, dass die Sozialdemokraten die Regeln des Anschlusses bestimmen könnten, dass er sich über den Nationalsozialismus lustig machen dürfe. Da hatte er sich kräftig getäuscht. Er, Adolf Hitler, bestimmte jetzt die Regeln. Die Nationalsozialisten waren jetzt an der Macht. Eine Republik, Demokratie? Schwachsinn! Der Führerstaat war das Lebenselixier der Deutschen, eine starke Hand brauchte das Volk. Revolutionäre Gründe? Das war ja lachhaft! Österreicher und Revolution, das war geradezu grotesk. Mit „ihrer" Form der Revolution waren die Sozialdemokraten jedenfalls kräftig auf die Nase gefallen. Nichts hatten sie damit erreicht, in den Schuhen war sie stecken geblieben, diese sogenannte „Revolution". Bestenfalls hatte sie ihre eigenen Kinder, die Sozialdemokraten, aufgefressen. Nicht einmal gegen Dollfuß konnten sie sich behaupten. Und wie war das 33, als dieser „dumme Hund" Hitler in Deutschland an die Macht kam? Da wollten die Sozis plötzlich überhaupt nichts mehr vom Anschluss wissen, so als hätte es nie einen Anschlussparagraphen in ihrem Parteiprogramm gegeben. Aber das könnte dem Herrn Schneidmadl so passen! Der würde schon sein JA zum Anschluss ans deutsche Reich, zu ihm, zum Führer Adolf Hitler geben. Ob er wollte oder nicht! Bei seinen Gesinnungsgenossen würde er sich damit als Lügner und Heuchler diskreditieren. „Umgefallen ist der Schneidmadl", werden sie enttäuscht sagen, „den Dolch hat er uns in den Rücken gestoßen." Recht so. Spätestens dann würde diesem aufgeblasenen Affen sein süffisantes Grinsen einfrieren. Nein, noch besser: Es würde ihm vergehen – für alle Zeiten! „Noch etwas, Bürckel", befahl er dem Gauleiter. „Richten Sie Schneidmadl die besten Grüße von mir aus. Sagen Sie ihm, wir haben uns 1920 in St. Pölten kennen gelernt. Teilen Sie ihm mit, wenn er mit JA stimmt, was er – dafür werden Sie sorgen – ohne Zweifel wird tun müssen, dann werde ich ihm in meiner Güte – sagen Sie Güte, Bürckel! – die Einweisung in ein KZ ersparen! Richten Sie ihm wörtlich aus: ‚Der Führer schützt Sie, Herr Schneidmadl, hält Sie in Armen, so wie Sie ihn vor 20 Jahren in Armen gehalten haben.' Er wird wissen, wie ich es meine. Besorgen Sie ihm außerdem eine Arbeit. Ich werde ihn so fest drücken, dass ihm der Atem wegbleibt. Und jetzt schicken Sie das Telegramm ab!"

„Sehr wohl, mein Führer! Sie können sich auf mich verlassen", gehorchte Bürckel, schlug die Hacken und verließ den Saal.

Heinrich Himmler, der bisher wortlos am Fenster gestanden war, schob den Vorhang ein wenig zur Seite und beobachtete das Treiben draußen. „Unglaublich, diese Menschenmasse", schüttelte er den Kopf. „Völlig außer sich. Sie sollten sich kurz zeigen, mein Führer!"

Hitler gab keine Antwort, winkte stattdessen Karoline Pittner herbei. „Wo ist die gnädige Frau?", wollte er wissen. „Im ersten Stock, mein Führer." „Ich möchte mich von Ihrer Frau Mama verabschieden. Begleiten Sie mich hinauf!" „Selbstverständlich", antwortete die Hausherrin. Zu Himmler gewandt meinte Hitler: „Von oben werde ich mich am Fenster zeigen!" „Wie Sie wünschen, mein Führer."

Bürckel war in der Zwischenzeit zur Rezeption gegangen und überreichte dem Portier, einem alten Mann, der schon seit der Monarchie ein treuer Diener des Hotel Pittner war, den aufgesetzten Text an Goebbels. „Geben Sie das durch!", befahl er. Der Alte nickte wortlos. Während er das Papier überflog, begannen seine Hände leicht zu zittern. Seine zuvor rosige Hautfarbe nahm einen blassen Teint an. Immer wieder musste er schlucken. Bürckel merkte es allerdings nicht.

Wie Sie, sehr geehrter Herr Reichsminister, dem Erlaß des Führers entnehmen werden, sind mir für die Volksabstimmung in Österreich dieselben Vollmachten erteilt worden wie im Saarkampf. Ich bitte um Anweisung an Ihre Dienststellen zu gewissenhafter Mitarbeit. Da die Propaganda im Reich nicht ohne Einfluß auf die Abstimmung in Österreich ist, ist gleiches Vorgehen in allen Fragen absolut notwendig. Ich bitte auch für diesen Fall um Anweisung an Reichspresse und Reichsrundfunk, unsere Anregungen und Wünsche entsprechend zu berücksichtigen.

Mit bestem Dank und Heil Hitler Ihr sehr ergebener
Josef Bürckel

Während alsbald nur mehr das Klappern des Telegrafen, eine einfache „Melodie" aus langen und kurzen Rhythmusfolgen, zu hören war, musterte Bürckel aufmerksam die auf dem Tisch des Alten liegenden Journale und Zeitungen. Auf der Titelseite des St. Pöltner Boten vom 10. März blieb sein Blick hängen:

Sonntag, 13. März
Volksabstimmung in Österreich

Volk von Österreich! Der Kanzler ruft Dich! Er will keine Parteien, er will keinen Bürgerkrieg, er will keinen Terror, er will keine Bevormundung, er will nicht, daß Bruder gegen Bruder steht, – er will, daß der Mensch zum Menschen finde. Drum will er Friede und Eintracht in Haus und Familie, in Gemeinde und Land, Staat und Volk.
Treues Volk von Österreich! Du stimmst mit JA!
Denn du stimmst für den Frieden der Heimat und der Welt!

Neben diesem Aufmacher fanden sich auf der Seite noch fünf kleinere Abschnitte, die ebenfalls das Volk auf ein eigenständiges Österreich einschwören sollten.

Christen!

Wir wollen, daß das Kreuz unser Zeichen bleibe! Wir wollen, daß vom Kreuz her soziale Gerechtigkeit komme! Wir wollen, daß Christentum und Deutschtum untrennbar sei! Darum wollen wir das christlich-deutsche Österreich, für das wir an der Bahre des Heldenkanzlers Dollfuß unsere Ehre verpfändet haben. Drum stimmt mit uns für Schuschnigg, stimmt mit JA!"

Bauern!

Euer größter Sohn Engelbert Dollfuß steht vor Euch und befiehlt: Haltet mein Vermächtnis heilig, haltet Eure Bauernfreiheiten fest. Denkt an meine Sterbestunde: Ich wollte nur Österreichs Ehre und den Frieden seiner Bürger. – Bauern, Ihr hört des toten Kanzlers Stimme. Ihr gehorcht seinem Befehl. Ihr stimmt für ihn, für sein Österreich, stimmt mit: JA!

Arbeiter!

Schuschnigg will den Frieden, denn er will für Euch Arbeit und Brot. Wir wissen:
Drum stimmt Ihr für ihn, drum stimmt Ihr für Euch! Drum stimmt Ihr für Euer freies, unabhängiges Österreich! Drum stimmt Ihr mit JA!

Bürger!

Österreich ist ein Hort deutscher Freiheit! Österreich will seine kulturellen Kräfte in Freiheit entfalten, zum Wohle des deutschen Volkes und des Weltfriedens! Österreich will den freien Bürger in der freien Gemeinde im freien Staate!
Darum stimmt Ihr mit: JA!

Mütter!
Wir wollen, daß weiterhin Friede sei! Ihr wollt dasselbe. Ihr wollt es für Eure Söhne. Ihr wollt, daß das Wort des Kanzlers Schuschnigg gelte: „Die Jugend soll nicht gegeneinander sterben, sondern miteinander leben." Mütter, drum stimmt Ihr für Österreich, drum stimmt Ihr ...

„Fertig, sehr geehrter Herr." Aus seinen Gedanken gerissen, zuckte Bürckel kurz zusammen. Der Alte hielt ihm das Blatt Papier entgegen. „Was? Äh, nein. Das brauche ich nicht mehr", sagte er etwas irritiert, fasste sich im nächsten Moment aber. Strengen Tons deutete er, indem er seinen Kopf leicht zur Seite neigte, auf die St. Pöltner Zeitung. „Was soll das?" Der Alte stellte sich unwissend. „Was meinen Sie ...?" „Die Zeitung!" „Die Zeitung?" „Ja, verdammt, Sie Einfaltspinsel! Die Zeitung, sehr richtig!" Der Portier zuckte unschuldig mit den Achseln. „Keine Ahnung? Liegt nur so herum. Ist ja erst von letzter Woche, also noch nicht sehr alt." Insgeheim wusste er, dass eine Woche in Zeiten wie diesen eine Ewigkeit darstellte, dass sich seine Welt in dieser einen Woche völlig geändert hatte, nein – untergegangen war. Viele, die jetzt draußen hoffnungsvoll schrien, gaben sich dem Irrglauben hin, die Welt wäre wieder gekittet, alles wäre wieder in Ordnung. Ordnung, Ruhe – so lange hatten sie sich danach gesehnt. Aber im Innersten seines Herzens spürte er – als wär es eine Vorahnung – dass die Welt in Wahrheit nun endgültig aus den Fugen geriet, dass am Ende nichts als Chaos und totale Orientierungslosigkeit bleiben würden. „Entsorgen Sie diesen Schwachsinn sofort!", fuhr ihn Bürckel scharf an. „Wenn das der Führer sieht!" „Selbstverständlich", gehorchte der Alte leise. Er zerknüllte langsam die Zeitung und warf sie in den fast vollen Papierkorb. Nur ein kleiner, zerknitterter Ausschnitt der Titelseite blieb sichtbar: „... für Euer freies, unabhängiges Österreich!" Der Alte kämpfte gegen Tränen an. Ihm schwindelte.

Plötzlich brandete von oben ohrenbetäubender Lärm auf, als hätte jemand den Lautstärkenregler eines Radios unvermittelt auf Maximum gedreht. Wie eine Sturzflut, die alles unter sich begräbt und keinen Stein mehr auf dem anderen lässt, ergoss er sich ins Foyer und begrub jede Verständigung. Der Portier spürte ein furchtbares Stechen in der Brust. Schweiß brach ihm aus. Er rang nach Luft. Er versuchte sich an der Tischkante abzustützen. Fand keinen Halt. Rutschte ab und stürzte zu Boden. Ihm wurde schwarz vor Augen. Absolute Dunkelheit.

Bürckel, der nur eine Armlänge von ihm entfernt war, nahm von all dem keine Notiz, sondern starrte nur ungläubig das Stiegenhaus hinauf.

Im 1. Stock aber stand Adolf Hitler am Fenster. Beide Arme hatte er stramm auf die Fensterbank gestützt. Mit leuchtenden Augen schaute er die Kremsergasse hinauf: Ein Meer aus Hunderten zum deutschen Gruß erhobenen Armen streckte sich ihm entgegen. Und über all dem eine einzige Stimme aus Hunderten von Kehlen: „Sieg Heil, Sieg Heil, Sieg Heil ..."

„Die Situation des Selbstmörders ist nicht die, auf die das Strafgesetz zugeschnitten ist, der Selbstmörder hat keinen freien Willen. Die Wurzel dieser Tat war die Einfalt dieses Menschen, und wenn ein strenges Urteil gefällt wird, werden die Leute sagen ‚Ein solcher Mensch findet kein Erbarmen!'" (Schlussplädoyer des Verteidigers im Attentatsprozess gegen Karl Jaworek, 2. Dezember 1924)

Karl Jaworek (1924)

Angeklagter: Meine Frau hat mir gesagt, ich soll ihr Krankengeld von Baden holen.

Vorsitzender: Sie wollten aber ursprünglich nicht gehen?

Angeklagter: Ich habe keine rechte Lust gehabt.

Vorsitzender: Wodurch haben Sie sich denn doch bestimmen lassen, am 31. Mai nach Baden zu fahren.

Angeklagter: Durchs Zureden hab I mir dann doch gedacht, ich fahr.

Vorsitzender: Nun sind sie am 31. Mai in der Früh weggefahren. Sie haben den Revolver mitgenommen.

Angeklagter: Ja, ich wollte mich bei dieser Gelegenheit erschießen. Ich habe immer andere Gedanken gehabt, einmal so, einmal so.

Karl Jaworek saß am Bahnsteig 2 des Badener Bahnhofes und starrte gedankenverloren über die Gleise hinweg. In seinen Fingern drehte er die Rückfahrkarte nach Pottenstein, welche er schon am Morgen in seinem Heimatdorf gekauft hatte, von einer Seite auf die andere, immer und immer wieder, so als könnte er damit die Zeit zurückdrehen, bis in die Jahre seiner Kindheit, als er in St. Georgen bei St. Pölten als kleiner Bub in den Weizenfeldern, die gleich hinter den Arbeiterwohnungen der Spinnereiarbeiter begannen, mit seinen Geschwistern umhergetollt war – ohne Sorgen, ohne Angst, unbeschwert. Beim Versteckenspielen hatte er sich immer in das riesige Meer gelber Garben gelegt, in den blauen Himmel geblickt und den Wolken auf ihrer Reise zugesehen. In Gedanken malte er sich aus, wohin sie ihn trugen. Einmal war er Kaiser von China, das andere Mal ein berühmter Filmheld in Amerika, und wieder ein anderes Mal trugen sie ihn hinauf in die Sterne. Aber das war lange her, versunkene Erinnerungen an bessere Tage, die ihm heute so unwahrscheinlich erschienen, als hätte er sie nie erlebt. Was einzig bestand, war die traurige Gegenwart, war die Aussicht auf keine Aussichten, auf eine Zukunft ohne Hoffnung, in der es nicht besser, sondern nur noch schlimmer werden würde. Sein Leben hatte ihn müde gemacht. Todmüde.

Der Gedanke an Selbstmord begleitete ihn schon lange, und doch war er ihm noch nie so nahe gewesen wie in diesem Moment. Es schien, als hätte sich der Tod unsichtbar neben

ihn auf die Bank gesetzt und seine knöchernen Arme um seine Schultern gelegt. Eigentlich hatte er gar nicht nach Baden fahren wollen, aber Margarete hatte nicht lockergelassen und ihn schließlich überredet. „Wir brauchen das Geld dringendst, Karl. Soll ich etwa so kurz nach der Niederkunft selbst den Weg nach Baden antreten? Wie stellst du dir das vor? Außerdem bist du der Mann, der Versorger. Also, hol von der Krankenkasse in Baden meine Stillprämie, und für die Mitzi nimm auch gleich das Krankengeld mit. Sie zahlt dir dafür die Hälfte der Fahrkarte!"

Er hatte sich in Gedanken ausgemalt, wie ihre müden, matten Augen für den Bruchteil einer Sekunde aufflackern würden, wenn er ihr das Geld in die Hand drückte, wenn sie es – wie sie es auch mit seinem Lohn tat – Schein für Schein vor sich hin auf den kleinen Küchentisch legte und dabei laut mitzählte. Nur einmal in der Woche, wenn sie dieses Ritual durchführen durfte, huschte ein Lächeln über ihre schmalen, verhärmten Lippen. Nur in diesen Momenten, wenn er ihr Geld gab, konnte er ihr Freude bereiten, fühlte er sich ihr nahe. Er willigte also ein, die Stillprämie und das Krankengeld zu holen.

Margaretes Lächeln begleitete ihn auf seiner Fahrt und stimmte ihn fröhlich, ebenso wie die Tatsache, endlich einmal aus dem verhassten Pottensteiner Loch herauszukommen. Nicht zuletzt liebte er Zugfahrten, schon seitdem er als kleiner Knirps mit der Straßenbahn durch St. Pölten gefahren war.

Doch seine Unbeschwertheit währte nicht lange. Als er bei der Krankenkasse gegen halb acht Uhr einlangte, war sie mit einem Schlag verflogen. Das Öffnen der Tür hatte genügt – ein Blick in den vollen Saal, ein Schnuppern mit der Nase, ein Lauschen – und sein Herz schnürte sich wieder zusammen, fahrige Nervosität bemächtigte sich seiner und er fühlte sich todtraurig, verloren, wie in den letzten Monaten ununterbrochen. Im engen Warteraum waren an die fünfzig Personen versammelt und warteten. Auf den wenigen Bänken entlang der Wände saßen Mütter in abgetragenen Kitteln, die ihre Babys stillten. Kleinkinder schrien wie am Spieß, aus Angst, Schmerz, oder aber aus Zorn, weil sie sich in diesem Käfig kaum rühren konnten. Männer mit finsteren Mienen starrten stier vor sich hin, als könnten sie sich von den bedrückenden Alltagsgedanken und Dämonen ihres Lebens nicht befreien. Seelenkrüppel, während viele andere tatsächlich körperlich versehrt waren – ohne Arm, ohne Bein oder sonst mit einer bei der harten Arbeit oder im großen Krieg zugezogenen Behinderung. Alte – die in Wahrheit vielleicht erst um die 50 waren – krümmten sich unter rachitischen Rücken. Asthmatiker, viele von ihnen wohl Grubenarbeiter, pfiffen schwer mit rasselndem Atem, und wieder andere kratzten wie besessen an feurig roten Ekzemen, die ihren ganzen Körper bedeckten. Ein Greis ohne rechtes Auge schob, um einem lästigen Knaben Angst einzujagen, für einen Moment seine Augenklappe zur Seite und präsentierte den zusammengeflickten Hautwulst. Ein Verrückter hielt lauthals Selbstgespräche und predigte vom Jüngsten Gericht, das sie alle heimsuchen werde. Junge Frauen, die noch vor wenigen Jahren in voller Blüte erstrahlten, wirkten wie in der Sonne verbrannte Blumen – mit gelblichem Hautteint, herabhängenden Mundwinkeln, verwelkten Brüsten, leeren, leblosen Augen mit blutunterlaufenen Ringen darunter – verbraucht, verdörrt, vergeudet. Alte Frauen und Männer, denen die Haare in fetten, dünnen Strähnen in die Stirn hingen, zeigten, wenn sie verstört lachten, ein zahnloses, schwarzes Loch. Und über all dem lag ein ekelhafter, penetranter Geruch von Ausdünstungen und Schweiß ungesunder, ausgeschundener Körper – Leichenduft lebender Toter. Mitten darunter er, Karl Jaworek, Spinnereiarbeiter aus Pottenstein, geboren in St. Georgen bei St. Pölten, 29 Jahre alt. Eigentlich hätte er als einer der wenigen Gesunden glücklich sein müssen. Aber er war es nicht. Im Gegenteil. Er fühlte sich elend. Alles schien ihm mit einem Mal wieder völlig sinnlos. Würde er, würde Margarete, würden die Kinder etwa anders enden als all diese Krüppel hier? Hatten sie denn eine Chance? Nein. In Wahrheit war doch schon alles festgelegt. Der Tod hatte die Sanduhr bereits umgedreht, und es würde nicht lange dauern, da würden auch sie aufgrund der Mangelerscheinungen von den ersten Krankheiten heimgesucht – der Beginn eines langen, qualvollen Todes auf Raten. Warum das Leiden also nicht verkürzen? Warum dem Tod nicht unter die Arme greifen?

Als er nach zwei Stunden, eingesperrt in diesem ekligen, stickigen Käfig voller Leid und Todesnähe endlich an die Reihe kam, drückte ihm der Schalterbeamte über 700.000 Kronen in die Hand: „Ein ganz schöner Batzen Geld, Herr Jaworek. Sie sind ein Glückspilz!"

Vorsitzender: Sie haben weder der Frau noch der Schwägerin das Geld gebracht, sondern ...?
Angeklagter: Ich war verzweifelt über meine Lage.
Vorsitzender: Zu welchem Entschluss sind Sie gekommen.
Angeklagter: Das Geld anzubringen und aus dem Leben zu scheiden.

Jaworek steckte die Rückfahrkarte weg und streichelte in der rechten Hosentasche über das Geldbündel. „Ein ganz schöner Batzen Geld, Herr Jaworek", hallte es in seinen Ohren nach. Schwachsinn! Ein Tritt in die Eingeweide, ein Schlag ins Gesicht war dieses Geld. 700.000 Kronen – das war nichts! Noch dazu standen seiner Frau davon lediglich 200.000 Kronen zu, während der Rest Mitzi gehörte. 200.000 Kronen wiederum waren gerade einmal 60.000 Kronen mehr als der karge Wochenlohn, den er in der Fabrik verdiente. Zu viel zum Sterben, zu wenig zum Leben.

Auf Kurzarbeit hatten die hohen Herren Fabrikanten neuerdings umgestellt, weil die Geschäftslage so schlecht sei und weil das Sanierungswerk des Bundeskanzlers Seipel eben seinen Tribut fordere – eingezogen wurde dieser freilich nur von den Arbeitern. Wie diese angesichts der stetigen Geldentwertung ihre Familien ernähren sollten, war der Regierung offensichtlich egal. Natürlich bekam Margarete jetzt auch die Stillprämie und das Arbeitslosengeld, aber diese waren nur Tropfen auf dem heißen Stein. Wie sollten sie mit 140.000 Kronen Wochenlohn auskommen, wenn die Frau alleine für Milch mittlerweile 60.000 Kronen pro Woche ausgab, wenn der Brotpreis immer weiter in die Höhe schoss, von anderen Bedarfsartikeln außer Lebensmitteln gar nicht zu sprechen. Zumeist ab Donnerstag, spätestens aber am Wochenende war das Geld aufgebraucht, bis auf den letzten Heller. Dann waren sie auf die Almosen der Schwiegereltern angewiesen. Wie Bettler, unfähig, für sich selbst aufzukommen. Immer hatte er davon geträumt, sein eigener Herr zu sein, in niemandes Schuld zu stehen. Aber sein Leben drängte ihn ununterbrochen in die Rolle des Hilfsbedürftigen, des Schnorrers, des Unfreien. Wie er diese Abhängigkeit hasste! Zudem hatten die Schwiegerleute ja selbst kaum genug, und nun mussten sie noch seine Familie durchfüttern. Natürlich sagten sie nichts, aber er spürte ihre vorwurfsvollen Blicke über den Tisch herüber, wenn sie schweigend und hölzern abends aus einer Schüssel aßen. Vernahm ihre stummen Vorwürfe, als könnte er etwas dafür, dass es ihnen so dreckig ging. Dabei leistete er sich selbst nichts. Schuftete ausschließlich für die Familie. In seinem Kasten hingen gerade einmal zwei Anzüge, beide über zehn Jahre alt, vielfach gestopft, fahl in ihren Farben. Seine Schuhe waren aufgerissen, seine sonstige Wäsche ausgewaschen und brüchig. Er rauchte nicht, ging nicht ins Bordell, trank nicht. Die einzige Freude, die er sich gönnte, war samstags Kegelscheiben. Sonst brachte er seinen gesamten Lohn der Frau nach Hause, anstatt ihn wie so viele andere – und wer wollte es den armen Teufeln verdenken – zu versaufen. Aber Margarete war es dennoch nie genug – wie auch? Immer wieder hatten sie Streit wegen des Geldes, Streit über ein Objekt, das ab Donnerstag gar nicht mehr existierte.

„Karl, das Geld geht sich nicht aus. Ich weiß nicht mehr, was ich machen soll." „Ich auch nicht." „Was heißt ich auch nicht? Willst du uns, willst du deine Kinder verhungern lassen?" „Lass mich in Ruhe! Ich kann dieses ewige Gejammer nicht mehr hören." „Du musst mehr Geld verdienen! Such dir noch eine andere Arbeit." „Eine andere Arbeit? Eine andere Arbeit? Wann geht es endlich in deinen Kopf hinein, dass es keine andere Arbeit gibt. Ist das so schwer zu begreifen, oder bist du zu dumm dazu? Ich bin froh, dass sie mich überhaupt behalten haben in der Fabrik, auch wenn es nur Kurzarbeit ist. Die meisten anderen sind überhaupt gleich entlassen worden. Wäre dir das lieber? Was glaubst du, was die ihren Weibern erzählen? Aber denen machen die Frauen nicht die Hölle heiß, gehen sie nicht an, sondern versuchen sie zu trösten. Aber du verlangst immer nur mehr. Mehr, mehr, mehr! Soll ich etwa stehlen gehen, damit sie mich wieder dabei erwischen und einsperren. Ist dir das lieber?" „Das ist mir egal! Und wenn du jemanden umbringst! Ich weiß nur, dass es so nicht mehr weitergehen kann. Dass wir vor die Hunde gehen. Jede Woche diese Ungewissheit, diese Angst. Was, wenn eines der Kinder einmal krank wird? Wenn wir Medizin brauchen? Für nichts haben wir Geld, müssen ab Mitte der Woche aus der Hand in den Mund leben – und nie wird es besser. Das ist ja kein Leben, Karl. Das ist nicht einmal mehr ein Dasein. Ich kann einfach nicht mehr. Wenn die Kinder nicht wären, dann ..." „Was? Was, wäre dann, he? Dann hättest du wohl schon einen anderen, willst du sagen. Nicht so einen Arbeiterlumpen, so einen Versager wie mich, sondern einen geschniegelten Beamten mit sicherem Einkommen. Davon hast du doch immer geträumt als junges

Mädchen, nicht wahr?! Aber da täusch dich mal nicht, meine Liebe. Denen geht es nämlich auch schon an den Kragen. Der Herr Seipel macht vor niemandem halt, außer vor den Fabrikanten und Bankern, vor den ehemaligen Adeligen und Großgrundbesitzern. So ist das! Und wer sollte dich noch nehmen? Schau dich doch an? Ich, ich, ich – das ist das Einzige, was ich von dir höre. Aber das interessiert niemanden, verstehst du?! Der Welt da draußen sind wir scheißegal! Was glaubst du überhaupt? Dass es mir besser geht, dass ich mir ein solches Leben gewünscht habe? Am liebsten würde ich alles liegen und stehen lassen. Dich, die Kinder, alles!" „Aber Karl, sag das nicht!", schluchzte sie auf. „Wir sind doch das Einzige, was wir noch haben. Wir, die Familie." „Ich hasse diese Familie, Margarete! Verstehst du?! Ich hasse deine Eltern, ich hasse dich – alles, alles hasse ich. Und am allermeisten hasse ich mich selbst. Ich kann morgens nicht einmal mehr in den Spiegel schauen, ohne dass mir von meiner eigenen Visage speiübel wird. Und was heißt hier Familie? Das ist ja keine Familie! Dreck ist das, sonst gar nichts. Bei der Marine, beim Militär damals – das war noch eine Familie gewesen. Da ist einer für den anderen eingestanden, auf Leben und Tod, ohne wenn und aber. Aber wir – nein, wir sind keine Familie!" „Warum hast du mich dann geheiratet, Karl? Warum haben wir dann Kinder gemeinsam, wenn dir das alles nichts wert ist?" „Das frag ich mich auch." Er drehte sich um und lief aus der Wohnung, aus dem Haus, hinaus auf die Straße. Rannte weiter, immer weiter, einfach nur weg, so lange, bis er nicht mehr konnte. Woche für Woche das Gleiche. Er hielt es nicht mehr aus. Am allerwenigsten, wenn sie weinte, wenn er der Grund dafür war. In Wahrheit liebte er sie noch immer. Über alles. Aber sein Leben ließ es nicht zu, ihr dies zu zeigen, ließ ihrer Beziehung keine Luft zum Atmen, sondern erstickte sie in Sorgen und Ängsten.

Vor zwei Jahren hatte er noch gehofft, dass sich durch die Heirat seine Lebenssituation verbessern würde, sie gemeinsam mehr hätten. Es musste doch ein schöneres Leben geben! Welch lächerlicher Irrglaube! Es wurde alles nur noch schlimmer. Bald kamen die Kinder, eins nach dem anderen. Grete konnte nicht mehr arbeiten gehen, und plötzlich lag alle Verantwortung bei ihm allein, drückte ihn nieder. Er kämpfte, strengte sich an, gab alles – aber gegen dieses Leben konnte er nicht an. Auch nicht dagegen, was es aus ihnen machte.

Grete war nicht mehr dieselbe wie vor zwei Jahren – auch er nicht. Das Leben hatte sie verändert, hatte einen tiefen Graben in ihr Zusammenleben gezogen, der von Tag zu Tag unüberwindbarer wurde. Und so sehr er sich auch bemühte, dem schmalen Grat zu entfliehen, so gelang es ihm doch nicht, davon wegzukommen, drohte er jeden Moment ins Bodenlose zu stürzen.

Vorsitzender: Warum haben Sie Abneigung gerade gegen den Bundeskanzler gefasst?
Angeklagter: Weil jeder über ihn geschimpft hat. Sonst hat man von niemand etwas gehört.
Vorsitzender: Wie ist Ihnen der Gedanke gekommen, auf Seipel zu schießen.

Angeklagter: Ich habe gesehen, dass es allerweil schlechter wird. Ich habe mir nicht anders zu helfen gewusst. Ich habe nur gedacht, wenn ein anderer Bundeskanzler kommt, wird es besser.

Er hatte sich oft gefragt, wer schuld an seiner Situation war. Zuallererst hatte er die Fehler bei sich selbst gesucht, war bald von Selbstzweifeln zerfressen. Aber konnte er sich tatsächlich etwas vorwerfen, dass es so war, wie es war? Im Grunde genommen hatte er doch immer ein tadelloses Leben geführt. In St. Pölten hatte er die Volksschulzeit hinter sich gebracht, auch wenn er bisweilen als Raufbold verschrien war. Im Anschluss hatte er, wie sein Vater, und wie vor diesem dessen Vater, in der St. Georgner Spinnerei gearbeitet, und war, als der große Krieg ausbrach, in die Marine eingerückt. Hatte für die hohen Herren, die ihm das eingebrockt hatten, den Schädel hingehalten. Aber der neue Staat, dieses Deutsch-Österreich, wusste ihm dies nach dem Krieg wenig zu danken. Aus der Marinewehr wurde er entlassen. Matrosen wurden in einem Land ohne Meer nicht mehr gebraucht. Und auch für Soldaten fand sich keine Verwendung mehr. Er war zu einem nutzlosen Auslaufmodell geworden. Er trat kurzfristig in die Volkswehr ein, schließlich sogar in die Rote Armee der ungarischen Räteregierung, weil man dort Menschen wie ihn willkommen hieß, weil er Gemeinschaft, Gleichgesinnte suchte. Aber als nach knapp vier Wochen der Feind heranrückte, desertierte er – für einen fremden Staat, der ihm ebenso wenig vertraut war wie der eigene, wollte er denn doch nicht sterben. So kam er zurück nach Deutsch-Österreich – und war wieder allein. Freilich hätte er zu seiner Familie nach St. Pölten zurückkehren können. Aber wozu? Er hatte keinerlei Bindung mehr zu ihr, eigentlich nie gehabt. Diese Menschen waren ihm fremd, bedeuteten ihm nichts, und er bedeutete ihnen ebenso wenig. Das vierte von zehn Kindern war er – wie hätte die Mutter da Zeit für den Einzelnen aufbringen, ein Gefühl von Geborgenheit und Heimat aufbauen können. Sie war eine harte, kalte Frau, hatte sie aber doch recht wacker durchgebracht. Aber Liebe? Nein, Liebe konnte sie ihnen nicht geben. Vielleicht war sie auch so unnahbar und verbittert, weil der Vater alles im Wirtshaus versoff, seitdem die Tochter – seine Schwester – sich mit 17 Jahren aus Liebeskummer in der Traisen ertränkt hatte. Der Vater wollte nicht zulassen, dass sie mit einem Apothekersohn eine Beziehung unterhielt. Der feine Pinkel würde sie doch nur ausnutzen und schließlich, wenn er ihrer überdrüssig geworden war, einfach sitzen lassen, ihr bestenfalls noch ein Kind andrehen, das dann er, der arme Großvater, durchfüttern müsste. Menschen aus so verschiedenen Welten, so war er überzeugt, passten nicht zusammen. Deshalb durfte es diese Beziehung nicht geben. Als sich die Schwester an einem lauen Juniabend das Leben nahm, starb auch er. Die Selbstvorwürfe ließen ihn nicht mehr zur Ruhe kommen. Er verfiel dem Suff. Da half auch das Gezeter der Mutter nichts, dass er eines Tages wie der Großvater in der Irrenanstalt enden würde. Er hatte seine Entscheidung getroffen, und diese hieß Flucht.

Eine solche Familie bot wahrlich keinen ruhigen und sicheren Hafen, wohin man jederzeit heimkehren konnte, wenn man Geborgenheit suchte. So tingelte er, anstatt nach

St. Pölten zurückzukehren, durch die Lande, schlug sich in verschiedenen Fabriken als Spinnereiarbeiter durch, bis er zuletzt in Pottenstein landete.

Kurz, ja kurz ging es ihm sogar nicht einmal schlecht. Aber bald wurde das Geld immer weniger wert, begann die unaufhaltsame Talfahrt. Der Staat musste, wie es so schön hieß, „saniert" werden – das bedeutete Massenentlassungen, Reduktion der Sozialleistungen, bittere Armut. War er schuld daran? Nein. Daran war doch nur die neue Regierung schuld, dieser Seipel. Das hörte er überall: in den Sitzungen der Sozialdemokratischen Arbeiterpartei, am Stammtisch, am Arbeitsplatz. Seipel, so hieß es, sei ein Krebsgeschwür, das Deutsch-Österreich von innen her zerfresse. Mit der Völkerbundanleihe habe der Kanzler die Republik auf Kosten der Arbeiter verkauft und verraten.

Er hatte eigentlich keine Ahnung, was da geredet wurde, was es mit dieser Völkerbundanleihe auf sich hatte, was das überhaupt war, eine Anleihe. Für Finanzpolitik interessierte er sich nicht, verstand sie nicht. Er sah nur, dass es tatsächlich immer schlechter wurde, also musste an diesen Vorwürfen doch etwas dran sein. Dieser Seipel musste etwas falsch gemacht haben, oder vielmehr, das hörte er auch immer wieder, dieser Seipel, ein Prälat, musste etwas gegen die Arbeiter haben. Ein richtiger Arbeiterhasser musste das sein, während er die Fabriksherren und Großgrundbesitzer unterstützte und immer reicher machte.

Das erlebte er ja tagtäglich am eigenen Leib. Während die Fabriksherren nämlich fett in ihren großen Villen logierten, darbte er mit seiner Familie in einem kleinen Zimmer und hatte im Winter nicht einmal genug Feuerholz. Stehlen musste er gehen, im Wald, damit sie zu Hause nicht erfroren! Und dann erwischten sie ihn eines Tages. Verurteilten ihn brieflich zu 24 Stunden Arrest. Wie hatte er sich geschämt, als ihn der Gendarm anrief: „He, stehen bleiben, du Strauchdieb!" Er, ein Dieb, soweit war es mit ihm gekommen! Andererseits war er aber auch aufgebracht über diese Strafe – sollte das etwa Gerechtigkeit sein? Er hatte einen deftigen Brief an das Gericht zurückgeschrieben: *„Ich erkläre Ihnen feierlich, dass Sie mir Freude gemacht haben mit dem Urteil. Denn das richtige Urteil über mein Verbrechen muss sich erst späterhin herausstellen, und man wird sehen, wer die wahren Diebe sind. Wir sind heute in einer Republik, wo es sich nur um die Gerechtigkeit handelt. Verständigen sie bei der nächsten Hauptverhandlung auch den Gendarm, damit ich ihn gleich anspeiben kann."* Aber eine weitere Verhandlung hatte es nicht gegeben. Stattdessen wurde er wegen Beleidigung der Staatsgewalt zu vierzehn Tagen Arrest verurteilt. Vierzehn Tage kein Verdienst für die Familie! Vierzehn Tage Hunger und Frieren wegen ein paar gestohlener Scheiter Holz, die dem Waldbesitzer nicht abgehen konnten.

So also sah die Gerechtigkeit dieses Staates aus. Den Kleinen zwang es zum Stehlen, stempelte ihn zum Verbrecher ab, bestrafte ihn noch zusätzlich zu seinem Leid, während er die Fabriksherren, welche die Arbeiter ausbeuteten, welche das Leben ganzer Familien raubten, ungeschoren ließ. Alles das Werk dieses Seipel, dieses Arbeiterhassers. Wie konnte man dem aber begegnen, wie sich wehren? Doch nur, indem man diesen Seipel, der an allem schuld war, bekämpfte, mehr noch – ihn ausschaltete. Das war die Lehre, die er aus dieser Affäre zog.

Einen richtigen Hass entwickelte er gegen den Kanzler. Er begann sich deshalb sogar politisch zu engagieren, wurde Betriebsratsobmann, machte auch kein Hehl aus seinen Ansichten. Bald meinten seine Kollegen, er sei viel zu radikal – so einfach könne man das Ganze auch wieder nicht sehen. Schließlich wählten sie ihn sogar ab, enthoben ihn seines Amtes. Einen Betriebsratsobmann wie ihn wollten sie nicht haben, da bekämen sie nur unnötige Schwierigkeiten, sagten sie. Diese Memmen! Feige Hunde waren sie, nichts weiter. Arme Schlucker mit zu wenig Courage, sich ordentlich zur Wehr zu setzen. Idioten, die, wenn sie geschlagen wurden, auch die zweite Backe hinhielten und sich dafür sogar noch bedankten. Er wollte nicht so sein. Er wollte sich nicht länger treten lassen, sondern zurückschlagen. Er würde es diesen Feiglingen schon irgendwann zeigen, würde sie befreien, das schwor er sich damals.

Und wozu brauchte er schon die Partei, die Gewerkschaft. In Wahrheit waren diese doch um nichts besser als die Regierung selbst, gefielen sich bestenfalls in ihren nutzlosen Stammtischparolen. Außer leeren Worten und frommen Wünschen hatten sie nichts aufzubieten. Im Stich gelassen hatte ihn die Partei, das war die Wahrheit. Alles, was die Herrn Funktionäre von ihm wollten, war Geld, weil man doch nur gemeinsam, wenn jeder einzelne seinen Beitrag leiste, das große Werk der Arbeiterschaft vollenden könne. Welches große Werk aber meinten sie? Den Niedergang der Arbeiterschaft, dem sie tatenlos zusahen? Und was leistete denn die Partei für ihn? Nichts, aber schon gar nichts. Nicht einmal den kleinen Finger rührten die Herren Arbeitervertreter für ihn. Selbst als er arbeitslos war, hatten sie es nur auf seinen Beitrag abgesehen. Seine Ideen taten sie als Hirngespinste ab, ja, lachten ihn hinter seinem Rücken sogar aus. Und als er einmal – ein einziges Mal – in alkoholisiertem Zustand ein bisschen Radau gemacht hatte, brummte ihm der sozialdemokratische Amtsvorsteher 10.000 Kronen Strafe wegen Ruhestörung auf. Ein Sozialdemokrat einem Arbeiter, der sich und seine Familie ohnedies kaum über die Runden bringen konnte! Der Gipfel aber: Die Partei verwehrte ihm Rechtsbeistand in der leidigen Holzdiebstahls-Geschichte. Da könne man gar nichts machen, da seien ihnen die Hände gebunden. Man könne ja schlecht jemanden verteidigen, der ganz eindeutig gestohlen, also das Gesetz gebrochen hat. Dass er in Folge zwei Wochen Lohnentgang hatte, und zwar zu einer Zeit, als seine Frau kurz vor der Entbindung stand, interessierte diese angeblichen sozialen Arbeitervertreter nicht. Nein. Nichts, aber auch gar nichts hatte die Arbeiterpartei für ihn getan. Im Gegenteil – gedemütigt hatte sie ihn. Bloßgestellt und immer wieder im Stich gelassen, wenn er sie am dringendsten gebraucht hätte. Aber er würde es ihnen schon allen beweisen, und er wusste auch wie: Seipel musste weg. Dann würden sie schon Respekt vor ihm haben. Dann wäre nicht Seipel, nein, dann wäre er der Retter der Nation gewesen, und alle hätten ihn bewundert.

Vorsitzender: Dann haben Sie sich rasieren lassen. Warum?
Angeklagter: Damit ich nicht so schlecht ausschaue.
Vorsitzender: Dann sind Sie in ein Gasthaus gegangen und in ein Freudenhaus. Was dann?
Angeklagter: Ich bin nach Wiener Neustadt gefahren.
Vorsitzender: Warum?
Der Angeklagte schweigt.
Vorsitzender: Sie wollten den Rest des Geldes anbringen, bevor Sie den Schritt ausführen. Dann sind Sie aber weggefahren.
Angeklagter: Nach Graz
Vorsitzender: Warum?
Angeklagter: Weil ich gerne auf der Bahn fahre.
Vorsitzender: Sie waren dann in einem Freudenhaus. Was haben Sie dort ausgegeben.
Angeklagter: 50.000 Kronen.

Jaworek stand vorm Waschbecken seines Grazer Hotelzimmers und musterte sich im Spiegel. Auch wenn er sich in Baden eine Rasur gegönnt hatte, konnte diese seinen schlechten Gesamtzustand nicht kaschieren. Seine Wangen waren eingefallen, die Nase trat spitz aus dem Gesicht hervor, seine schüchternen, braunen Augen lagen in tiefen Höhlen begraben, der englisch gestutzte Schnurrbart wirkte wie aufgepickt und die schwarzen, streng nach hinten gekämmten fetten Haare standen in krassem Gegensatz zu seinem blassen Gesichtsteint. Er drehte sich, betrachtete sich im Profil, schaute seinen Körper hinab. Der verschlissene Anzug, den er vor über zehn Jahren von seinem Vater geschenkt bekommen hatte, war ihm mittlerweile zu groß geworden, so dass seine schmächtige Figur darin schlotterte wie ein Gespenst. In den Gürtel hatte er zwei neue Löcher gestochen, um die Hose nicht zu verlieren. Eine lächerliche Figur gab er ab, er, der früher als großer Weiberheld verschrien gewesen war. Aber welche Frau hätte sich heute für eine solche Jammergestalt noch interessieren sollen?

Er fischte den Revolver – ein fünfschüssiges 8 mm Modell von Hammerleß mit 17 Zentimeter langem Lauf, den er bei seinem Bruder gegen Fleisch, Eier und Schmalz eingetauscht hatte – aus der Rockinnentasche hervor und drehte die Trommel, so dass die Stille kurzfristig durch ein lautes Rattern unterbrochen wurde. Er starrte in den Spiegel. Wie fremd sein Konterfei wirkte. In einer langsamen, ausholenden Bewegung führte er den Revolver auf Gesichtshöhe heran. Er legte die Waffe an seine rechte Schläfe. Er fühlte den kalten Stahl. Er schloss die Augen, presste die Lippen aufeinander und – drückte ab. Klick! Wie laut der Knall wohl bei geladener Waffe gewesen wäre? Er würde es bald wissen. Würde er es bald wissen? Selbstmord – das war schon ein großer, endgültiger Gedanke. Mord noch ein viel größerer. War er sich wirklich sicher?

Er legte sich aufs Bett, den Revolver neben sich. Er war müde, so müde. Und doch auf gewisse Weise auch zufrieden. Der heutige Tag war dank des Geldes sehr schön gewesen.

Der erste schöne Tag seit Jahren! Sowohl in Baden, als auch beim Kurzaufenthalt in Wiener Neustadt sowie jetzt abends hier in der „Ungarischen Krone" hatte er seine Lieblingsspeise, Schnitzel mit Erdäpfelsalat, gegessen. Er hatte ganz vergessen, wie herrlich es war, in ein Stück paniertes Fleisch zu beißen, welch ein Genuss gutes Essen sein konnte. Zuhause gab es nur Knödelsuppe mit gerösteten Zwiebeln, Knödel – als einzige Abwechslung einmal Semmel-, das andere Mal Erdäpfelknödel – mit Salat, Nudeln mit Salat, sonst dünnen Kaffee und Brot. Woche für Woche derselbe Fraß. Schnitzel hatte er schon ewig nicht mehr gegessen, dafür am heutigen Tag gleich zweimal. Das war Luxus!

Auch Sex hatte er gehabt – mehrmals. Sowohl in Baden, als auch hier in Graz war er ins Bordell gegangen. Zum ersten Mal seit Monaten hatte er sich wieder lebendig gefühlt, einen Hauch von Erregung, von Lust verspürt. Und die Mädchen machten alles, was er wollte. Er brauchte nur mit dem Geld zu winken, und schon hatten sie ihn umschwärmt, wollten ihm dienen und Gutes tun. Wie einer der hohen Herren war er sich vorgekommen. Das war Macht, und er genoss sie ungemein, ja, sie berauschte ihn. Das Leben konnte so leicht sein, wenn man Geld hatte. Mit seiner Frau hatte er schon seit Monaten nicht mehr geschlafen. Zu viel Verachtung, zu viel Verbitterung stand zwischen ihnen, als dass sie sich noch intim, gar in Liebe begegnet wären.

Aber war seine Frau die einzige? Es gab doch so viele andere. Was, wenn er sie einfach verließ, sie und die Kinder? Was sollte ihn davon abhalten – sein Gewissen? Was, wenn er alles hinter sich ließ, vielleicht sogar aus dem Land ging? Gute Spinnereiarbeiter suchte man doch überall in Europa, und irgendwo musste es den Arbeitern doch besser gehen als in diesem gottlosen Staat mit einem Prälaten an der Spitze. War dies nicht viel klüger und mutiger, anstatt sich und dem Kanzler eine Kugel in den Kopf zu jagen? Einfach von vorne beginnen, es noch einmal zu wagen, anstatt sein Leben wegzuwerfen? Wozu überhaupt? Warum sollte er die Arbeiter von einem Kanzler befreien, wofür ihm die Erlösten ohnedies nicht zu danken wüssten. Ja, würde sich überhaupt etwas ändern, wenn er Seipel tötete? Würde in Wahrheit nicht alles wie bisher weiterlaufen, einfach nur ein neuer, ebenso schlimmer Kanzler kommen – und sein Mord wäre völlig umsonst gewesen? Was interessierte es ihn schon, wenn ihn die anderen auslachten, wenn sie ihn nicht ernstnahmen, wenn sie in ihrem Glauben, er sei ein verrückter, aber ungefährlicher Fanatiker, blieben? Gab es nicht Schlimmeres? Wer waren diese Witzfiguren, die sich an den Wochenenden sinnlos betranken, denn schon selbst, als dass er sich ihnen gegenüber hätte unterlegen fühlen müssen. Konnte er sich ihnen nicht viel mehr dadurch beweisen, indem er fortging und eines Tages reich zurückkehrte, so dass sie vor Neid erblassten? Indem er weiterlebte?

Jaworek fühlte sich, als sei er aus einem tiefen Schlaf, in dem er von furchtbaren Alpträumen gequält worden war, erwacht. Er langte auf das Nachtkästchen hinüber und nahm die mit dem Grazer Uhrturm gezierte Ansichtskarte zur Hand, welche er am Nachmittag seinem Bruder geschrieben hatte:

„Emmerich Jaworek, Ochsenburg Nr. 38 bei St. Pölten.
Liebe Eltern und Geschwister, hauts drein, was Platz hat, ich mach' den Anfang für Euer Glück.
Die letzten und besten Grüße sendet euch allen, auf frohes Wiedersehen im Jenseits
Karl"

Er hatte es sich überlegt. Er wollte keinen Abschied mehr nehmen, bestenfalls Grüße aus dem „Urlaub" schicken. Mit der Fingerkuppe rubbelte er über den mit Bleistift geschriebenen Text. Der erste Satz war schon kaum mehr zu lesen, als es an der Tür klopfte. „Moment!" Er legte die Karte zur Seite und versteckte den Revolver unter dem Kissen. Dann öffnete er die Tür. Draußen stand der Nachtportier. „Haben Sie noch einen Wunsch, Herr Jaworek?" Jaworek überlegte einen Moment, dann fragte er: „Wann fährt morgen der erste Zug nach Baden?" „Nun, der Eilzug Richtung Wiener Neustadt fährt kurz nach 5 Uhr ab. Dort erreichen S' dann am besten den Anschlusszug nach Baden." „Gut. Dann wecken Sie mich bitte um halb fünf. Einen Moment noch." Jaworek griff in seine Hosentasche, zog das mittlerweile dünner gewordene Geldbündel hervor und gab dem Nachportier 100.000 Kronen. Ungläubig nahm dieser das Geld an sich, schluckte kurz und starrte Jaworek einige Sekunden sprachlos an, bevor er wieder seine Fassung fand. „Vielen, vielen Dank, Herr Jaworek. 100.000 Kronen. So ein Batzen Geld. Danke. Danke vielmals. Um halb fünf also. Selbstverständlich. Und noch einmal herzlichen Dank. Schlafen Sie gut, und wenn Sie irgendetwas brauchen ..." „Nein, nein, ich brauch nichts. Danke." Jaworek schloss die Tür und ließ sich mit einem Lächeln auf den Lippen ins Bett fallen. Dann also leben.

Vorsitzender: Wie ist es gekommen, dass Sie zu Ihrem ursprünglichen traurigen Entschluss zurückgekommen sind?

Angeklagter: Der Schnellzug ist lange nicht gekommen.

Vorsitzender: Sie meinen, das war ein Fingerzeig des Schicksals. Sind Sie abergläubisch?

Der Angeklagte gibt keine Antwort.

Der Vorsitzende verliest einen Brief, den Jaworek aus der Zelle an seine Frau geschrieben hat: „Ja, liebes Weiberl, wenn der verwunschene Schnellzug nicht so eine fürchterliche Verspätung gehabt hätte, wäre das alles ausgeblieben. Aber der Teufel hat seine Hand im Spiele gehabt."

So fest hatte er sich vorgenommen, nach Hause zu fahren, den Mord- und Selbstmordgedanken aufzugeben, und dann hatte der verdammte Schnellzug Verspätung. „Kommt der Zug oft zu spät?", hatte er den Bahnhofsvorsteher nach zehn Minuten, die er nervös am Bahnsteig auf und ab gelaufen war, gefragt. „Nein, eigentlich nie. Versteh ich auch nicht. Vielleicht ein technisches Gebrechen." Nie. Aber niemals gab es nicht. Einmal kam immer die Ausnahme von der Regel, und an diesem 1. Juni war es soweit. Irgendwann läuft immer ein kleines Zahnrad aus der Fassung, verursacht eine kleine, unmerkliche Verschiebung im Getriebe der Welt, und lässt plötzlich alles in eine völlig andere Richtung laufen, unaufhaltsam. Der Zug kam nicht.

Der Zeitungsjunge der Reichspost lief über den Bahnsteig und pries die Schlagzeilen an: „Seipel zwei Jahre Bundeskanzler! Attentatsprozess Seeckt in Deutschland. Rebellion in Albanien. Zwei Jahre Bundeskanzler Seipel!"

Jaworek ging ins Bahnhofsrestaurant, setzte sich an die Bar und bestellte ein Bier. Hinter der Theke war an der Wand ein Zeitungsartikel mit dem Konterfei des Bundeskanzlers angebracht, über dem ursprünglich die Überschrift „Der Retter der Nation" zu lesen war. Irgendjemand hatte allerdings mit blutrotem Stift das Wort Retter durchgestrichen und stattdessen „Mörder" darüber geschrieben.

Außer Jaworek waren zu dieser frühen Morgenstunde nur noch zwei Herren in Seidenanzügen im Restaurant, die sich am Tisch gleich neben dem Eingang unterhielten. Immer wieder hob einer der beiden den Kopf und lugte misstrauisch zu ihm herüber, als vermuteten sie in ihm einen Spitzel, der eine Verschwörung oder ein Mordkomplott belauschen könnte. Tatsächlich bemühte er sich, etwas zu verstehen, konnte aber nichts weiter als Wortfetzen aufschnappen: „Arbeiterpack" – „... werden noch mehr entlassen werden" – „Wer nicht pariert, soll gleich erschossen werden" – „... der Seipel wird sie schon zur Besinnung bringen" – „... Attentat auf Seipel? Ausgeschlossen!" – „... viel zu gut bewacht" – „... das ist ja ein Heiliger."

Die ständige Präsenz des Kanzlers machte ihn nervös. Das Wort Seipel wollte er nicht mehr hören, keine Bilder mehr von ihm sehen. Am Vorabend hatte er doch beschlossen, den Kanzler aus seinem Denken, aus seinem Gehirn zu verbannen – für immer, und nun tauchte Seipel überall auf, schien ihn wie ein böser Fluch zu verfolgen. Er nahm einen kräftigen Schluck, legte 10.000 Kronen auf die Theke und verließ das Lokal.

Die Gleise, auf denen der Schnellzug einfahren sollte, waren noch immer leer. Jaworek verfolgte ihren Lauf, der sich endlos Richtung Süden zu ziehen schien, bis sie am Horizont verschwanden. Irgendwo dahinter musste der Zug sein. Auf dem Weg. Er würde nicht rechtzeitig kommen. Auf der anderen Seite des Bahnsteiges fuhr der Personenzug nach Bruck/Mur ein, wie über Lautsprecher verkündet wurde. Zwei Kinder in lumpigen Kleidern tollten zwischen den wenigen Wartenden umher und sangen einen Auszählreim. „Wo gehört der Seipel hin – in die Wurschtmaschin." „Aber so seid's doch still. So etwas sagt man nicht!", ermahnte sie die Mutter. Ein alter Eisenbahner in abgetragener Uniform und Kappe ging vorbei und streichelte einem der Buben übers Haar. „Aber lassen S' es doch, gnädige Frau. Ham ja recht, die Klan. Das ist kein Guter, dieser Seipel. Ohne Mitleid, sag ich Ihnen. Mich haben s' entlassen bei der Bundesbahn – mit sechs Kindern zuhaus, verstehen S'! Der würd schon ganz gut in die Wurschtmaschin passen, dieser Lump. Ich kenn übrigens auch ein recht nettes Lied auf ihn:

‚Was geschieht mit den hohen Herr'n?
Sie gehören an die Gaslatern'!

Wer wird der erste sein?
Der erste wird der Seipel sein!'"

Lachend ging der Alte weiter.

War es möglich, dass sich alles gegen einen verschwor, dass einem die Umgebung Zeichen gab – unmissverständliche, die nur einen einzigen, festgelegten Sinn zu haben schienen? Gab es tatsächlich so etwas wie Bestimmung, ein Schicksal, dem man nicht entrinnen konnte, das einen im Nacken packte und nicht mehr losließ, einen wie ein Strudel nach unten zog – so sehr man sich auch bemühte, dagegen anzuschwimmen?

Um Jaworek begann sich alles zu drehen, schneller und immer schneller. Er sah den Gendarm, der ihn beim Holzdiebstahl erwischt hatte, seine lebend-toten Kollegen in der Spinnerei, seine Frau, wie sie ihm Vorhaltungen machte, den vorwurfsvollen Blick der Schwiegermutter, das Lachen der Parteifreunde, als er seine Ideen einer neuen Welt predigte, eine Schlacht am Meer, in der er von einem Granatsplitter an der Stirn gestreift wurde, die Kranken und Alten in der Krankenkasse in Baden, seine tote Schwester und den betrunkenen Vater, seine beiden Kinder, sich selbst als Kind in den Feldern von St. Georgen, die Prostituierten in Baden und Graz, die sich wollüstig über ihn beugten …

Er torkelte. Er lehnte sich an den Personenzug nach Bruck an der Mur, fühlte das kalte Metall auf seiner Wange. Sein Atem ging schnell, gehetzt. Irgendetwas zog ihn an, zog ihn hinein, ohne dass er sich dagegen hätte wehren können. Er stolperte in den Zug. Fiel auf eine Bank, in einem Waggon, in dem er völlig alleine war. Merkte den Ruck, als sich der Zug in Bewegung setzte. Schloss die Augen, hörte das gleichmäßige Schlagen der Schwellen – und wurde endlich ruhiger. Er war auf Fahrt.

Frau Marg. Jaworek
Pottenstein an der Triesting
Heinfelderstraße 111/7
Text: Von Graz nach Bruck an der Mur
1. Juni 1924

Liebes Weib!

Du erbarmst mir, und noch mer die zwa klan Wasal kan aber leider nicht anders mer ausweg finden.

Scheide soweit ganz gern ja sogar sehr gerne von der Welt, denn für mich hat Leben keinen Wert. mer du weist ja auch ganz gut, was mich am meisten Quelt und die wirtschaftliche Lage dazu kein Wunder wärs, wenn man Lebensüberdrüssig wird oder ist. Freude und Liebe ist für mich erloschen, und keine Aussicht, das ich nochmals Glücklich sein könnte deshalb ist es besser so, mache dir nichts daraus und kränke Dich nicht den das schadet Dir nur, schau nur, daß die Zwei Wasal Gsund bleiben, und wans amal groß sind sagst Ihnen eurer Vater ist gestorben wis no recht gloa warz. Da Ich das

Geld unterschlagen habe die 300.000 für Dich bekommst Du in der Fabrik für meine Abrechnung und Hoffentlich werden sie dir auch meinen Urlaub ausbezahlen, dann kannst du deine Schuld alle begleichen und die 561.000 von da Mitzl da gibst Ihr meinen Gummimandel und Überzieher und, wanns Ihr noch zweng ist, so hast ja noch a paar Hemden und Unterhosen dann bin ich niemand auf da Welt was schuldig. Meinen Leuten brauchst nix mitteilen den die wissen es schon balufig was geschehen ist, und warum es so weit gekommen, mit allen Elend ist das vorbei habe mir in Kopf gesetzt spurlos von der Welt verschwinden. Das mich niemand mer findet aber dann hab ich mir gedacht das Du eh umatum kann Geld hast so will ich meine Leiche auffindig machen, damit du von da Krankenkasse 450.000 K bekomst mit mir brauchst Du keine geschichten machen, wo ich lieg dort solns mich einschern Samstag nacht hab ich in Graz in einem Gasthof geschlafen, da hat mir geträumt, daß ich bei Dir und beim Karli gewesen bin und war so froh, wie ich wach wurde, es war nur ein Traum. Nun wann's gelingt, geht noch einer mit mir, denn ich gern bei mir haben möchte in Seipel dann bin ich vollkommen zufrieden in meiner Neuen Welt.

Zum Schlusse meines letzten Schreibens die besten Grüße u Küsse von euren Unklüklen Karl Lebt wohl!

Jaworek saß im Zug nach Wien und drehte die Fahrkarte in seinen Fingern, immer und immer wieder, so als könnte er dadurch die Zeit zurückdrehen, in eine Vergangenheit, da er noch nicht gezwungen war, sich und Seipel zu töten, in der es noch einen Ausweg gegeben hatte. Aber die Zeit ließ sich nicht zurückdrehen, niemals, sondern zog unbeirrt ihre Bahn und riss ihn mit sich fort.

Von Bruck aus war er nach Wiener Neustadt gefahren. Dort war er – ein letzter Versuch – noch einmal ins Bordell gegangen. Zwei Prostituierte hatte er sich auf einmal genommen. Danach hatte er Schnitzel mit Erdäpfelsalat gegessen. Aber dieses Mal halfen die Genüsse nichts, entpuppten sich als schaler Betrug, als lächerliche Vorspielung falscher Tatsachen. Das Geld schmolz dahin. Er hatte eine Karte nach Wien-Meidling gekauft, wo er aussteigen und die Nacht verbringen wollte. Am nächsten Tag hätte er Seipel gesucht, irgendwo ums Parlament – vielleicht wäre er ihm begegnet, dann hätte er ihn erledigt. Und wenn nicht, wäre er eben alleine in den Tod gegangen. Er hatte auf den Zug gewartet, als er plötzlich das Flüstern hören konnte – eindringlich, bestimmend: „Der Kanzler wird mit diesem Zug fahren! Seipel fährt im selben Zug!"

Er hatte sich umgedreht, aber niemanden gesehen. Der Balaton-Express fuhr ein. Er ließ sich lange Zeit mit dem Einsteigen, war schon am Perron, doch dann – den Bruchteil einer Sekunde, bevor er im Inneren verschwand – drehte er sich noch einmal intuitiv um, sah am Ende des Zuges eine Menschentraube von fünf, sechs Leuten und einen in ihrer Mitte: Ignaz Seipel. Er ging ins Abteil. Er würde nicht in Wien-Meidling aussteigen. Er würde mit dem Kanzler gemeinsam am Endbahnhof ankommen.

Die Fahrt von Wiener Neustadt nach Wien war die ruhigste in Karl Jaworeks Leben. Aus all dem Gewirr seiner Gedanken hatte sich einer herausgelöst und verlieh ihm ein

Gefühl von Stärke und Klarheit. Zum ersten Mal in seinem Leben hatte er ein Ziel, eine Bestimmung. Er streichelte über den Revolver in seiner Hosentasche und lauschte dem Schlagen der Schwellen: Er liebte Zugfahren.

Untersuchungsrichter: Was haben Sie gefühlt, als Sie die Tat ausübten?
Angeklagter: Es war mir so, als ob jemand mich hingetaucht hätte, es war mir ganz eigenartig zumute. Ich glaube, ich muss ein ganzer Narr gewesen sein. Wie ich geschossen hab, hab ich keinen Gedanken gehabt. Ich hab dann auf mich geschossen.

Wien Südbahnhof. 1. Juni 1924. 19 Uhr 11. Der Balaton-Express ist auf Bahnsteig 3 eingefahren. Karl Jaworek steigt aus dem ersten Waggon aus. Er dreht sich für einen Moment um, blickt zurück zum 4. Waggon. Dort verlässt soeben der Bundeskanzler, nachdem der ihn begleitende Kriminalinspektor Franz Grün als Erster ausgestiegen ist und ihm den Arm als Stütze hinhält, den Zug. Am Bahnsteig wird Seipel vom Bahnhofsvorstand, Oberinspektor Johann Stöckl, sowie vom Leiter der Polizeiinspektion des Südbahnhofes, Hofrat Rudolf Seemann, empfangen.

Kurzes Gespräch, dann setzt sich der Tross in Bewegung. Zuvorderst Johann Stöckl. Zu Seipels rechter Seite der Provikar des Burgenlandes, Dr. Franz Hlavati, der den Kanzler ebenso wie Redakteur Josef Geßl bereits auf der Zugfahrt begleitet hat. Links vom Kanzler Hofrat Seemann. Dahinter Inspektor Grün.

Auch Karl Jaworek beginnt Richtung Ausgang zu gehen. Ganz langsam. Während die Welle der angekommenen Passagiere rasch an ihm vorüberbricht, erweckt er in seiner minimalen Vorwärtsbewegung beinahe den Eindruck, als würde er rückwärts – auf den Kanzler zu gehen.

Die Gruppe um Seipel hat schon den 3. Waggon erreicht. Jaworek erst die Mitte des ersten. Der Abstand zwischen beiden schmilzt zusammen. Schritt für Schritt. Sekunde für Sekunde. Es sind beinahe keine Menschen mehr am Bahnsteig des Balaton-Expresszuges. Vorne nur noch Jaworek, dahinter Seipel, die sich unaufhaltsam aufeinander zu bewegen. Jaworek dreht sich abermals kurz um. Wenn er mit der Gruppe des Kanzlers alleine am Bahnsteig ist, fällt dies zu sehr auf, könnte das Attentat fehlschlagen. Er mischt sich zum anderen Gleis hin unter eine Gruppe von Menschen, die auf das Einfahren des Zuges wartet, und bleibt stehen. Immer wieder drehen sich einige der Leute Richtung Bundeskanzler um: „Dort, schau! Der Bundeskanzler!“ „Aber sicher ist das der Seipel!“ Manche winken dem Kanzler zu, der ins Gespräch mit Hlavati vertieft ist. Jaworek wartet noch zu. Er weiß, wann der richtige Moment gekommen ist. Woher? Keine Ahnung. Er weiß es einfach. Es sind vielleicht noch zehn Meter zwischen ihm und seinem Opfer. Die letzten Sekunden verstreichen zäh. Sechs – fünf – vier – drei ... Plötzlich löst sich Jaworek aus der Menge, zückt im Umdrehen seine Waffe und stürzt Richtung Seipel. Vielleicht drei Schritte vom Kanzler entfernt bleibt er stehen und feuert zwei Schüsse auf diesen ab. Die erste Kugel streift die linke Brustseite Seipels, die zweite dringt in seine rechte Brustseite ein, durchschlägt die Lunge und bleibt, nachdem sie von der Rückseite der rechten Brusthöhle zurückprallt, im unteren Teil des Lungenlappens stecken. Seipel erschrickt, schaut aber nicht auf Jaworek, sondern zunächst auf den Zug, weil er meint, es hätte eine Explosion gegeben. Der Kanzler weiß noch nicht, dass er getroffen ist. Kriminalinspektor Grün reagiert am schnellsten und stürzt sich auf den Attentäter. Er ergreift dessen rechten Arm, in dem Jaworek den Revolver hält, und reißt diesen in die Höhe. Ein Schuss fällt. Ein Kampf. Jaworek, obwohl um vieles schmächtiger, schafft es, sein Handgelenk in seine Richtung zu biegen und feuert zwei Schüsse gegen sich selbst ab. Der erste verfehlt das Ziel, der zweite dringt in den Körper ein und bleibt zwischen Schulterblatt und Schlüsselbein stecken. Er bricht zusammen. Eine Reihe von Umstehenden greift ihn nun ebenfalls an, schlägt und tritt auf ihn ein. „Du Saumörder!" „Mörder!" „Er hat den Kanzler getötet, er hat den Kanzler getötet!" Es fallen aber auch Ausrufe wie: „Das gehört dem Seipel, dem Schwein." „Das muss ein Erlöser sein." „Endlich hat sich einer getraut." Jaworek kann noch einmal den Kopf heben. Durch das Gewühl von auf ihn einschlagenden Füßen und Armen erhascht er einen letzten Blick auf Seipel. Der Kanzler schaut im selben Moment ebenfalls zu ihm hinunter. Die beiden sehen sich direkt in die Augen. Für den Bruchteil einer Sekunde. Opfer und Attentäter. „Nicht schlagen!", ruft der verwundete Kanzler. Dann bringen ihn seine Begleiter weg.

Verteidiger: Ich möchte mir eine Frage gestatten, wie Herr Bundeskanzler sich heute persönlich gegenüber der Tat des Attentäters stellen?

Vorsitzender: Ich kann diese Frage nicht zulassen, weil ein Zeuge nur über Tatsachen sprechen darf.

Seipel: Ich bitte schön, ich wäre schon bereit gewesen, zu antworten, Herr Präsident.

Verteidiger: Sicher im Sinne einer Versöhnung.

Seipel: Gewiss.

Karl Jaworek hatte sich erhoben. Er zitterte. Im Gerichtssaal war es totenstill. Er blickte in die Reihen der Zuhörer, die ihrerseits abwechselnd auf den Richter, Hofrat Dr. Altmann, und auf ihn starrten. Welches Urteil hatten die Schöffen gefällt? Die Anspannung war unerträglich. Er versuchte einen klaren Gedanken zu fassen, irgendeinen, aber sein Kopf schien völlig leer, blockiert. Nur ein Bild kam ihm in den Sinn. Er lag als kleiner Junge versteckt in einem riesigen Weizenfeld, gleich hinter den Arbeiterwohnungen in St. Georgen. Sie suchten ihn, riefen seinen Namen. Aber er gab keinen Laut von sich. Blieb völlig stumm. Er sah nur hinauf in den hellblauen Himmel und beobachtete die vorbeiziehenden Wolken. Eines Tages würde er ihnen folgen. Er lächelte glückselig. In diesem gelben Meer würden sie ihn niemals finden. Niemals. Er war gar nicht da.

„Ich wüsste nicht, was es da zu lächeln gibt, Angeklagter?!" Hofrat Altmann warf Jaworek einen stechenden Blick zu, der ihn wie ein Blitz durchzuckte, in den Gerichtssaal zurückschleuderte. Der Richter strich über seine Robe, nickte mit steinerner Miene Staatsanwalt und Verteidiger zu und verlas schließlich das Urteil:

„Der Angeklagte Karl Jaworek ist des Verbrechens des versuchten Mordes und der Übertretung des Waffenpatentes schuldig. Er wird daher zur Strafe des schweren Kerkers in der Dauer von drei Jahren und sechs Monaten, verschärft durch einen Fasttag in jedem Vierteljahr und zur Tragung der Kosten verurteilt. Der Revolver wird für verfallen erklärt. Die Untersuchungshaft vom 1. Juni 7 Uhr abends bis 1. Dezember, 7 Uhr abends wird in die Strafe eingerechnet.

Haben Sie noch etwas dazu zu sagen, Angeklagter?"

Jaworek war in sich zusammengesackt. Tränen liefen über seine Wangen. Verstört blickte er sich im Gerichtssaal um. Wo waren die Felder? Wo die Wolken? Nur ein schwarzer, unheilvoller Himmel? Er schluchzte, hielt seine Hände vors Gesicht. Nur mit Mühe brachte er die letzten Worten hervor: „Es tut mir leid ... Es tut mir so leid!"

„Wie brennt Dein Mund so fieberheiss
Und loht in wilder Glut!
Mein armes Leben ist der Preis,
Du trinkst mein Herzensblut."
(Ernst Stöhr, Ver sacrum)

Gustav Klimt, Joseph Maria Olbrich, Ernst Stöhr, Ferdinand Andri, Charlotte Hampel-Andri (1899)

Gustav Klimt stand an eine der buntgefliesten Innensäulen des Domcafés gelehnt, während Charlotte Andri unter der Anleitung ihres Gatten Ferdinand versuchte, die schwarze Acht im gegenüberliegenden Loch zu versenken. Joseph Maria Olbrich gab ihr von der anderen Seite des Billardtisches aus Anweisungen, wie sie die Kugel zu spielen hätte.

„Ist es nicht bemerkenswert, dass es uns immer wieder hierher nach St. Pölten zieht?", sinnierte Klimt. „Vor über zehn Jahren war ich das erste Mal hier. Ich habe damals mit meinem Bruder die Tugendallegorie im Giebelfeld des Sparkassengebäudes am Domplatz gestaltet, über welcher der äußerst sinnreiche Spruch ‚Spare um zu wirken' prangt, so als wollten die Bankiers damit zum Ausdruck bringen: Spar beim Künstler, und du bekommst dennoch einen Klimt. Aber was will man von einer Bank schon erwarten, Geld etwa?! Andererseits war ich damals noch kaum bekannt, ein kleiner Grünschnabl aus Wien. In meinen kühnsten Träumen hätte ich nicht daran gedacht, dass wir mit der Gründung der Secession derart für Aufsehen sorgen werden, dass es so etwas wie die Secession überhaupt einmal geben würde. Ich selbst war ja 85 noch ganz dem Akademismus verhaftet, habe Eugen Sehnals Bau – und er ist in seiner Art tatsächlich imposant – bewundert, auch seine anderen Werke in St. Pölten, die Post in der Wiener Straße zum Beispiel, oder das Stadttheater. Und jetzt – jetzt sitze ich hier mit den größten und berühmtesten Künstlern Österreichs, mit den Exponenten der berühmten Wiener Secession im St. Pöltner Domcafé zusammen und spiele eine Runde Billard. Ist das Leben nicht verrückt, nicht wunderbar?! Aber warum eigentlich St. Pölten?" Fragend blickte er in die Runde und erhielt prompt von Ferdinand Andri Antwort: „Na, du machst mir Spaß, Gustav. Warum wohl?! Selbstverständlich wegen il grande Maestro di Santo Polito Ernst Stöhr!" Wie ein Zirkusdirektor, der die nächste Attraktion ankündigt und dabei in Richtung des noch mit einem Vorhang verhüllten Eingangs der Manege zeigt, wo sogleich die Artisten herauskommen würden, streckte Andri beide Arme Richtung Ernst Stöhr aus, der im hinteren Teil des Raumes allein auf einem kleinen Kaffeetischchen saß. Als sein Name fiel, zuckte er erschrocken zusammen, blickte schüchtern auf und schüttelte abwehrend den Kopf. „Die Menschheit

ist sich ja gar nicht bewusst, was sie diesem St. Pöltner Ernst Stöhr zu verdanken hat!", fuhr Andri fort. „Wer weiß – wenn Ernst 1895 nicht die Theodor von Hörmann-Ausstellung organisiert und diesen unglaublichen Katalog dazu herausgebracht hätte, dann gäbe es unsere Secession vielleicht heute gar nicht. Die Ausstellung hat uns ja damals alle wie ein Blitz getroffen, uns im wahrsten Sinne des Wortes die Augen, vor allem die Herzen geöffnet. Endlich wurde da ein Künstler präsentiert, der sich einen Dreck um Konventionen und das akademische ‚Bla-Bla' geschert hatte, der den Mut und die Konsequenz aufgebracht hatte, seine Art der Kunst radikal zu leben, ohne Wenn und Aber, ohne Kompromisse. Das hat uns alle elektrisiert, in Bann gezogen, Mut gemacht, diesem Beispiel zu folgen. Hörmann war doch unser Held, oder?! Aber auch auf Ernst, seinen spiritus rector, darf man eben nicht vergessen! Ich bin überzeugt: Ohne Hörmann, ohne Stöhr wäre die Secession nie zustande gekommen." „Hört, hört!", pflichtete ihm Klimt bei, bevor Andri weiter ausführte. „Mit mir war es nicht viel anders. Als ich 1895 aus Galizien zurück nach St. Pölten gekommen bin, hat mich Ernst sofort animiert, meiner inneren Stimme zu folgen, meine Kunst zu leben. Und jetzt darf ich mich dank seiner Hilfe stolz Secessions-Mitglied nennen. Ein frecher Bursche hat sogar einmal gemeint, ich sei eine Erfindung Ernst Stöhrs – in gewissem Sinne hat er vielleicht gar nicht so unrecht damit."

„Amen!", unterbrach Joseph Maria Olbrich. „Es tut mir ja furchtbar leid, euer Schwelgen in Erinnerungen zu stören, Großväter, aber wenn wir schon von unserem lieben Ernst Stöhr und seiner Wirkung sprechen, dann möchte ich euch etwas zeigen, an dem er auch nicht ganz unbeteiligt ist." Olbrich holte seine Zeichenmappe hervor und legte sie auf den Billardtisch, um den sich die Künstler neugierig sammelten. „Silentium, meine Damen und Herren! Der große und einzigartige Architekt des Wiener Secessionsgebäudes, Joseph Maria Olbrich, spricht zu uns", kündigte Gustav Klimt mit einem Augenzwinkern seinen Freund an, wobei alle eine feierliche Miene aufsetzten, außer Charlotte Andri, die mit einem breiten Grinsen „Krauthappel, Krauthappel" intonierte und damit die ganz Runde zum Lachen brachte. „Natürlich! Darauf habe ich ja gewartet. Vielen Dank auch Charlotte!", mimte Olbrich den Gekränkten. „Als ob ich etwas dafür könnte, dass die gefräßigen Wiener in allem und jedem nur Essbares erblicken?! Aber soll mir auch recht sein. *Der Zeit ihre Kunst, der Kunst ihre Freiheit* – das muss schließlich auch für die Betrachter gelten, also für die Freiheit der Interpretation. Sehen die Leute in meiner Blattkugel eben ein überdimensioniertes, goldenes Krauthappel, aber sicher das schönste, das jemals geschaffen worden ist! Aber nun seht und staunt! Dies, hochverehrtes Publikum, ist der Entwurf zu einem neuen Haus in St. Pölten, das ich unter dem Werktitel ‚Stöhrhaus' laufen lassen möchte, ist der Bauherr doch ein gewisser Dr. Stöhr. Dieser wiederum ist ganz zufällig der Bruder von unserem lieben Ernst, wobei ihr nun raten dürft, wie ich wohl den Planungsauftrag ergattert habe!"

Olbrich zog feierlich die Pläne aus der Mappe hervor, breitete sie am Billardtisch aus und wartete gespannt auf die Reaktionen. Die erste kam jedoch vom Ober, der die

Getränke am Nebentisch abstellte und über Olbrichs Schulter lugte: „Was ist denn das für ein Haus, Herr Olbrich? Kriegen wir neuerdings eine chinesische Gesandtschaft in St. Pölten?" Der Künstler warf Herrn Franz einen bösen Blick zu, während die anderen lachen mussten, sich dann aber wieder ganz in den Entwurf vertieften. Es war ein wunderschönes Gebäude, wie es St. Pölten noch nie zuvor gesehen hatte. Über drei rundbogigen Portalen prangten metallene Blatt- und Fruchtornamente und bildeten einen grün-goldenen „Laubteppich", der auch über den bunten Rundbogenfenstern des Hauptgeschoßes zu finden war. Über diesem erstreckte sich ein langer Balkon, dessen Eckpunkte zwei Blattkugeln einnahmen, die stark an ihre größere Schwester, das berühmte „Krauthappel" der Wiener Secession, erinnerten. Darüber bog sich ein baldachinartiges, kunstvoll geschmiedetes Vordach gegen den Himmel. „Großartig", zeigte sich Klimt beeindruckt, und Andri gratulierte: „Es ist wunderschön, Joseph!" In diese allgemeinen Lobkundgebungen kam Stöhrs entschiedenes „Da fehlt etwas!" einigermaßen überraschend. „Die Obergeschoßfläche ist viel zu leer! Warum bringst du keinen Mörtelschnitt an, der versinnbildlicht, dass in dem Haus ein Doktor wohnt. Dieser könnte sich bis zum Dach hinaufziehen, und darüber kann man als Abrundung noch Blattgirlanden anbringen, in etwa so." Stöhr nahm einen Stift aus der Innentasche seines Gehrockes und skizzierte eine Frau in wallendem Gewand, die eine Schüssel in Händen hielt, aus der eine Schlange trank. „Voilà. Die Göttin der Medizin, Hygeia, mit ihren Arzneien in Händen. Und natürlich die Aeskulapnatter als Allegorie auf die Medizin. Da müsste sich wohl jeder auskennen, oder?!" Verblüfft und zugleich beeindruckt schauten sich die Freunde an. Schließlich meinte Olbrich: „Jetzt weiß ich, warum du mich deinem Bruder vermittelt hast, Ernst. Ich sollte dir nur ein Haus hinstellen, damit du deinen Mörtelschnitt auf die Medizin anbringen kannst! Also bitte, das Obergeschoß steht ganz zu deiner freien Verfügung, du bist engagiert." Stöhr steckte den Stift weg und lächelte zufrieden. Dann rief er den Ober herbei. „Herr Franz! Stellen Sie alles meinem Bruder in Rechnung und schreiben sie als Verwendungszweck: ‚Secessions-Tagung zum Projekt Stöhr-Haus, St. Pölten.'"

„Von dem Augenblicke an, da sich die Nachricht verbreitete, daß die k.k. Armee unter dem Commando des Feldmarschall Mack bei Ulm gänzlich geschlagen und vernichtet seye, bemächtigte sich aller Gemüther die bangste, kummervollste Sorge.“ (Bericht Leopold Karl Maurer, 30. Jänner 1806, über den Durchzug der Franzosen 1805)

Napoleon Bonaparte (1805)

Er war müde. So müde. Der Magen, den er mit seiner rechten Handfläche zu wärmen versuchte, schmerzte fürchterlich – das chronische Leiden meldete sich, wie immer nach so langen Fahrten in der Kutsche. Von der Schlacht bei Ulm, wo der österreichische General Carl Freiherr Mack von Leiberich wie ein wimmerndes Kind kapituliert hatte, bis hierher nach St. Pölten – alles in der Kutsche. Wie er dieses verdammte Kutschenreisen hasste! Durch ganz Europa, immer nur in der Kutsche. Als Offizier hoch zu Ross – das war noch etwas gewesen. Aber nun. „Ihr dürft nur in der Kutsche reisen, Euer Majestät!“, bläute ihm Kriegsminister Bertier ständig ein. „Sie zu Pferd, das ist ganz undenkbar! Ausgeschlossen! Viel zu gefährlich! Was ist, wenn wir in einen Hinterhalt geraten?“ Also ab in die Kutsche, wo ein Kaiser schließlich hingehörte.

Wenigstens hatte er jetzt wieder festen Boden unter den Füßen und ein kleines Zimmer mit einem frisch aufgeschlagenen Bett. Ein paar Stunden ausspannen würde ihm gut tun nach der langen Reise.

Er hatte den Vorhang des Fensters einen Spalt zur Seite geschoben und schaute auf den Platz hinunter, den die hiesige Bevölkerung „Herrenplatz“ nannte. Auf welchem, wenn nicht auf diesem hätte er auch schon ankommen sollen?! Am Herrenplatz – Königs-, Kaiser-, Gottesplatz. Ein bitteres Lächeln huschte über seine schmalen Lippen.

Wie sie da unten rund um seinen 8-spännigen Wagen standen, all diese Kleinbürger und Kleingeister, voller Angst und Bangen, was sie nun erwartete. Manch Mutiger strich ehrfürchtig über das Ebenholz, dabei ständig verstohlen um sich blickend wie ein unsicheres Tier beim Fressen, um ja nicht von einem der Gardesoldaten dabei erwischt zu werden.

Ein paar, die gehört hatten, dass Napoleon nicht, wie es offiziell hieß, im Kreisamt abgestiegen sei, als vielmehr im Wirtshaus „Zum Schwarzen Adler“, starrten zum Fenster herauf, nur damit sie vielleicht einen Blick auf ihn erhaschen könnten. Das Genick sollte ihnen erstarren, diesen Gaffern! Was die Menschen nur für Einfaltspinsel waren! Es widerte ihn an. Es machte ihn wahnsinnig. So als gäbe es nichts Spannenderes im Leben, als einen Blick auf Napoleon zu werfen. Sein ganzes Leben lang würde fortan so mancher dieser Wichte herumposaunen: „Ich habe den Kaiser von Frankreich, den Kaiser der Welt gesehen. Den mächtigen Napoleon! Da oben, ja wenn ich es dir sage, genau da oben am

Fenster ist er gestanden, und hat zu mir heruntergeschaut, mir direkt in die Augen, so dass es mir durch Mark und Bein ging!“ Er nahm einen tiefen Schluck vom Rotwein, so als könnte er damit seinen ganzen Ekel, als könnte er all dieses banale Gekriech, das ihm an den Fersen hing, ihn verfolgte, in einem Zug hinwegspülen. Aber der Hass in seinem Herzen ließ sich vom Alkohol schon längst nicht mehr besänftigen. Bestenfalls mutierte er in eine große Leere und Gleichgültigkeit – Menschenverachtung? Er wusste es nicht. Er wusste auch nicht, was mit ihm passierte. War er schon immer so gewesen, oder hatten ihn Personen wie diese dazu gemacht? Früher hatte er die Leute geliebt, war einer von ihnen gewesen, und jetzt?

Jetzt begriff er den Pöbel nicht mehr. Was war nur los mit diesen Menschen? Da wollte er das Volk in seine Rechte setzen, zu Herren über sich selbst machen, doch hier wie in Frankreich war es überall dasselbe – das Volk wollte gar keine Rechte! Nein, es schien sogar höllische Angst davor zu haben. Wie war es sonst zu erklären, dass zwar dann und wann eine Revolution aufkeimte, Unterdrückte und Geschundene sich erhoben, aber kaum, dass das Feuer so richtig loderte und all die Peiniger und Fesseln auf immer in Schutt und Asche zu legen drohte, sie plötzlich kalte Füße, ja Panik bekamen. Und eh sie sichs versahen, hatten sie all das unter viel Blut und Leid Neuerworbene schon wieder verspielt oder derart pervertiert, dass sie erst recht wieder darunter zu leiden hatten. Verantwortung wollte keiner übernehmen. Alles, nur keine Verantwortung! Die überließ man schon lieber Einzelnen, wälzte sie auf diese ab – was auch immer die Folge davon sein mochte. Aber konnte ein Einzelner all diese Last tragen? Konnte ein Einzelner die Wünsche des gesamten Volkes erfüllen? Dem Volk schien es letztlich gleichgültig. Nein, das Volk wollte seine Rechte nicht, es wollte nur geführt werden, wollte zu jemandem emporblicken und ihm die Stiefel lecken können. Damit war es zufrieden. Zu mehr war es nicht fähig.

Er ließ seinen Blick langsam über den Platz wandern. Er war schön, dieser Herrenplatz, klein und intim – und doch hatte er durch all die reich verzierten Barockgebäude etwas Erhabenes an sich. Rechts lag das „Drei Kronen“-Wirtshaus, wie man unschwer aus den herauswankenden Soldaten schließen konnte, und in der Mitte stand eine Mariensäule, die wohl eine adelige Familie anlässlich einer überstandenen Pestepidemie gestiftet hatte. Erhaben stand die Immaculata, von einem Sternenkranz gekrönt, zuoberst auf einer Weltkugel und triumphierte über die Schlange. War die Welt damit gerettet? Oder war es nur ein versteckter Hinweis der Kirche, dass sie ihren Anspruch auf Weltherrschaft nach wie vor stellte. Das hatte er dem Papst schnell durch seine Selbstkrönung ausgetrieben. Wenn die Darstellung so gemeint war, hätte nicht Maria, nein, hätte er, Napoleon Bonaparte, da oben stehen müssen.

Am Fuß der Säule waren vier prächtige, schmiedeeiserne Laternen angebracht, die jeden Samstag angezündet wurden, wie ihm der geschwätzige Wirt als Erstes ins Ohr geraunt hatte. „Wir nennen den Platz deshalb auch ‚Samstagplatzl', Majestät." Er hatte ihm einen strengen Blick zugeworfen, so dass er sofort verstummte. Hielt er ihn für einen seiner Trinkkameraden, dass er meinte, einen Kaiser einfach ansprechen zu dürfen?! Impertinent!

Rund um die Säule waren kleine Markthütten gruppiert, wo für gewöhnlich die Bauern und Händler der Region ihre Waren feilboten – aber heute waren die Läden heruntergeklappt. Seine Soldaten hatten auch wahrlich nichts gelassen, was man noch hätte verkaufen können. Alles hatten sie geplündert, jeden Speicher aufgebrochen, jedes Vieh beschlagnahmt, jeden Schmuck geraubt, so manche Magd geschändet. Sogar die Uhr des Bürgermeisters, so hatte ihm sein Schwager, Prinz Murat, der schon vor einigen Tagen mit der Vorhut hier durchgezogen war, in einem Schreiben mitgeteilt, hätten einige übermütige Chasseurs dem Stadtoberhaupt unter Androhung des Todes abgeknöpft. Räuberarmee. So nannte man seine Soldaten hier in St. Pölten. Aber mit der Ankunft des Kaisers Napoleon würde es besser werden, hatte sich die Bevölkerung eingebildet. Lächerlich! Er sollte seinen Soldaten Einhalt gebieten? Ganz im Gegenteil musste er die Männer bei Laune halten, damit ihr Enthusiasmus für die französische Nation nicht verloren ging, damit sie ihr Revolutionsfieber, das er auf geniale Weise für seine Zwecke kanalisiert hatte, nicht verließ. Was glaubten denn diese St. Pöltner – dass dies alles nur ein Kinderspiel war?! Krieg war das, und Österreich würde – wie alle, die sich ihm in den Weg stellten – bald unter lautem Zähneknirschen seinen Widerstand aufgeben und sich beugen müssen. In Kürze würde Wien fallen, und dann ...

Plötzlich hielt er inne. Was war das? Im Giebelfeld des Barockhauses zur Linken erkannte er ein prächtiges Relief, das ihn in Bann zog. Das musste er sich genauer ansehen. Er marschierte quer durchs Zimmer, dessen Boden unter den schweren Stiefeln knarrte, hinüber zum abgelegten Rock und zog das Fernglas aus der Innentasche. Dann ging er zurück zum Fenster. Das wäre etwas für diese Einfaltspinsel zum Erzählen gewesen. „Ich hab den Kaiser, den großen Feldherren Napoleon gesehen, und nun stell dir vor: Er hat mit seinem Fernrohr nicht etwa die Truppenbewegungen der Feinde verfolgt, nein, er hat glatt das Aurorarelief von Georg Raffael Donner auf unserem ‚Barhaus' bewundert!"

Der Militarist, der Tyrann, der Kaiser Napoleon ein Kunstliebhaber? Konnte das sein? Das hätte den Chronisten gar nicht ins Bild gepasst. Auch nicht, dass er belesen war und auf Anhieb erkannt hatte, dass es sich bei der Darstellung wohl um den Kampf Auroras, der Morgenröte, gegen die Nacht handeln musste. Nur die eiserne Hand, das Starke und Unnachgiebige ließ man am mächtigen Napoleon gelten. Mehr durfte er, der Göttlichste und Größte, nicht sein. Er sprengte alle Ketten, und wurde doch immer wieder in neue gelegt. Er führte als allmächtiger Gebieter den Pöbel, und doch war er ein Unfreier, ein Sklave des Pöbels. Unüberwindbarer Widerspruch seines Lebens. Er nahm einen weiteren kräftigen Schluck vom Wein.

Ihm gefiel die Vorstellung, dass man in einigen Jahren vielleicht solche Reliefs auch von ihm und seinen ruhmreichen Taten gestalten würde. Dann wäre er die Aurora gewesen, ein strahlender Sonnengott, der stolz und siegessicher in seinem goldenen Streitwagen über Europa hereinbrach, fest und souverän die Zügel des Pegasus in der Hand, der bei ihm von einem unüberwindbaren Heer von 200.000 französischen Soldaten gebildet wurde!

Der kleine Putto, der im linken Teil des Reliefs auf Auroras Befehl hin mit einem Besen die Nacht hinwegfegte, musste die Züge seines Kriegsministers Bertier tragen. Ein süffisantes Lächeln huschte bei diesem Gedanken über seine schmalen Lippen. Bertier ein kleiner, dicker, nackter Putto mit einem eisernen Besen, gleichsam ein Straßenkehrer von Gottes Gnaden – ein äußerst effizienter und unnachgiebiger Diener seines Herren. Der eiserne Besen – Kanonen, Säbel, Flinten und Bajonette der französischen Armee, unter denen das untergehende Europa, versinnbildlicht als von Blindheit geschlagene Nacht, unter lautem Wehklagen aus dem Relief, sozusagen aus der Welt in die ewige Finsternis und Verdammnis stürzte. Dieses Europa würde es nie wieder geben! Es hatte ausgedient. Mit ihm, Napoleon Bonaparte, brach ein neues Zeitalter über Europa herein, ein napoleonisches Zeitalter, auch wenn es manche Herrscherdynastien wie die Habsburger und der Zar von Russland noch immer nicht zur Kenntnis nehmen wollten und – wie der Traumgott Morpheus im rechten Teil des Giebelfeldes – nach wie vor in tiefen Schlaf versunken lagen. Aber dies war kein sanfter, friedlicher Schlaf der Gerechten mehr, sondern unruhig wälzten sie sich von manch Alptraum und manch grausiger Vorahnung gequält auf ihrer Bettstatt hin und her. Auch für sie würde es bald das große Erwachen geben, auch ihnen dämmerte es allmählich, dass man einen Napoleon, einen Sonnengott nicht aufhalten konnte.

Es klopfte. „Was ist denn?“, fragte Napoleon unwirsch und packte das Fernrohr weg. Bertier trat ein. „Euer Majestät. Unser Kurier berichtet, dass sich österreichische und russische Truppen um Austerlitz sammeln!“

Napoleon blickte Bertier aus zusammengekniffenen Augen an, so als könnte er durch diesen hindurchsehen und an der Wand dahinter eine Antwort lesen. Schließlich murmelte er: „Eine Drei-Kaiser-Schlacht?! Morpheus ist also aufgewacht und setzt alles auf eine Karte. Nun, so sei es. Bertier, es wird Zeit, dass wir die Titanen aus dem Olymp werfen – ein für allemal!“ „Verzeihung, Euer Majestät. Ich verstehe nicht?“ „Was gibt es da großartig zu verstehen? Geben Sie Abmarschbefehl! Morgen stehen wir in Wien, und dann kommt Austerlitz!“ „Zu Befehl, Euer Majestät.“ „Und noch etwas, Bertier. Lassen Sie mein

Pferd satteln und zwei Ortskundige herbeischaffen, die französisch sprechen! Ich möchte die Truppen inspizieren." Der Kriegsminister stand einen Moment unschlüssig da, ob er dem Kaiser nicht die Kutsche empfehlen sollte, ließ es aber angesichts des endgültigen Tones in dessen Stimme bleiben und verschwand.

Napoleon nahm in einer heftigen Bewegung den Rock vom Stuhl und stieß dabei das mit einem k.k. Adler gezierte Weinglas an, das noch kurz – wie in innerem Kampf befangen – hin- und herschwankte, schließlich aber Übergewicht bekam, vom Tisch fiel und in unzählige Scherben zerbrach. Wie Blut ergoss sich der Rotwein über den morschen österreichischen Holzboden.

Deo summo auspice, Michaele praeposito adlaborante, Jacubus Prandtauer et Daniel Gran hanc aedem exornarunt. Quae nunc in pristinum splendoram redacta est procurante Michaele episcopo. Cantate Domino hoc labore confecto. (Unter höchster göttlicher Fürsorge und den Bemühungen des Propstes Michael haben Jakob Prandtauer und Daniel Gran dieses Gebäude ausgeschmückt. Dieses ist unter der Obsorge des Propstes Michael in seinem alten Glanz wiederhergestellt worden. Singet Gott nach Vollendung dieses Werkes.)
(Gedenktafel im Kreuzgang des St. Pöltner Domes)

Jakob Prandtauer (1722)

„Das ist ... Das ist ... – Gott! Ja, Gott ist das, Prandtauer! Die Vision vom himmlischen Jerusalem, Sie haben ihr Gestalt verliehen. Sie sind ein Genie!“ Wie ein aufgeregtes Kind lief der Propst des St. Pöltner Augustiner Chorherrenstiftes, Johann Michael Führer, wild gestikulierend auf dem schachbrettgemusterten gelbroten Marmorboden auf und ab! Obwohl ihn Baumeister Jakob Prandtauer schon oft gebeten hatte, den Baufortschritt der Innenrenovierung vom Chor aus zu verfolgen, um die Handwerker, die beim Erscheinen des Kirchenfürsten sogleich vor Ehrfurcht erstarrten, nicht von ihrer Arbeit abzuhalten, zog es den Propst doch immer wieder hinunter in „seine Kirche“. Er musste einfach miterleben, wie aus der vormals düsteren, romanischen Basilika allmählich ein lichtdurchfluteter, barocker Gottespalast wurde. „Wissen Sie, wie lange das einfache Volk der Lehre Gottes verständnislos gegenübergestanden ist, Prandtauer?“ Der Baumeister, der es sich unter bewusst lautem, mehrmaligem Seufzen – ohne dass sich der Propst deshalb in seinem Redeschwall hätte irritieren lassen – im Chorgestühl des Presbyteriums gemütlich gemacht hatte und mit seinen Fingern die grandiosen Schnitzereien von Peter Widerin entlang fuhr, zuckte desinteressiert mit den Achseln. „Ich sag es Ihnen – bis zu Luther, diesem alten Kirchenspalter! Jawohl! Der hat nämlich nicht nur seine frevlerischen Thesen angeschlagen, die uns noch heute schwer im Magen liegen, nein, der hat auch das Neue Testament in die Sprache des Volkes übersetzt. Das war sein wahrer Coup, Prandtauer, die unwiderstehliche Flöte in des Rattenfängers Händen! Was weiß ein einfacher Adeliger schon mit Latein anzufangen – aber Deutsch, das hat er verstanden. Luther hat den Laien den Schatz der Bibel geöffnet, und dafür haben sie ihn geliebt und verehrt, dafür sind sie ihm auf Gedeih und Verderb gefolgt und mit ihnen ihre Untertanen. Aber wissen Sie was, Prandtauer? Wir schlagen zurück. Sie ...“ Prandtauer fiel dem Propst ins Wort und sprach mit diesem den folgenden Satz, den er wohl schon tausend Mal aus Führers Mund vernommen hatte, im Duett. Durch Zusammenziehen der Augenbrauen setzte er die gleiche feierliche Miene wie dieser auf, verlieh seiner Stimme mittels sonorem Bass bewusst übertriebenes Pathos und hob dazu, dem Propst gleichtuend, den rechten Arm wie ein alter Prophet gemahnend empor: „Sie werden mein Luther sein, meine göttlich flammende

Fackel, welche das Volk wieder für die römisch-katholische Kirche entzünden wird!" Für einen Moment stutzte Führer, warf Prandtauer ob der Nachäfferei einen strengen Blick zu, fuhr dann aber fort: „Ja genau. Durch Sie werden die Leute in Scharen zurückkehren in den Schoß der wahren und einzigen Kirche, weil ihnen endlich einer die Größe Gottes verständlich macht, weil Sie in dieser Kirche Gottes Vollkommenheit verspüren, einen Blick ins Paradies werfen können! Sie sprechen Gottes Stimme, Prandtauer, Sie sind ein Auserwählter!"

Prandtauer ließ seinen erhobenen Arm resignierend sinken. „Aber Euer Exzellenz. Wie oft soll ich es Ihnen denn noch sagen – ich bin nur ein einfacher Baumeister, nichts weiter. Nur ein Baumeister!"

Führers Augen blitzten bei dieser Antwort zornig auf. Prandtauers Tiefstapelei konnte ihn bisweilen zur Weißglut treiben. Da saß vor ihm einer der genialsten Architekten der Zeit, der Erbauer und Planer von Stift Melk, St. Florian, Garsten, der Wallfahrtskirche auf dem Sonntagsberg und unzähligen anderen Baumonumenten, die bis in alle Ewigkeit der Kirche zu Ruhm gereichen würden, und dann sprach der gute Mann von nichts anderem, als dass er „nur ein einfacher Baumeister" sei. Unfassbar! Das war nicht mehr Bescheidenheit, das grenzte schon an Blasphemie, die gottgegebenen Talente derart herunterzuspielen. „Prandtauer, um Gottes Willen! Kommen Sie mir doch nicht mit den Argumenten Ihrer ehemaligen Gegner! Selbst die sind schon gescheiter geworden. Ich erinnere mich noch genau, als sie 1689 nach St. Pölten gekommen sind und mein Vorgänger, Propst Müller von Prankenheim – Gott hab ihn selig – Sie engagiert hat. Ausgelacht haben ihn die hohen Herren in Wien und Salzburg mit ihren ach so einzigartigen Architekten Johann Fischer von Erlach und Johann Lukas von Hildebrandt. Was er denn leicht vorhätte mit diesem einfachen, unbekannten Baumeister aus dem Tirolerischen, haben sie ihn spöttisch gefragt. Mithalten im Wettstreit um Gott, etwa?! Aber das Lachen ist diesen aufgeplusterten Pfauen schnell vergangen, als man Ihr Genie erkannte! Heute beneiden uns alle um Sie! Alle wollen, dass Ihre Hütte für sie baut, und nicht nur die geistlichen Würdenträger! Schauen Sie sich nur St. Pölten an. Jeder Graf, jeder reiche Bürger, jeder Großbauer, der etwas auf sich hält, schreit heute nach Prandtauer – und Gott sei Dank geht Ihnen Ihr Neffe Joseph Munggenast nicht nur hier in der Kirche, sondern auch in der Stadt so gut wie möglich zur Hand. Aber selbst wenn man sich Ihre berühmten Dienste nicht leisten kann, fordert man vom billigeren Baumeister: ‚Aber ausschauen muss es wenigstens wie ein Prandtauer! Sie wissen schon, mit vielen Schnörkeln und Schnecken, erhabenen Pilastern, Simsen und königlichen Kapitelen, Figuren und und und.' Machen ihre Sache im übrigen recht ordentlich, die St. Pöltner Baumeister. Von Tag zu Tag wird unsere Stadt schöner, und überall sieht man eigentlich nur mehr Prandtauer! Eine regelrechte Prandtauerstadt sind wir geworden, jawohl. Ein Prunkstück des Barock! Und Sie ..."

Wie so oft, wenn der Propst ins Schwärmen geriet und mit den salbungsvollen Lobeshymnen auf ihn nicht mehr enden wollte, verlor Prandtauer den Faden und versenkte sich in den Anblick „seiner Kirche". Gelungen war sie allemal, das konnte er sich selbst ohne Eigenlob eingestehen.

Das eingezogene Tonnengewölbe mit den Rundbogenfenstern, welches auf den mit gelbrotem Kunstmarmor ummantelten ursprünglichen Pfeilern der Basilika mit den riesigen Pilastern, die in grandiosen goldenen Kapitelen und Simsen endeten, aufsetzte, drückte den Raum nicht mehr nieder wie zuvor, sondern schien das Hauptschiff ganz im Gegenteil auf geheimnisvolle Weise geradezu nach oben hin zu öffnen, schien auseinander zu fließen und eins zu werden mit dem Himmel. Auch in die niedrigeren Seitenschiffe hatte er durch den Einbau von „Laternen-Fenstern" in die neuen Kuppeln Licht gebracht, das sich sanft ins Innere des Gotteshauses ergoss. Durch die milden Gelb- und Rottöne des Marmors, die sich in harmonischer Weise mit dem eleganten, von grandiosen Intarsien geprägten braun-schwarzen Kirchengestühl sowie mit dem Gold der Verzierungen, Medaillons und zahlreichen Figuren vermischten, wurde das ganze Kircheninnere von einem einzigartigen, himmlischen Licht durchflutet, das ihn an einen warmen Sommertag in der Toskana erinnerte. So hatte er sich immer das alles durchdringende Licht des Paradieses vorgestellt, das Licht am Ende des Tunnels, das ihn in seiner letzten Stunde in eine neue, bessere Welt geleiten würde. Was dieses Gotteshaus ausstrahlte war nicht mehr die kühle Strenge des gnadenlosen Gottes des Alten Testaments, sondern war bei all der würdigen Erhabenheit und Feierlichkeit, die ihm zukamen, insbesondere die Liebe Gottes, waren die Gnade, Vergebung und Wärme Jesus von Nazareths. Eine Erlöser-, nein, eine Erlösungskirche hatte er gestalten wollen. Hier sollten die Menschen Trost und Zuversicht finden, und wenn sie das Gotteshaus verließen, sollten sie ein Lächeln auf den Lippen tragen. Es war ihm gelungen!

Und wie sich diese bauliche Wirkung noch steigern würde, wenn erst – wie es sich Führer vorstellte – im Hauptschiff Deckenfresken und Hochwandbilder mit „Szenen aus dem Leben Jesu" von Thomas Friedrich Gedon sowie Ölgemälde über den Altären der Seitenschiffe aus der Hand Daniel Grans die Kirche schmückten!

Freilich, ob es jemals soweit kommen würde, daran zweifelte er bisweilen gehörig. Bereits jetzt schien dem Propst das Geld auszugehen, und in regelmäßigen Abständen gingen bischöfliche Dekrete ein, die ihn zu mehr Sparsamkeit gemahnten. „Wissen Sie, Eure Exzellenz", so hatte er Führer schon oft gewarnt, „irgendwann wird es dem Bischof von Passau zu bunt werden, und er wird Sie in irgendein Nest verbannen, weil Sie sein Geld dermaßen verprassen!" „Verprassen?!" Entsetzt und verständnislos, ja ein klein wenig beleidigt hatte Führer dann stets erwidert: „Was heißt verprassen! Wir bauen hier das ‚himmlische Jerusalem' auf, Prandtauer! Das ist eine heilige Mission! Soll ich etwa nur zuschauen, wie uns die Äbte und Pröpste rund um St. Pölten die herrlichsten Gottestempel vor die Nase setzen – und Sie sind ja nicht ganz schuldlos daran, mein Lieber, nicht wahr – und wir gehen leer aus?! Kommt ja gar nicht in Frage! Die würden uns ja alle für gottlos halten! Und was sind schon ein paar Gulden, Prandtauer, was ein paar verpfändete Ländereien gegen das Paradies, gegen ein Gotteshaus, in dem der Herrgott selbst herniedergestiegen ist, wo er den Raum mit seinem göttlichen Atem erfüllt?!"

Was hätte er da schon groß entgegnen sollen? Im Grunde genommen war er ja derselben Meinung wie der Propst, fühlte es in gewissem Sinne geradezu als Pflicht, als Schuld gegenüber dieser von ihm geliebten Stadt, auch hier einen Meilenstein, etwas Einzigartiges zu schaffen, das in alle Ewigkeit Bestand haben würde. Ja, er selbst hatte sogar schon 700 Gulden gespendet – bezahlte sich damit groteskerweise also in gewisser Weise selbst – nur um den Baubetrieb aufrechterhalten zu können. Aber ...

„Prandtauer – schlafen Sie etwa?" Der Propst hatte des Meisters Hand ergriffen und schüttelte sie leicht. „Sie haben mir doch zugehört?! Ich muss jetzt gehen, aber morgen komme ich wieder – das dürfen Sie mir nicht verbieten! Ich danke Ihnen. Für alles." Beinahe zärtlich drückte Führer zum Abschied die Hand seines Baumeisters, machte kehrt und ging davon. Prandtauer sah ihm nach, wie er das lange Hauptschiff hinunterschritt und schließlich hinter dem mächtigen Tor, das nun genau unter dem neuen Chor und der mächtigen Orgel lag, verschwand. Einen Moment blieb er noch sitzen und ließ seinen Blick durch das Gotteshaus wandern, dann stand er mit einem Ruck auf, klatschte in die Hände und rief: „An die Arbeit, meine Herren, die Pause ist zu Ende! Wir haben schließlich noch eine göttliche Mission zu erfüllen!"

„In diesen Tagen sind es vierzig Jahre her, als ich als Sappeurkompanie-Kommandant von der Piave-Front nach Hause marschierte. Durch Portogruaro, über das Plateau von Humen, durch Laibach, Marburg, Graz, Kapfenberg, Mariazell nach St. Pölten. Dort rüstete ich ab. Ich habe zehn Isonzoschlachten mitzumachen gehabt, in der vordersten Linie; und wir haben in einer Kompanie in den zehn Schlachten zweitausend Mann verloren. Die Leute sind mit mir gegangen, die Monarchie war zu Ende, ich hatte keine Befehlsgewalt, sie sind aber doch mit mir gegangen, aus Vertrauen, freiwillig, zusammen als geschlossene Einheit zurück in die Heimat. Und wir haben die Heimat gefunden – in völliger Auflösung."
(Julius Raab, 29. November 1958)

Julius Raab (23. November 1918)

Aufmerksam beobachtete er von seinem erhöhten Standpunkt aus den Straßenrand, dem entlang sich immer mehr neugierige Menschen sammelten. Selbst Kinder, scheinbar vom Unterricht befreit, drängten sich alsbald zwischen die Erwachsenen und starrten offenen Mundes auf die im Gleichschritt marschierenden Soldaten. Wer hätte das gedacht. Die Heimat stand zu seinem Einzug Spalier. Er wäre gern ein Julius Cäsar – so hatten ihn seine Schulkameraden früher immer genannt – gewesen. Aber er fühlte sich bestenfalls wie ein Varus, der sich aufgemacht hatte, das Reich zu verteidigen und nun mit nichts außer einem lächerlichen Häuflein gebrochener Männer zurückkehrte. Nicht in Pomp und Glorie zog er ein, nicht als Sieger, sondern als jemand, der froh war, davongekommen zu sein. Als Verlierer. Und doch – gewann er nicht die Heimat zurück? Wenigstens ein Stück davon in Form der geliebten Stadt, die bemerkenswerterweise im Glanz alter Tage erstrahlte? Tatsächlich schien sie ihm unverändert, und nur an den abgemagerten Gesichtern der Bürger, an ihren lumpigen Gewändern, ihrem traurigen, leeren Blick ließ sich erahnen, dass auch sie – fern der Front – die Entbehrungen des Krieges zu spüren bekommen, zu leiden gehabt hatten.

Er versuchte sich in diese Menschen hineinzudenken. Wie mochte wohl der Einmarsch seiner k.k. Sappeurkompanie auf sie wirken? Immerhin war vor über einer Woche die Republik Deutsch-Österreich ausgerufen worden. Österreich-Ungarn war nicht mehr. Und nun spazierte eine offensichtlich völlig intakte, in sich geschlossene k.k. Kompanie ein? War zu diesen Soldaten etwa noch nicht die Kunde durchgedrungen, dass der Krieg zu Ende war. Oder wollten sie dieses Ende gar nicht akzeptieren, unternahmen vielmehr einen Restaurationsversuch, waren also gefährlich? Er musste bei diesem Gedanken innerlich schmunzeln, denn nur ein Laie hätte auf diesen törichten Gedanken verfallen können. Eine Bedrohung stellten sie in ihrem desolaten Zustand nun wirklich nicht mehr dar. Bis auf ihn selbst, der als Kommandant hoch zu Ross seinen Männern voranritt, waren ihnen schon in Aflenz von der Bauernwehr Pferde und Waffen abgenommen worden. Der Wehrführer hatte ihm ein Papier der Bezirkshauptmannschaft unter die Nase gehalten, welches ihn zum Einzug ehemaligen k.k. Kriegsmaterials ermächtigte. Hatte er sich derlei Forderungen gegenüber italienischen und slowenischen Verbänden mit Erfolg widersetzt, weil diese – außer ihrer Gewaltandrohung – über keinerlei Legitimation verfügten und mit Sicherheit, soviel stand fest, keine Landsleute mehr waren, so entsprach es in diesem Fall seinem inneren Sinn für Ordnung und Gehorsam, dieses augenscheinlich staatliche deutsch-österreichische Papier der Steirer anzuerkennen. Selbst wenn sich darauf der allzu rasche, geradezu überfallsartige Wechsel der Verhältnisse derart niederschlug, dass der Doppeladler am Briefkopf einfach durchgestrichen worden war, und jemand darüber mit schwarzer Tinte „Republik Deutsch-Österreich“ geschrieben hatte.

Jedenfalls mussten sie ab der Steiermark zu Fuß weitermarschieren, wobei er wenigstens erreichen konnte, dass man den Soldaten ihr eigenes Hab und Gut ließ, ihnen darüber hinaus Verpflegung für das letzte Teilstück der Reise mit auf den Weg gab.

Es war eine lange Reise gewesen, die in Wahrheit – so wusste er heute – schon lange vor seinem Einrückungsbefehl 1914 begonnen hatte. Eine Reise, die von allem Anfang an unter einem Unstern gestanden und letztlich nur auf ein einziges Ziel zugesteuert war: dem Zerfall der Monarchie. Aber er hatte es nicht gesehen, wie so viele andere nicht. Wollte es vielleicht nicht erkennen. So hatte er begeistert mitgejubelt, als der Krieg erklärt wurde. Das große reinigende Stahlgewitter würde über Europa niedergehen, die Monarchie ihren Platz als Vormacht im Zentrum des Kontinents behaupten, all den nationalistischen Trieben Einhalt gebieten. Welch lächerliche Träume! Die Realität hatte ihn zurück auf den Boden geschleudert, und die Landung war grausam. Wie kehrte er heute zurück? Erschöpft. Am Ende seiner Kräfte. Völlig desillusioniert. Die Monarchie – sie war nicht mehr, und was war, das wusste er nicht, konnte es noch nicht fassen. Die Heimat war nicht mehr dieselbe wie die, aus der er aufgebrochen war. Diese Heimat bot keine Geborgenheit. Vielleicht einmal später, er hoffte es, wenngleich er zweifelte. Noch aber war es eine Heimat, die auf der Suche nach sich selbst im Dunkeln tappte, und mit ihr die Menschen, die hier lebten.

Für einen kurzen Moment stieg wieder dieses beklemmende Gefühl aus Furcht und Unbehagen in ihm hoch, wie er es erstmals als kleiner Junge von knapp sieben Jahren empfunden hatte. Damals, am 11. September 1898, war er hier am Straßenrand gestanden wie die Menschen jetzt. Schon am Morgen, als er erwachte, hatte ihn im Elternhaus eine bedrückende, ungewohnte Leere empfangen. Da drang nicht der vertraute Geruch von frischgebrühtem Kaffee in die Nase. Da war nicht das angeregte Gespräch zwischen Eltern, Onkel und Tante zu hören, dessen bisherige Selbstverständlichkeit ihm erst durch sein Fehlen bewusst wurde. Da schaute nicht die Mutter wie gewohnt zur Tür herein und sagte: „Guten Morgen, mein Liebling. Zeit zum Aufstehen, Frühstück ist fertig!“ Stattdessen fand er sie, nachdem er verstört die Stiege hinuntergeschlichen war, im Salon in ihrem schwarzen Festtagsgewand mit Tränen in den Augen. Was ihn aber noch viel mehr irritierte, war der Anblick des Vaters: Zitternd saß er am Tisch und hatte den Kopf in den Händen begraben. „Was ist passiert?“, hatte er unsicher in die unerträgliche Stille hinein gefragt, selbst alsbald gegen Tränen ankämpfend, weil er diese unbekannte, bedrückende Stimmung nicht aushielt, weil sie ihm Angst machte. Die Mutter hatte ihm nur sanft über den Kopf gestreichelt und gesagt: „Etwas Schreckliches, Julius. Etwas ganz Schreckliches!“ Er war zurück in sein Zimmer gelaufen, hatte sich eingesperrt und im Bett verkrochen, in der Hoffnung, dass ihn das, was ihn unsichtbar bedrohte, hier nicht finden möge. Stunden war er so dagelegen, hatte voller Angst zur Tür gestarrt, bis ihn am späten Nachmittag die Mutter holte: „Komm, Julius. Es ist soweit. Wir machen noch einen Spaziergang.“

Es war ein nebelverhangener, düsterer Tag gewesen, viel zu kalt für die Jahreszeit. Ihn hatte gefroren. Die ganze Stadt trug Trauerflor. Von den Häusern hingen schwarze Fahnen. Unbewegt. Kein Hauch war spürbar. Entlang der Straße hatten sich die Bürger in Trauergewändern aufgestellt, bildeten ein riesiges schwarzes Spalier, das auf geheimnisvolle Weise mit dem Zwielicht dieses toten Septembertages zu verschwimmen schien. Minuten – damals war es ihm wie Stunden vorgekommen – verrannen in gespannter Stille. Die Menschen starrten aus steinernen Mienen die Straße hinauf, alle in dieselbe Richtung, obwohl da nichts zu sehen war außer einer dichten Nebelwand an ihrem Ende. Aber er fühlte, dass bald irgendetwas daraus hervorkriechen würde, und er ahnte, dass es etwas Schreckliches sein musste. Noch unheimlicher wurde ihm zumute, als plötzlich sämtliche Glocken der Stadt zu läuten begannen. Nicht fröhlich preisend wie nach der Sonntagsmesse war ihr Klang, als vielmehr dumpf und bedrohlich, als suchte er durch das Dickicht des Nebels vergeblich einen Ausweg und grollte – da er ihn nicht finden konnte – wütend durch die viel zu engen Gassen.

Plötzlich ging eine winzige, kaum wahrnehmbare Regung durch die Menge. Er schaute unvermittelt auf, zur Nebelwand hin – und tatsächlich. Aus ihr tauchten, als kämen sie aus dem Nichts, edle schwarze Reiter auf. In Reih und Glied schritten sie erhaben dahin – eine Reihe, zwei Reihen, eine dritte. Er wusste nicht mehr, wie viele es letztlich waren, bis ihnen eine von Rappen gezogene, wunderschön verzierte Kutsche aus pechschwarzem Ebenholz nachfolgte, die schönste Kutsche, die er jemals gesehen hatte. Rundum war sie offen, nur von den vier Eckpunkten aus reckten sich edel geschwungene Holzarme empor, die sich in einem kunstvoll geschnitzten Dach, einem schwarzen Himmel gleich, auflösten und sich schützend über ihre heilige Fracht wölbten: einen Sarkophag, bedeckt mit einem schwarzen Tuch aus Samt, dessen Saum mit reinem Gold bestickt war. Ein Sarkophag, wie er nur einer Göttin würdig war. Der Sarkophag, der den Leichnam der ermordeten Kaiserin Elisabeth in sich barg. Getragen rollte die Kutsche dahin, und wo sie vorbeikam, zeigte sie Wirkung auf die Menschen am Straßenrand, als strahle sie geheimnisvolle Zauberkräfte aus. Offiziere salutierten in einer langsamen, würdevollen Bewegung. Männer zogen ihren Hut und senkten betroffen den Kopf. Frauen schlugen mit Tränen in den Augen ein Kreuz, und über all dem vermischte sich der mächtige schwere Klang der Glocken mit den leis geflüsterten Worten des Abschieds: „Leb wohl, Elisabeth! Leb wohl, geliebte Kaiserin! Für immer!“

Welch großen Eindruck hatte dieses Schauspiel damals auf ihn gemacht, wie sehr hatte es ihn zugleich verstört und geängstigt. Zum ersten Mal hatte sich ihm die „Monarchie“ – dieses sperrige Wort, von dem so oft in der Familie die Rede war, dieses undefinierbare, vage Gebilde – offenbart. In Form eines gewaltigen Trauerzuges, eines Sarkophages mit einer toten Kaiserin darin, eines trauernden, erschütterten Volkes. Von nun an verband er damit etwas Tragisches, Sterbendes, Abschiednehmen. Und wenn er als Erwachsener, als glühender Anhänger der Monarchie, als stolzer, treu ergebener Soldat seines Kaisers auch das Reich in seinen konkreten staatlichen Ausformungen begriff, so ließ ihn dieses erste irrationale Gefühl der Kindertage doch nie wieder los. Als wäre dieser Trauerzug ein Omen gewesen. Eine Vorahnung auf den endgültigen Untergang. Eine Todesahnung.

Wie anders aber sollten nun die St. Pöltner seine Sappeurkompanie betrachten, wenn nicht ebenso als etwas Totes, als monarchistisches Gespenst, eine Leiche auf ihrem Weg zur letzten Ruhestätte, die sie – so hatte er es bestimmt – am Bauhof seiner Familie finden würde.

Recht hatten sie damit. Denn nichts anderes als der letzter Gang war ihr fast dreiwöchiger Marsch von der Piavefront zurück in die Heimat gewesen. Tatsächlich waren sie – als Heeresformation betrachtet – bereits tot, eine Leiche, denn am 3. November hatte der Kaiser die Soldaten der k.k. Armee ihres Eides entbunden. Die meisten hatten daraufhin sofort das Weite gesucht. Die Einheiten wurden noch an Ort und Stelle aufgelöst. Nicht so seine Sappeure! Er hatte sie in diesem auseinanderstrebenden Chaos ordnungsgemäß antreten lassen: „Männer, ihr habt nun zwei Möglichkeiten. Zum einen könnt ihr euch wie die meisten eurer Kameraden allein auf den Weg machen. Man braucht kein großer Prophet zu sein, um vorauszusagen, dass diese Kopflosigkeit für viele in Gefangenschaft, für manche sogar mit dem Tod enden wird, denn zu viele wilde Milizen tummeln sich in diesem Tollhaus herum, zu viele verwahrloste Banden und Räuber streunen durch die Gegend. Als Einzelner hat man da wenig Chancen. Oder aber ihr bewahrt kühlen Kopf und bleibt noch bei der Kompanie. Wenn wir nämlich gemeinsam, als vollausgerüstetes 200 Mann starkes Bataillon den Nachhauseweg antreten, wird es sich jeder Feind zweimal überlegen, uns anzugreifen. Wir werden also gemeinsam von hier aus Richtung St. Pölten marschieren, einen Weg nehmen, der an allen wichtigen Orten, die eurer Heimat am nächsten sind, vorbeiführt. Dort könnt ihr euch jeweils abmelden und zu den Euren zurückkehren. Mir erscheint dies am sinnvollsten und sichersten. Aber es ist eure Entscheidung. Ich kann euch nichts mehr befehlen. Ich kann euch nur anbieten, mir und meinem Instinkt weiterhin zu vertrauen!“ Ohne lange nachzudenken hatten die Männer sofort geantwortet: „Herr Oberleutnant! Wir sind Ihnen bisher treu geblieben, wir werden Sie auch jetzt nicht im Stich lassen!“

Er hatte kurz genickt und sie dann lange angesehen. Voll Stolz und Freude, zugleich voll Schmerz. Das waren seine Männer! Gute, tapfere Männer! Aus allen Teilen der zerfallenen Monarchie kamen sie – aus Österreich, Ungarn, Böhmen, Galizien, Rumänien, Slowenien. Seite an Seite hatten sie in diesem gottverdammten Krieg gekämpft, in 10 Isonzoschlachten über 2000 ihrer Kameraden verloren – es hatte sie keinen Deut interessiert, welchem Volk diese angehört hatten. Der Verlust war immer gleich schlimm gewesen. Gemeinsam hatten sie gehofft und gebangt, gelacht und geweint. Und nun sollte dies alles nichts mehr zählen? War alles mit einem einzigen Handstreich, mit dem Untergang der Monarchie, hinweggefegt, als hätte es nie etwas Bindendes gegeben? Standen sie sich plötzlich als Bürger verschiedener, gänzlich neuer Staaten gegenüber, in Bälde gar als Feinde im Feld? Es war schwer zu begreifen, noch viel schwerer es zu akzeptieren. Aber noch ließen sich seine Männer vom Nationalitätenfieber nicht anstecken, wenn die Resistenz dagegen auch nur mehr die Dauer des Nachhauseweges währen mochte.

Sicher entsprang ihre Zustimmung auch dem Vertrauen in seine Führungsqualitäten, einem Gefühl aus Hochachtung und Bewunderung, wie er sie selbst nur dem Stabschef der Isonzo-Armee, Oberst Theodor Körner gegenüber empfunden hatte. Ein einziges Mal war er ihm begegnet, als dieser seine Sappeurkompanie inspizierte, aber es hatte ausgereicht, um ihm die Gewissheit zu geben, dass er unter einem großen Mann diente.

Gemeinsam waren sie die Stellungen entlangmarschiert, als plötzlich feindliches Feuer eröffnet wurde. Die Kugeln zischten um sie herum. Wenige Meter entfernt schlugen Granaten ein. Der Boden bebte. Körner aber ließ sich davon in keinster Weise beeindrucken, sondern ging aufrechten Ganges weiter, als würde er es gar nicht merken. Er tat es dem Oberst gleich. So schritten sie schweigend nebeneinander her, oben am Grat, während die anderen Soldaten unten in den Schützengräben verschanzt lagen und bewundernd zu ihnen emporblickten. Erst als die Inspektion beinahe beendet war, wandte sich Körner an ihn: „Herr Oberleutnant, warum exponieren Sie sich im Störfeuer?“ „Herr Oberst nehmen ja ebenso keine Rücksicht darauf!“, hatte er geantwortet, worauf Körner erwiderte: „Nun, Herr Oberleutnant wissen, dass ich hier heraußen bin, um die Stellungen zu inspizieren, nicht, um am Boden herumzurobben! Außerdem“, so fügte der General lächelnd hinzu, „gibt es an Obersten in unserer Armee ohnedies keinen Mangel. Gute Sappeuroffiziere hingegen sind rar. Passen Sie in Hinkunft also mehr auf sich auf.“ Damit war die Konversation beendet, Körner schloss die Inspektion mit Lob für seine Sappeure ab und verabschiedete sich. Noch Tage später sprachen die Soldaten voll Bewunderung von diesem Besuch. Der Generalstabsoberst war kein Schreibtischfeldherr wie so viele andere in seiner Position, die in der Sicherheit des Bunkers auf Landkarten Truppen hin und herschickten ohne Rücksicht auf Verluste. Nein, dieser Körner war ein tapferer Soldat, der seinen Mann auch im Feld stellte, der seinen Truppen mit gutem Beispiel voranging.

Er selbst hatte sich stets bemüht, als Vorgesetzter ebenso zu handeln. Autorität war keine Frage von Lautstärke oder Drohgebärden, sie war eine von Vorbild und eigener Leistung, auch von Standfestigkeit und Willen. Nie hatte er deshalb etwas von seinen Männern gefordert, was er nicht selbst bereit war, auf sich zu nehmen. Aus vielen brenzligen Situationen hatte er sie herausgeholt, hatte nie Unmenschliches von ihnen verlangt, sie umgekehrt aber doch zu höchsten Leistungen angetrieben. Vielleicht war es dies, was sie bewog, seinen Vorschlag anzunehmen – weil er sie nie enttäuscht, nie im Stich gelassen hatte.

Und es war ohne jeden Zweifel das gemeinsame Kriegserlebnis, das sie aneinandergeschweißt hatte. Gemeinsam waren sie durch die Hölle gegangen. Die absolute Hölle! Es mochte auch anderswo in diesem Krieg furchtbare Schlachten gegeben haben. Aber nirgendwo – davon war er überzeugt – konnten sie sinnloser, ja geradezu grotesker gewesen sein als an der Isonzofront. Dieser gottverdammte Stellungskrieg um jede Anhöhe, jedes Gehöft, jeden Zentimeter, der jahrelang tobte und doch weder der einen noch der anderen Seite jemals wirklich entscheidende Gebietsgewinne brachte. Ein riesengroßer Fleischwolf, eine einzige Menschenvernichtungsmaschine. Manchmal hatte ihn das Gefühl beschlichen, dass sich der Tod einen bösen Spaß mit ihnen erlaubte, sich jedenfalls kolossal über ihre Dummheit, ihren verbissenen Todestrieb amüsierte, der sie – Österreich-Ungarn und Italien – an dieser Front Hunderttausende Mann opfern ließ. Hunderttausende Schicksale, deren Geschichte nicht zu Ende geschrieben wurde. Hunderttausende Menschenleben vergeudet. Und wofür?

Vielleicht war dies die häufigste Frage, die er und seine Sappeure sich stellten, denn gerade ihre Aufgabe erschien am widersinnigsten von allen. Als wären sie in einer unendlichen Zeitschleife gefangen, erlebten sie Tag für Tag denselben Wahnsinn aufs Neue, selten in neuen Variationen. Was sie jede Nacht mühsam aufbauten und frei sprengten – Schützengräben, Kavernen, Wälle und Stellungen – wurde am folgenden Tag im Zuge der Gefechte wieder zerschossen, und alles ging wieder von vorne los. Manchmal mussten sie sogar bereits während des Kampfes hinaus, weil die Lebensdauer der Stellungen im Dauerfeuer der Italiener eine immer kürzere wurde. Sie tanzten dann mit dem Tod Walzer, immerzu im Kreis herum. 1, 2, 3 – 1, 2, 3 – 1, 2, 3 – bis ihnen schwindelte, bis sie nur noch dahinflogen, keines klaren Gedankens mehr fähig, ohne jegliche Empfindung, ohne Orientierung. Die Musik dazu freilich lieferten die beiden Heere, und solange diese im Blutrausch aufspielten, konnte es keine Befreiung aus den kalten, knöchernen Händen des Todes geben.

Die Orchester waren nicht sehr einfallsreich, die Kompositionen furchtbar simpel und stets nach dem gleichen Muster gestrickt. Der Krieg war kein großer Meister. Jede neue Offensive eröffneten die Italiener mit tagelangem, ununterbrochenem Sperr- und Trommelfeuer, einer mächtigen Ouvertüre aus Bomben und Granaten. Keinen Zentimeter konnten sie sich dann in ihren Verschanzungen bewegen, konnten nur hoffen, von keiner Kugel getroffen, nicht vom durch die Einschläge gelockerten Karstgestein erschlagen zu werden. Dieser verdammte Kalk, spitz und scharf, der die Splitterwirkung jeder Granate noch steigerte. Das italienische Vorspiel war immer so intensiv, dass sie nicht einmal die toten Kameraden wegschaffen konnten, vielmehr dazu gezwungen waren mit anzusehen, wie diese langsam ausbluteten, sich ihre Haut allmählich verfärbte, sie sich schließlich zu verflüssigen begannen und einen furchtbaren Gestank verbreiteten. In der Nacht aber hörten sie, wie sich die Ratten an den toten Kadavern zu schaffen machten. „Wir waren, was Ihr seid, Ihr werdet, was wir sind", kam ihm dann in den Sinn. Eine schreckliche Vorstellung. Nur im Winter war es besser. Da erstarrten die Toten zu Eis.

Ließ das erste Feuer der Italiener aber einmal nach, nutzten sie sofort die Chance, diesen grässlichen Anblick aus den Augen zu schaffen, schichteten Kalksteine über die Leichen auf. Doch selbst aus diesen Steingräbern kehrten die Toten bisweilen zurück, wenn sie durch eine einschlagende Granate wieder freigelegt wurden und – was häufig vorkam – in Einzelteile zerfetzt durch die Luft wirbelten. Nichts hatte am Isonzo Bestand, nicht einmal die Gräber. Nichts war heilig, auch nicht die Ruhe der Toten.

Bis zum bitteren Ende entkamen sie dem eintönigen Takt der Todesmelodie, den ständigen sinnlosen Wiederholungen nicht. Für kurze Zeit, als die k.k. Armee in einem letzten verzweifelten Befreiungsschlag eine Gegenoffensive gestartet hatte und bis zur Piave vorgedrungen war, glaubten sie, nunmehr den Italienern den Marsch blasen zu können. Seine Sappeure bildeten die Spitze, räumten versperrte Straßen, bauten Brücken, ebneten den Weg. Endlich, so bildeten sie sich ein, konnten sie ein neues Lied anstimmen. Doch wie täuschten sie sich. Wenige Wochen später wurde zum Rückzug geblasen. Ein langes, verkümmerndes Forte. Der Auftakt zum Finale, wie sich später herausstellen sollte. Entgegen ihrer Hoffnung waren sie noch immer in ihrer Zeitschleife befangen. Sie war nicht aufgehoben gewesen, sondern hatte nur eine Variation gespielt. Auf die Konstruktion folgte die Destruktion – das war der seiner Kompanie immanente Rhythmus, das alles beherrschende Grundthema. So standen sie diesmal nicht an der Spitze des Heeres, sondern an dessen Ende. Ihre Aufgaben: Verrammelung der Straßen, Sprengung der Brücken, Verbauung von Wegen.

Am Allerseelentag – einen Tag vor dem Schlussakkord, dem Waffenstillstand – gelangten sie nach Portogruaro. Abermals lautete der Befehl, alle Brücken zu sprengen. So brachten sie auch an der historischen Brücke nahe dem Domplatz, mitten im Zentrum, Sprengladungen an, freilich alsbald von jungen Frauen, Kindern und Greisen umringt, die wild gestikulierten, flehten und schimpften: „No! No! Prego! No!" Er forderte seine Leute auf, sich nicht irritieren zu lassen, behielt aber seinerseits die aufgebrachte Menge misstrauisch im Auge. Schließlich sah er, wie der Pater vom nahen Dom herüberkam. Nachdem dieser die Leute einigermaßen beruhigt hatte, fragte er auf Deutsch: „Wer ist der Befehlshaber?" „Das bin ich Pater. Oberleutnant Raab von der 3./4. Sappeurkompanie." „Hören Sie, Herr Oberleutnant", sagte der Priester. „Ist es wirklich notwendig, diese alte Brücke zu sprengen? Sie müssen wissen, dass sie den Menschen unendlich viel bedeutet. Seit Jahrhunderten werden über diese Brücke die Toten zu ihrer letzten Ruhestätte am Friedhof hingeleitet. Sie stellt für die Bewohner daher nicht nur eine reale, sondern auch eine symbolische Verbindung dar. Zerstören sie die Brücke, so zerstören sie in ihren Augen nicht nur die Verbindung zu ihren Verstorbenen, sondern überdies den Weg ins Paradies." Die Dorfbewohner, viele offensichtlich des Deutschen durchaus mächtig, nickten eifrig und schauten ihn erwartungsvoll an. Er musterte sie gleichfalls und meinte schließlich. „Wir haben Befehl, sämtliche Brücken zu sprengen, Pater. Aber ich verspreche Ihnen, mich bei der Oberkommandatur für Ihr Anliegen einzusetzen. Vielleicht finden wir einen Ausweg."

Am Nachmittag traf er am Domplatz mit dem Generalstabshauptmann zusammen. „Herr Hauptmann", sagte er gleich zur Begrüßung bestimmt, „wir können diese Brücke nicht sprengen! Sie ist den Menschen heilig, und zwar in durchaus religiösem Sinne! Sprengen wir sie trotzdem, so versündigen wir uns nicht nur an der Bevölkerung, sondern vor allem an Gott. Dies wiederum kann ich meinen Leuten, alles gottesfürchtige Männer, unmöglich zumuten." Er sah dem Hauptmann, ohne jegliche Regung zu zeigen, direkt in die Augen, sehr wohl wissend, dass in seiner Sappeurkompanie außer ihm die wenigsten religiös, viele nicht einmal Christen waren. „Ach ja?", antwortete der Hauptmann von diesem unerwarteten Vorschlag einigermaßen überrascht. „Und was schlagen Sie stattdessen vor, Herr Oberleutnant?" Er hatte die Frage erwartet und deshalb schon zuvor seine Ausführungen wohl überlegt. „Nun, in Anbetracht der Situation genügt es ohne jeden Zweifel, die Brücke nur zu verrammeln. Wir erreichen damit dieselben Ziele, nämlich ein beträchtliches Hindernis für den Feind zu schaffen, ihn damit zu beschäftigen und uns selbst möglichst viel Zeit zu verschaffen. Da – ich hoffe, Sie verzeihen die offene Rede, Herr Hauptmann – Sie und ich wissen, dass der Krieg in Kürze vorbei sein wird, halte ich es für absolut unangebracht, einen irreparablen Schaden anzurichten, der uns später bestenfalls als mutwilliger, lästerlicher Vandalenakt ausgelegt werden könnte." Der Hauptmann runzelte nachdenklich die Stirn, meinte aber schließlich: „Gut. Machen Sie es so, Herr Oberleutnant. Dass mir die Brücke aber wirklich gut verrammelt wird!" „Jawohl, Herr Hauptmann", antwortete er zufrieden. Dann ging er zur Brücke zurück und gab Befehl, die Sprengladungen wieder abzunehmen.

Als sein Trupp am Abend Richtung Latisanetto weitermarschierte, versperrten am Dorfausgang zahlreiche Bewohner die Straße. Er ließ seine Kompanie Halt machen. „Was ist?", fragte er. Im nächsten Moment trat schon ein junges Mädchen an ihn heran, reichte ihm eine Rose und gab ihm einen Kuss auf die Wange: „Mille Grazie!", flüsterte sie mit zarter Stimme. Andere Bewohner folgten ihrem Beispiel, schüttelten seine Hand, einige küssten sie sogar. Eine alte Frau schlug dreimal das Kreuz über ihm und sagte: „Gott schütze Sie und Ihre Männer!" Zuletzt steckten die Bauern den Soldaten noch Wein, Brot, Eier und Käse in die Taschen. Erst dann gaben sie die Straße wieder frei und seine Sappeure konnten ihren Marsch fortsetzen. Es war sein einziger, zugleich schönster Sieg gewesen, den er im Verlauf dieses Krieges errungen hatte.

Am selben Abend fühlte er zum ersten Mal seit langem wieder so etwas wie Zufriedenheit, wie Freude und betete zu Gott. Seinen Glauben hatte er während des Krieges nie verloren! Gezweifelt und gehadert – das schon, weil er nicht begriff, warum ihnen der Herr diese Prüfungen auferlegte. Weil er sich manches Mal von Gott verlassen fühlte. Doch dann, wenn er draußen am freien Feld im Kugelhagel arbeitete, hatte es wiederum Momente gegeben, in denen er die Anwesenheit Gottes ganz nahe spürte, als hielte dieser schützend die Hand über ihn. Und so war es wohl auch gewesen, denn er hatte überlebt.

So nutzte er, als sie ihr Rückweg über Mariazell führte, die Gelegenheit, um Gott zu danken. Er ließ die Kompanie am Kirchplatz rasten und ging in die Basilika. Sofort verschluckte ihn diese, zog ihn in eine andere Befindlichkeit. Dies hatte ihn an Gotteshäusern immer fasziniert. Man öffnete eine Tür, schloss sie wieder, und war mit einem Mal auf wundersame Weise vom Draußen völlig abgeschnitten. Landete in einer anderen Welt, in der die Zeit aufgehoben schien. All die Hektik, all der Lärm, all das Chaos, die draußen herrschten, wichen hier besinnlicher Stille, dem flackernden Licht der Kerzen, dem wohligen Geruch von Weihrauch. Er spürte, wie sich seine Nerven entspannten. Er konnte sich noch gut erinnern, wie er das erste Mal mit der Mutter hier gewesen war. Sie waren den breiten Gang hinabmarschiert, hatten die Heiligenbilder und Skulpturen bestaunt, eine Kerze für die Lieben angezündet. Dann hatten sie in einer der Kirchenbänke Platz genommen und die Mutter hatte ihm von manch wundersamer Heilung, die in Mariazell stattgefunden hatte, erzählt, etwa von einem Maler aus Pottenbrunn, dem man hier den Teufel ausgetrieben hatte. Auch die Steinplatte, hinter der das Herz des letzten, schon als Kind verstorbenen männlichen Habsburgers Leopold konserviert wurde, hatte sie ihm gezeigt und gesagt: „Die Monarchie, Julius, wird ewig bestehen!“ Heute wusste er, dass sie wie so viele andere, wie er selbst, geirrt hatte. Alles war untergegangen, und doch – er hatte wenigstens sein Leben behalten. Er kniete nieder und schlug das Kreuz, dann dankte er der Gottesmutter Maria, bat zugleich, dass sie ihn und seine Truppe heil nach St. Pölten bringen möge, dass die Zukunft, die nun nach Jahren der Entbehrungen, nach Jahren des Krieges auf sie wartete, eine bessere, eine friedliche werden möge. Lange hielt er Einkehr, bis ihn Getuschel hinter sich aus den Gedanken riss. Als er sich umdrehte, standen da all seine Männer beim Eingang der Basilika. Sogar hierher folgten ihm die Getreuen. Er betete noch ein „Vater Unser“, dann bekreuzigte er sich, stand auf und verließ mit ihnen das Gotteshaus. Er fühlte sich bereit für das letzte Teilstück.

„Der Raab! Das ist doch der Raab! Servus Julius!“. Einige der Bürger hatten ihn erkannt und winkten ihm zu. Er aber reagierte nicht darauf, sondern blieb erhaben im Sattel sitzen. Er hatte eine Mission zu erfüllen, und diese wollte er in Würde und Disziplin, wie es den Vorschriften entsprach, zu Ende bringen. Der Tross hatte den Schießstattring erreicht und bog in den Bauhof der Familie Wohlmeyer ein. Sein Herz begann höher zu schlagen. War es möglich? Nach all dem, was er durchgemacht, was er erlebt hatte, war er nun, da er nach Hause zurückkehrte, nervös! Beim Eingang stand die Mutter und weinte vor Freude. Daneben der Vater, der sie in den Arm genommen hatte und stützte. Seinen Bruder Heinrich sah er, der übers ganze Gesicht lächelte. Auch er hatte es also geschafft, war heil aus dem Krieg zurückgekehrt. Da waren all die vertrauten Gebäude, der Heinrichshof selbst, dieses wunderbare Herrenhaus, die Tischlerei, die Zimmerei, die Stallungen und Lagerhallen, die Zementgrube und der kleine Hof, wo die Großmutter früher Hühner gehalten hatte. Alles war noch da – dieses herrlich riesige Areal, das sich bis zum Kaiserwald hin erstreckte. Der Kaiserwald, der fortan nicht nur mehr an den verstorbenen Kaiser Franz Joseph, sondern an die gesamte untergegangene Monarchie erinnern würde. Alles empfing ihn in einer Vertrautheit, die ihn überwältigte. Welch unbeschwerte Stunden er in diesem kleinen Paradies als Kind erlebt hatte. Gemeinsam mit den Brüdern hatte er zwischen den Scheunen, Holzstapeln und dem Baumaterial Indianer gespielt, später auch Krieg. Im Gleichschritt – so wie sie es den Soldaten der benachbarten Kaserne abgeschaut hatten – waren sie durch den Hof marschiert, hatten sich kleine Schützengräben ausgehoben, Holzstöcke zu Gewehren umfunktioniert. „Peng, Peng – du bist getroffen". Wie naiv, wie unschuldig sie gewesen waren. Der Vater hatte es nicht gern gesehen, wenn sie Krieg spielten, hatte sie, wenn er sie dabei erwischte, aus dem Hof verjagt. Heute verstand er ihn.

Er stieg vom Pferd und ließ seine Sappeure in Reih und Glied antreten. Sein Blick wanderte über die verbliebenen Kameraden. Wie schrecklich sie aussahen. Abgemagert, allesamt mit Vollbärten, blassen Lippen, müden Augen und Falten, als seien sie keine jungen Männer, sondern Greise. So sahen Menschen aus, die dem Tod ins Auge geblickt hatten. Er schwieg lange. Brauchte Zeit, um Kraft zu sammeln. Nun war es also tatsächlich an der Zeit, Abschied zu nehmen. „Männer!", rief er laut, so dass es von den Mauern des Hofes zurückhallte, „unsere Reise geht hier zu Ende! Ihr werdet nicht nur den Entlassungsschein erhalten, sondern überdies Proviant, ein wenig Fahrgeld und ein Maurergewand, sofern ihr solches wünscht. Dieses zu tragen ist in Tagen wie diesen sicherer als die alte k.k. Uniform. Wir alle wissen", er stockte kurz, weil es ihm schwer fiel, weiterzusprechen, „dass es unser Reich, die Donaumonarchie nicht mehr gibt. Die Heimat, wie wir sie heute vorfinden, ist nicht mehr dieselbe. Aber auch wir sind nicht mehr dieselben. Vieles hat sich geändert. Es warten nun neue Aufgaben und Herausforderungen auf uns. Aber mir ist nicht bange, dass ihr sie mit Bravour und Verantwortungsbewusstein bewältigen werdet, denn ihr seid Sappeure. Es liegt in eurem Wesen, Neues – selbst aus dem Nichts heraus – aufzubauen, immer einen Weg zu finden, euch niemals unterkriegen zu lassen. Das habt ihr in den letzten Jahren mehr als bewiesen, und darauf könnt ihr stolz sein. Ich jedenfalls bin sehr stolz auf euch!" Er machte eine kurze Pause, nahm soldatische Haltung an: „Meine Herren. Es war eine große Ehre für mich, diese Kompanie zu befehligen. Ich danke Ihnen im Namen der Monarchie, für die Sie tapfer gekämpft haben und an deren Untergang Sie keine Schuld tragen!" Er ging unsicheren Schrittes zum Ersten in der Reihe, salutierte kurz und drückte ihm die Hand. „Viel Glück, Kamerad!" „Danke, Herr Oberleutnant!", erwiderte dieser.

Auf diese Weise verabschiedete er sich von jedem einzelnen Mann seiner Kompanie. Es bedurfte keiner großen Worte, es genügten der feste, kameradschaftliche Händedruck, der freundschaftliche Blick und das leichte, anerkennende Nicken, um die gegenseitige Verbundenheit und Hochachtung auszudrücken. Zuletzt wandte er sich noch einmal an die gesamte Mannschaft: „Hiermit erkläre ich die 3./4. Sappeurkompanie offiziell für aufgelöst! Es war ein gutes Regiment. Vielleicht das beste, welches die k.k. Armee je hatte. Meine Herren, Sie sind nun wieder Zivilisten!“

Seine Worte verhallten im Hof, dann kehrte Stille ein. Die Männer blieben ungerührt stehen und starrten zu Raab hin, als erwarteten sie weitere Befehle. Auch er verharrte noch einen Moment unschlüssig, dann drehte er sich aber um und lief zu seiner Familie, fiel den Eltern in die Arme. Endlich war er in der Heimat.

„In dieser Zeit, die ich ja meistens mehr geistig vergrämt als körperlich krank verbrachte, bildeten meine poetischen Versuche sich zu größerer Klarheit und Selbständigkeit heraus ... So keimten in diesen trüben Tagen zum ersten Mal die oft erstickten Trosttriebe auf.“
(R. M. Rilke)

Rainer Maria Rilke (1890)

René hatte sich ins weiche Moos gelegt, das nach feuchter, schwerer Erde roch. Sein Atem ging noch immer schwer, und beim Blick in den strahlend blauen Maihimmel schwindelte ihm leicht. In einem durch war er von der nur wenige hundert Meter entfernten Militärunterrealschule hierher in den Kaiserwald gelaufen. Vorbei an den ehrwürdigen Bauten des Gerichtes, der Schießstätte und der Hesser-Kaserne, vorbei an der eleganten Promenade, welche an Stelle der ehemaligen Stadtmauer St. Pölten erhaben umgürtete, und entlang der an Wochenenden edle Damen unter koketten Sonnenschirmen mit ihren Herren und Hündchen promenierten. Von alledem hatte er nichts gemerkt. War, nur von diesem inneren Drang fortzukommen getrieben, einfach aus dem Internat geflüchtet, wo sie wohl spätestens jetzt seine Abwesenheit bemerkten und ihn zu suchen beginnen würden.

Es dauerte dann meistens nicht lange, bis sie ihn aufstöberten – es war ein altes Ritual: Er lief fort, hierher in den Wald, sie fanden ihn, anschließend die Schelte des Lehrers, das Gemahnen an Pflichterfüllung und Verantwortung, zugleich aber auch verständnisvolle Blicke, ein Hauch von Mitleid um die Mundwinkel, die ihm verrieten, dass so mancher Pädagoge im Unterschied zu seinen Mitschülern ahnte, wie unglücklich und einsam er, der Schöngeist, sich in der kalten Welt der Schule fühlen musste.

Nur hier draußen im Kaiserwald, der erst vor kurzem zu Ehren des 40-jährigen Regierungsjubiläums Kaiser Franz Josephs I. angelegt worden war, fühlte er sich befreit, konnte für kurze Zeit den Schmerz und die Sehnsucht in seinem Herzen vergessen und so etwas wie Frieden finden. Umgeben von einem Heer aus Bäumen und Sträuchern versank er dann ganz in die göttliche Musik aus Gezwitscher und Krabbeln, aus dem Gurgeln des Nadelbaches und dem entfernten, dumpf zu ihm dringenden Kinderlachen, das der Wind vom Spielplatz herübertrug.

Wenn er sich aufrichtete, konnte er die Dächer und Türme der Innenstadt im Gold der Abendsonne glänzen sehen, die sich verschwommen wie auf einem Aquarell aus der Silhouette hervorhoben. Wie herrlich diese Stadt gewesen wäre, hätte er sie nur aus der Sicht des Dichters und nicht des Zöglings erleben dürfen. Wie viel sie ihren Bewohnern wohl bedeutete, mit welch Stolz und Liebe sie ihr begegnen mussten? Für ihn war dies alles nicht nachzuempfinden, blieb unerreichbar. Rational – ja, da wurde er der Schönheit

St. Pöltens gewahr. Aber gefühlsmäßig ersehnte er nichts mehr, als von hier fortzukommen. Flehte er zu Gott, dass seine Eltern seinem Ansinnen, ihn von der verhassten Schule zu nehmen, endlich nachgeben würden, dass sie begriffen, dass er nicht zum Offizier, nicht fürs Militär taugte, sondern sein Schicksal anderes mit ihm vorhatte.

Er richtete sich vollends auf, zog aus seiner Rocktasche Papier und Bleistift hervor und begann Verse auf Amélie, die er flüchtig während der letzten Sommerfrische kennen gelernt hatte, zu dichten:

„Resignation"
Bleischwer fließet mir das Leben
ohne sie dahin –
und mein freudenloses Streben
hat nur sie im Sinn.
Ach mein Herz ist dir so offen,
holdes, teures Kind,
lass mich jetzt nur im Stillen hoffen,
dass wir glücklich sind.
Was sind mir die …

Plötzlich wurde er von Rufen aus dem Schreibfluss gerissen: „René! René! Wo bist du? Melde dich!"

Sie hatten ihn gefunden.

„In Ochsenburg hatten wir mit den wirklich schönen Gegenden, in St. Pölten mit Bällen und Concerten sehr viel zu tun; demohngeachtet waren wir fleissig, besonders Schubert, er hat fast zwei Acte, ich bin am letzten. Ich hätte nur gewunschen, du wärest da gewesen und hättest die herrlichen Melodien entstehen sehen, es ist wunderbar, wie reich und blühend er wieder Gedanken hingegossen hat." (Brief Franz von Schobers an Josef von Spaun)

Franz Schubert (1821)

Die Schubertiade bei Freiherrn von Münk am Vorabend war ein voller Erfolg gewesen. Ein nettes Palais in der Rathausgasse und die ganze hiesige Prominenz im Salon versammelt, die ihm nach seiner Darbietung frenetisch zugejubelt hatte. Die St. Pöltner hatten durchaus Geschmack und Sinn für Kunst, wenn sie auch unter der Arroganz manch Wiener Hochadeliger zu leiden hatten, die sich gerne über die „Provinzstadt" lustig machten. Aber wovon hatten die schon Ahnung? Die wussten ja nicht einmal sein Können zu schätzen. Hier hingegen behandelten ihn die Menschen wie einen Fürsten, wie ein Wesen aus einer anderen Welt, und das machte sie zu Verbündeten, zu seinen Freunden, weshalb er ihre Gesellschaft ungemein genoss. Dennoch hatte es ihn gestern alsbald, anstatt der Einladung zum Maskenball im „Goldenen Löwen" zu folgen oder in das behagliche Stadtzimmer im „Drei Kronen"-Wirthaus zurückzukehren, wieder heraus auf das nur wenige Kilometer vor der Stadt gelegene Schloss Ochsenburg gezogen. Noch in der Nacht war er mit der Kutsche des Barons aufgebrochen, nur um das morgendliche Schauspiel dieser wunderbar erwachenden Landschaft nicht zu versäumen, es gleichsam in sich aufzusaugen. Und so stand er nun da im warmen orangen Licht der aufgehenden Sonne und staunte.

In flüchtigen, einzelnen Zirren zog sich der Nebel herauf vom Tal des Traisenflusses, dessen verspieltes Rauschen man – wenn man ganz aufmerksam lauschte – noch hier oben auf dem Schloss hören konnte. Das ganze Land dampfte in sattem fruchtbaren Grün zu dieser frühmorgendlichen Stunde, unterbrochen nur vom leuchtenden Gelb der riesigen Weizenfelder, die – wenn der Wind hineinblies – in sanften Wellenbewegungen dem Waldrand entgegenstrebten, und vom Schwarz-Braun noch manch brachliegender Äcker im Tal unten, auf denen emsige Bauern bereits ihre vor den Pflug gespannten Pferde antrieben. Während im Norden das noch schlafende St. Pölten wie eine müde Katze dem Schloss zu Füßen lag, erstreckte sich nach Süden hin das in Jahrtausenden geschürfte breite Tal der Traisen, in dessen Zentrum der Fluss selbst als dünne blaue Schlange mäandrierte. Zu beiden Seiten wurde das Tal von den sanft abfallenden Hängen des Wagram gesäumt, auf denen zwischen Obstbäumen fette Kühe weideten, und erst in weiter Ferne, dort wo das Mariazellerland begann, ging die ebene Landschaft in einen Wall von Hügeln und Bergkuppen über, die sich immer höher aufbauten und zuletzt in einer unruhigen Demarkati-

onslinie zum blassblauen Horizont auflösten. Über all dem erhob sich wie ein statthafter Wehrturm im ehemaligen römischen Limes der fast 2000 Meter hohe Ötscher und gemahnte mit seinen schneebedeckten Gipfeln an eine Zeit, da auch über diesem Idyll wieder die eisige Hand des Todes herrschen würde, die Welt der „Winterreise".

Wie er diese Landschaft liebte! In ihrer Ruhe und Harmonie machte sie seinen Kopf völlig frei, bis nichts mehr als Musik überblieb. Bilder, Gedanken, Worte – alles zerfloss ihm dann auf geheimnisvolle Weise zu Melodien und Noten, Arien und Ouvertüren, Chören und Zwischenspielen. Ein einziger mächtiger Inspirations-Strom, in den er nur einzutauchen brauchte, um daraus berauscht wieder hervorzusteigen. Sogar der Brunnen vor dem Tor im Schatten einer alten mächtigen Linde, in die so manches Liebespaar den Schwur „auf immer" geritzt hatte, verleitete ihn zu immer neuen Liedmelodien. Er musste sich dann stets zu Disziplin mahnen, durfte sich nicht ablenken lassen. Für das Lied würde später noch genügend Zeit bleiben, ebenso für die h-moll Symphonie, die ihm bereits in groben Zügen durch den Kopf geisterte. Aber die Oper musste so schnell wie möglich fertig werden! Ihr allein musste er all seine Aufmerksamkeit widmen. Gott sei Dank war da sein lieber Freund Johann von Schober, der ihn tagtäglich mit neuen Versen des Librettos zu „Alfonso und Estrella" versorgte und zur Arbeit antrieb. Erst gestern hatte er ihm wieder mit den Worten „Sieh dir das an, Franz!" bei der Abreise einen Packen Papier in die Manteltasche gesteckt, den er jetzt hervorholte und zu lesen begann.

Je tiefer Schubert in die Verse eindrang, desto weiter rissen sie ihn mit sich fort. Alsbald verschwammen die einzelnen Worte vor seinen Augen, lösten sich auf geheimnisvolle Weise vom Papier, hüpften und tanzten wild um ihn herum und mutierten schließlich zu Noten und Melodien, die sich zu immer neuen Klang-Welten zusammenfanden. Die Traisen nahm er mit einem Mal als liebliches Cellothema in acht Takten wahr, das von sanften Querflöten-Synkopen der ersten Sonnenstrahlen ebenso begleitet wurde wie vom Flötengesang der Vögel. Die Felder modulierten als bedächtiges Klarinettenmotiv zwischen Dur und Moll und beugten sich jeden 4. Takt sachte unter dem kurz aufkommenden Harfenwind. Das Tal breitete sich als satte Hornmelodie aus und trat zum Finale schließlich in Zwiesprache mit dem mächtigen Ötscher, der von fernher als anschwellender Paukenwirbel ins Tal donnerte. In Sopran und Tenor schlossen Alfonso und Estrella einander in einem herrlichen Duett in die Arme.

Schubert war da, und war nicht mehr da. Er stand inmitten dieser herrlichen Landschaft um Ochsenburg und war zugleich in der Welt von Alfonso und Estrella. Er nahm den Fluss, den Berg, die Äcker wahr, und war zugleich selbst die Traisen, der Ötscher und die Felder, war Alfonso und Estrella. Der Liederfürst war in sein Reich eingekehrt, das in dieser Welt und auf wundersame Weise doch auch gleichzeitig außerhalb dieser lag, seinen Mittelpunkt und Ursprung zuletzt aber immer in seinem innersten Ich fand: das Reich der Musik.

DIE HISTORISCHEN SPUREN

„Adam"

Beim V-Mann „Adam" handelte es sich um Franz Brantner, der als Magazineur in der Glanzstoff-Fabrik St. Pölten arbeitete. Brantner wurde für seine Spitzeltätigkeit zu lebenslangem Kerker verurteilt. Am 20. Juni 1956 wurde er im Gnadenwege mit zehnjähriger Bewährungsfrist entlassen. Gestapo-Referent Johann Röhrling wurde zu 15 Jahren schweren Kerkers verurteilt. Der Vorgesetzte Brantners und Röhrlings, Gestapo-Kommissar Johann Reichel, wurde für seine Tätigkeit als Leiter der Gestapo-Außenstelle St. Pölten gerichtlich nicht belangt.

Josephine Baker

Josephine Baker feierte in Wien ein umjubeltes, einmonatiges Gastspiel. Sie war in den 30er Jahren wohl die berühmteste, jedenfalls am häufigsten fotografierte Frau der Welt. Während des Zweiten Weltkrieges engagierte sich die in St. Louis (USA) geborene Tänzerin in der französischen Résistance. Nach dem Krieg verwirklichte sie ihren Traum, adoptierte zwölf Kinder und gründete die „Regenbogenfamilie". Im Jahr 1975, kurz nach ihrem 50-jährigen Bühnenjubiläum, verstarb Josephine Baker in Paris.

Franz „Bimbo" Binder

Franz „Bimbo" Binder erzielte von 1930 bis 1949 für Rapid Wien sowie die Nationalteams von Österreich und Deutschland insgesamt 1148 Tore in 793 Matches. Sein Schuss war derart gewaltig, dass er damit sogar Fußballnetze durchgeschossen haben soll.

Maria Emhart

Maria Emhart wurde des Hochverrates, des Aufruhrs und der Rädelsführerschaft beschuldigt, im Prozess aber mangels an Beweisen freigesprochen. Ende Jänner 1935 wurde sie in Wien erneut verhaftet. Im folgenden „Sozialistenprozeß" wurde sie zu 18 Monaten schweren Kerkers verurteilt. Im Juli 1936 erfolgte in Folge der Juli-Amnestie die Enthaftung. Nach dem Krieg wurde Emhart Vizebürgermeisterin von Bischofshofen und zunächst als einzige Frau Mitglied des Salzburger Parteivorstandes der SPÖ. Ab 1953 war sie Abgeordnete zum Nationalrat. Am 9. Oktober 1981 verstarb Maria Emhart.

Heiliger Florian

Der heilige Florian, der in St. Pölten pensioniert war, fand am 4. Mai 304 in Lorch an der Enns den Märtyrertod durch Ertrinken. An der angeblich ersten Grablegung des Heiligen wurde das Stift St. Florian erbaut. Als „Wasserheiliger" gilt Florian als Schutzpatron gegen Wasser- und Feuersgefahr.

Johann Forstner

Der Doppelmord an dem Ehepaar Weidinger wurde am 8. April 1693 verübt. Der Holzknecht Johann Forstner, der für Weidingers ein Jahr zuvor während der Erntezeit gearbeitet hatte, wurde von der Dienstmagd Sophia Colmann mit dem Verbrechen direkt in Verbindung gebracht. Forstner bekannte zwar seine Mittäterschaft, allerdings hätte er lediglich als Handlanger gedient. Zwei Freunde hätten den Mord begangen. Im Prozess wurde diese Aussage nicht berücksichtigt.

Sigmund Freud/Johann Christoph Haitzmann

Johann Christoph Haitzmann wurde in den Wallfahrtsort Mariazell gebracht und dort exorziert. Nachdem er bald darauf wieder Teufelserscheinungen hatte, unterzog er sich abermals einem Exorzismus durch die Mariazeller Padres. In Folge trat Haitzmann in die Bruderschaft der Barmherzigen Brüder in Wien ein und starb 1700 friedlich im Schlaf. Der Teufel soll ihm noch mehrmals begegnet sein, allerdings nur, wie ein Mitbruder zu berichten wusste, wenn Haitzman „etwas mehreres von Wein getrunken gehabt."

Sigmund Freud veröffentlichte seine Studie über diesen Fall 1923. Es war nicht zum ersten und auch nicht zum letzten Mal, dass er sich mit dem Phänomen des Teuflischen auseinander setzte.

Enrica von Handel-Mazzetti

Enrica von Handel-Mazzetti, geboren 1871, besuchte im Schuljahr 1886/1887 das Institut der Englischen Fräulein. Sie galt zu ihrer Zeit als prominenteste und erfolgreichste Vertreterin moderner katholischer Literatur. Ihre Romane siedelte sie vornehmlich vor dem Hintergrund des barocken Glaubenskampfes zwischen Katholiken und Protestanten an.

Adolf Hitler

Adolf Hitler machte am 14. März 1938 auf seinem Weg von Linz nach Wien in St. Pölten Station. Er traf um 13.30 Uhr im Hotel Pittner ein, das er nach Einnahme eines Mittagessens mit seinem Gefolge gegen 15 Uhr wieder verließ. Zuvor zeigte er sich dem Volk vom Fenster des Hotels aus und fuhr anschließend im offenen Wagen durch die jubelnde Menge. Diesem Besuch war bereits ein erster im Jahr 1920 vorangegangen, ein dritter folgte im Jahr 1939.

Karl Jaworek

Karl Jaworeks Haft wurde im Berufungsverfahren auf fünf Jahre schweren Kerkers erhöht. Allerdings wurde Jaworek auf Empfehlung Bundeskanzler Seipels, der einstweilen die Familie unterstützt hatte, nach drei Jahren freigelassen. Bald wieder straffällig geworden musste er schließlich die gesamte Strafe absitzen. Nach dem Einmarsch der Nationalsozialisten 1938 weigerte sich Jaworek an der Volksabstimmung teilzunehmen und wurde ins KZ Dachau deportiert. Nach dem Krieg verbrachte Karl Jaworek ab 1948 seinen Lebensabend in ärmlichsten Verhältnissen in Westösterreich.

Gustav Klimt, Joseph Maria Olbrich, Ernst Stöhr, Ferdinand Andri, Charlotte Hampel-Andri

Das von Joseph Maria Olbrich geplante Haus wurde 1899 in St. Pölten verwirklicht, Stöhr schuf dafür das Mörtelrelief „Medizin". Auch die von Gustav Klimt geschaffene Tugendallegorie ist heute noch im Frontgiebel des Sparkassengebäudes am Domplatz zu sehen. Zahlreiche Bilder der mit der Wiener

Secession aufs engste verbundenen Künstler Ernst Stöhr, Ferdinand Andri und Charlotte Hampel-Andri sind in der „Jugendstilgalerie" im St. Pöltner Stadtmuseum ausgestellt.

Napoleon Bonaparte

Napoleon Bonaparte weilte von 11. bis 13. November 1805 in St. Pölten. Wien wurde am 13./14. November von den Franzosen besetzt. Am 2. Dezember 1805 siegten die napoleonischen Truppen in der Dreikaiserschlacht bei Austerlitz gegen Russen und Österreicher. Daraufhin schloss Österreich mit Frankreich am 26. Dezember den Frieden von Preßburg, wobei es vieler Ländereien verlustig ging. Im Mai 1809 weilte Napoleon im Zuge des neuerlich aufgeflammten Konfliktes mit Österreich ein zweites Mal in St. Pölten.

Jakob Prandtauer

Jakob Prandtauer verstarb am 16. September 1726 in St. Pölten und wurde in der Gruft des St. Pöltner Domes unter dem Kreuzgang beigesetzt. Die tatsächliche Fertigstellung seiner Entwürfe für den Dom konnte er nicht mehr miterleben. Diese führte sein Neffe Joseph Munggenast aus. Prandtauer gilt als der bedeutendste Klosterbaumeister des österreichischen Barock.

Julius Raab

Julius Raab trat nach dem Krieg als Baumeister in den väterlichen Betrieb ein, wandte sich aber bald gänzlich der Politik zu. In der Ersten Republik war er christlichsozialer Gemeinderat in St. Pölten, Nationalrat, niederösterreichischer Heimwehrführer sowie kurzzeitig Handelsminister im letzten Kabinett Schuschnigg. Nach dem Zweiten Weltkrieg war Raab Mitbegründer der Österreichischen Volkspartei und deren langjähriger Klubobmann und Bundesparteiobmann. Von 1953 bis 1961 bekleidete er das Amt des österreichischen Bundeskanzlers. In seiner Amtszeit wurde der österreichische Staatsvertrag abgeschlossen, was Raab als „Staatsvertragskanzler" in die Geschichte eingehen ließ.

Rainer Maria Rilke

Rainer Maria Rilke besuchte von 1886 bis 1890 die Militärunterrealschule St. Pölten, im Anschluss die Militäroberrealschule Mährisch-Weißenkirchen. Die Zeit in diesen Bildungsanstalten nannte er später für sein „Inneres Erleben ... eine Fibel des Entsetzens."

Franz Schubert

Franz Schubert weilte 1821 auf Einladung des Propstes Johann Nepomuk Dankesreither, Onkel des Dichters und Schubertfreundes Johann von Schober, längere Zeit in St. Pölten und komponierte in dieser Zeit auf Schloss Ochsenburg zwei Akte seiner Oper „Alfonso und Estrella". Das Werk wurde im folgenden Jahr fertiggestellt, bescherte dem Liederfürsten aber wenig Erfolg.